Almut Cordes

Sich öffnen für die Liebe

Selbst-Entfaltung durch Selbst-Liebe

Almut Cordes

Sich öffnen für die Liebe

Selbst-Entfaltung durch Selbst-Liebe

FRICK VERLAG GmbH - Postfach 447
D-75104 PFORZHEIM

Bibliografische Information Der Deutschen Bibliothek
Die Deutsche Bibliothek verzeichnet diese Publikation in der
Deutschen Nationalbibliografie; detaillierte bibliografische
Daten sind im Internet über http://dnb.ddb.de abrufbar

Lektorat: Felicitas Jung

Copyright 1998
by Frick Verlag GmbH
Pforzheim

Umschlagbild unter Verwendung eines Aquarells von
Stefan von Jankovich aus dem Bildband
„Esoterische Visionen" (Drei Eichen Verlag)

1. Auflage 1998
Revidierte Neuauflage, 2016

Covergestaltung: Brigitte Jach

Druck: Books on Demand GmbH, Norderstedt

ISBN 978-3-920780-70-2

Inhaltsverzeichnis

Liebe Leser,

nun liegt das komplett überarbeitete und aktualisierte Buch „Sich öffnen für die Liebe" vor. Ich freue mich sehr, mich nach anfänglichem Zögern zu dieser Neubearbeitung entschlossen zu haben – denn die Kernaussagen erscheinen mir wertvoll und wesentlich für diese aufregenden, unruhigen Zeiten des Umbruchs. Trotz, oder gerade wegen der sich überstürzenden, bestürzenden globalen Entwicklungen wird es immer wichtiger, uns innerlich klarer auszurichten, auf das, was wir sind: Liebe! Die Hinwendung zur All-Liebe, Ur-Liebe, bedingungsloser Liebe oder: zum inneren Licht ist das Effektivste, was wir für uns, für die Menschen und für unsere Visionen tun können. Liebe ist Magie!

Leider haben viele Menschen nach wie vor ein sehr oberflächliches, sentimentalisiertes, um nicht zu sagen verfälschtes Verständnis von Liebe, einschließlich der Selbstliebe – ich möchte dieses Thema in seiner tiefen, umfassenden, befreienden Bedeutsamkeit aufrollen und beleuchten. Denn es steht in direktem Zusammenhang mit den alltäglichen und mit den großen übergreifenden Lebensthemen, es ist sowohl die Basis für Authentizität, Selbststärkung und die eigene Wahrheitsfindung als auch für die Anbindung an die hohen Ebenen unseres Selbst.

Ich lade dich ein, dich zu erinnern, dich für die Liebe in dir und zu dir zu öffnen, ihr zu vertrauen, in sie einzutauchen und sie auszustrahlen!

Sei neugierig, erweitere deinen Blickwinkel, wage dich über gewohntes, konventionelles Denken hinaus, suche die Herzebene in dir auf!

Lass dich inspirieren, lass dich wachrütteln!

Nimm dieses Buch nicht als Fakten-, sondern als Inspirationsquelle!

Fragen dürfen auftauchen. Wir alle sind unterwegs, ich fühle mich verbunden mit allen Suchenden in dieser Zeit. Ich stelle dir meine derzeitige Version zum Thema hiermit gerne zur Verfügung, um deiner eigenen Wahrheit auf die Spur zu kommen.

Die Öffnung für Liebe in einem umfassenden, entzerrten und vertieften Sinn ist unsere vorrangige Aufgabe in dieser Zeit! Der Ruf wird immer lauter ...

Almut Cordes

LIEBE

Liebe ist die alles einende Macht,
sie ist in der Lage,
alles Gegensätzliche zu verbinden.
Liebe ist in der Einheit zu Hause,
Liebe ist Lebensenergie in höchster, reinster Potenz.
Liebe ist die tiefste Wahrheit,
sie ist die Realität hinter der Realität!
Alle Wege führen in letzter Konsequenz zur Liebe.
Liebe ist das Einzige, was es zu lernen gibt,
sie bietet die Möglichkeit unmittelbarer Heilung.

Liebe ist ein Zustand, in dem wir Einheit erfahren,
durch den wir die Ekstase des Einsseins
mit unserem göttlichen Zentrum erfahren können.
Liebe ist, aus der Dualität herauszutreten,
Liebe ist Öffnung,
eine bedingungslose Bejahung des Lebens.

In unserer Zeit erscheint der Begriff *Liebe* überstrapaziert, ausgelaugt. Unser Verständnis von Liebe ist substanzlos geworden. Wir haben das, was wir unter Liebe verstehen, reduziert auf ein vorgefertigtes, floskelhaftes Klischee. Wir dünnen den Begriff Liebe weiter aus, wenn wir ihn auf unsere Beziehungen untereinander, vornehmlich auf unsere partnerschaftlichen Beziehungen, beschränken. Zusätzlich verbinden und belasten wir den Begriff Liebe dann auch noch mit einer enormen Glückserwartung, wobei uns triviale, klischeehafte Bilder, insbesondere solche der Filmindustrie, der Werbe- und Medienwelt als Vorlage dienen.

Wenn wir Liebe in dieser Weise pauschalisieren und minimalisieren, ersticken wir unsere Liebesfähigkeit bereits im Keim. Wir wollen Liebe als abgepackte, konsumierbare Ware und sind uns nicht darüber im Klaren, dass Liebe in Wahrheit das Resultat unserer Bereitschaft ist, uns auf die pulsierende, dynamische Lebendigkeit in uns selbst einzulassen!

Liebe lässt sich nicht konstatieren, nicht kopieren, nicht konsumieren und Liebe können wir nirgends erwerben. Liebe ist nichts, was von außen auf uns zukommt. Liebe ist weder Zufall noch Glücksfall!

Lieben ist eine Fähigkeit!

Und diese Fähigkeit können wir entwickeln – durch die Bereitschaft, uns für die Liebe inwendig aufzuschließen.

Erst wenn wir beginnen, das wahre Wesen der Liebe zu erfassen – nennen wir sie universelle oder erwartungsfreie Liebe –, wenn wir beginnen, sie in uns selbst zu identifizieren, können wir verstehen, dass Liebe sehr viel mehr ist als ein statischer Zustand, sie ist auch mehr als ein stürmisches Gefühl, mehr als das euphorische Verlangen nach einem anderen Menschen.

Sie ist die alles durchdringende, überpersönliche Kraft, die in und hinter allem steht und durch jede erdenkliche Erscheinungsform zu uns sprechen kann: Durch ein Gespräch, ein Musikstück, eine Sonnenblume, die Stille oder Meditation, durch den Geruch des Herbstlaubs, die Morgendämmerung, durch den Blick eines Kindes, die Geste eines Fremden oder natürlich: durch einen anderen Menschen, der uns anrührt oder bezaubert – auch die Konfrontation mit Trauer, mit Verlust und dem Sterben kann uns mit universeller Liebesenergie in Berührung bringen. Liebe ist ebenso vielfältig erfahrbar wie das Leben selbst.

Wir nähern uns der Liebe, indem wir uns von der essentiellen Schönheit des Lebendigen in uns und um uns herum berühren lassen – egal eigentlich, wodurch, durch welchen Auslöser, durch welchen Menschen! Eigentlich brauchen wir gar keinen Anlass, um Liebe zu erfahren. Wenn wir lieben, sehen wir hinter die äußere Fassade. Wir erblicken die Einmaligkeit, die Kostbarkeit des Wesens der Dinge. Wir kommen dem Essentiellen auf die Spur, dem, was sich hinter dem äußeren Schleier verbirgt. Aus spiritueller Sicht können wir sagen: Liebe ist die Reflexion des Göttlichen in unserer Seele oder: es ist die Erfahrung des Einsseins!

Unsere elementarste menschliche Sehnsucht heißt Liebe. Wenn wir geübt darin sind, tief in uns hineinzuhorchen, können wir wahrnehmen, dass Liebe unser eigentliches Wesen ausmacht – Liebe ist unser Zuhause!

Im reinen Zustand der Liebe wären wir durchtränkt von der Glut unseres göttlichen Wesenskerns. Das Heimweh, die Erinnerung an diesen ekstatischen Ur-Zustand hat unser Verstand – mit dem „Fall aus dem Paradies" oder dem Wahrnehmungsverlust für die „Einheit" allen Lebens – weitestgehend ausgeblendet. Aus dem Hintergrund treibt uns diese Sehnsucht nach Rückverbundenheit jedoch an, sie motiviert uns, immerfort weiterzusuchen, letztendlich, um diesem Zustand nahezukommen, ihn wiederzufinden. Erneut in diese universelle oder erwartungsfreie Liebe einzutauchen, bildet die Grundantriebskraft hinter all unseren Bestrebungen hier auf Erden – auch dann, wenn uns überhaupt nicht bewusst ist, *wonach* wir eigentlich suchen und wonach wir letztendlich streben!

Unsere ewige Sehnsucht zu stillen, unsere Gefühle des Getrenntseins zu überbrücken, gelingt uns allerdings nicht, solange wir am falschen Ende, nämlich im Außen suchen und dabei die Quelle der Liebe, die in uns selbst wohnt, ignorieren, vielmehr: sie übersehen! Wir haben tatsächlich vergessen, ihr Aufmerksamkeit zu schenken, wir haben schlichtweg vergessen, dass die Quelle der Liebe in uns selbst existiert – und wir uns ihr jederzeit anschließen dürfen.

Denn mit großem Eifer suchen wir, nein, sucht unser Ego in der Außenwelt nach Liebe, es sucht dort Geborgenheit, Sicherheit, Lustgewinn, sinnliche Reize, Anerkennung, Wertschätzung,

Bildung, Wertesysteme. Darf es auch! Warum nicht! Allerdings: es sieht die Liebe innen nicht, stattdessen begnügt es sich mit Ersatz, es will Liebe als berechenbare Größe!

Dieser Schritt, uns ohne konkreten Anreiz und ohne äußeres Sicherheitsnetz auf diese sprudelnde Quelle in uns selbst einzulassen, erscheint unserem Ego auf den ersten Blick beinahe langweilig, nicht relevant oder zu suspekt, nicht konkret greifbar, nicht kalkulierbar genug oder auch zu beschwerlich. Denn wir ahnen, dass diese Orientierung nach Innen uns einige nicht so angenehme Überraschungen bescheren könnte.

Wir ziehen es also vor, uns mit einem erstarrten *Produkt* Liebe zu begnügen. Wie gesagt, besonders gern hängen wir uns an die vorgefertigten medialen Bilder. Sentimentale Bilder und äußere Symptome koppeln wir vom Strom lebendiger Liebe ab und halten sie dann für die Liebe als solche. Wir jagen Phantomen, pauschalisierten Illusionen nach und hoffen, unser Verlangen nach Rückanbindung und essentieller Liebe damit befriedigen zu können. Aus menschlicher Sicht ist die primäre Bezogenheit auf die Außenwelt mit ihren zahlreichen, schillernden Reizen nicht nur verständlich, sie ist sogar legitim! Je eingleisiger wir allerdings auf das Außen fixiert sind, je mehr unsere Bestrebungen sich auf äußere Werte und Wertigkeiten beziehen, desto weniger lässt sich unsere Sehnsucht nach Liebe realisieren, so lässt sie sich allerhöchstens kurzfristig zurückstellen.

Wir sind heimlich getrieben von den verrücktesten Vorstellungen, was die Liebe betrifft. Eine davon: Liebe sei ein Tauschhandel! Wir verwechseln Liebe gerne mit der gegenseitigen Sicherstellung bestimmter Bedürfnisse, Wünsche oder mit der Hoffnung auf beständige, verlässliche Anerkennung und Zuwendung. Oder wir meinen, Liebe habe etwas mit Gegenleistungen zu tun, auf die wir Anspruch hätten! Wir sprechen von Liebe, suchen im Grunde aber einen emotionalen oder materiellen Ausgleich, meistens für etwas, was wir glauben, uns selbst nicht erfüllen zu können oder für etwas, was wir uns selbst – meist unbewusst – verwehren bzw. nicht zutrauen. Das kann Versorgung, Bestätigung, emotionale Zuwendung, Anregung, ein bestimmter gesellschaftlicher Status oder die Linderung unserer Einsamkeitsgefühle sein!

Wir misstrauen unserer Selbst-Versorgungsfähigkeit, unserer Selbst-Zuständigkeit. Wir fühlen uns abhängig vom Außen, von anderen, von Partnern, denn wir erwarten, dass *sie* es sind, die uns den fehlenden Rückhalt bieten, die uns wenigstens einen Teil unserer Träume erfüllen, uns Liebe fühlen lassen oder zumindest das besänftigen können, was wir in uns selbst als Mangel und Leere empfinden.

Das halten wir dann für Liebe!

Mit unterschwelligen gegenseitigen Anspruchshaltungen verstricken wir uns jedoch nahezu zwangsläufig in einem Wirrwarr emotionaler oder materieller Abhängigkeiten. Und da wären wir wieder am Ausgangspunkt: Die Hoffnung auf Erfüllung unserer Bedürfnisse mischen und verwechseln wir mit dem, was wahrhaftige, erwartungsfreie Liebe im eigentlichen Sinne ausmacht!

Forderungen an andere, offene oder verdeckte Erwartungshaltungen, trüben und verfälschen das Wesen der Liebe, verwässern zumindest ihre Intensität um ein Vielfaches. Sobald wir aus der bewussten oder unbewussten Annahme heraus, selbst nicht wert, nicht machtvoll, nicht gut genug oder nicht ausreichend versorgt zu sein, Erwartungen auf andere richten, vielleicht sogar Bedingungen stellen, um auf diese Weise das, was wir vermissen – Liebe – zu bekommen, blockieren wir die Leitungen zur Quelle, unsere Liebesfähigkeit verkümmert.

Wie gesagt, so ist unser Ego gestrickt, ob wir es wollen und wissen oder nicht – unser Ego ist geprägt von uralten, ur-menschlichen verschleiernden Reaktions- und Verhaltensmustern, die auf Mangel basieren und unsere Wahrnehmungsfähigkeit für Liebe verzerren und versperren.

Ja – was können wir nun konkret tun, um Liebe zu erfahren?

Um Zugang zur Liebe zu bekommen, müssen wir uns empfänglich und durchlässig machen für die Schwingung der Liebe an sich!

In Momenten, in denen wir uns in einem offenen, lebensbejahenden Zustand befinden, sind unsere Leitungen freigeschaltet, Liebesenergie kann aus unserem Zentrum heraus zum Fließen kommen.

Hört sich gut an, aber wenn es so einfach ist – warum tun wir uns so schwer damit?

Weil es mehrere Haken an der Sache gibt.

Einer ist: ständige äußere Ablenkungen. Wir lassen uns durch äußere Reize verführen, wir sind hypnotisiert durch die äußere Fassade, äußere Vorgaben, eine Welt voller willkürlicher Maßstäbe und künstlich erzeugter Illusionen medialer Einflüsse und Vorbilder – und kommen gar nicht auf die Idee, uns inwendig zu orientieren. Dem entsprechen etablierte, automatisierte Verhaltensgewohnheiten.

Ein anderer: Unser tiefsitzendes Mangelbewusstsein, das uns davon abhält, uns dem Inneren anzuvertrauen!

Noch ein anderer: in einem nach innen offenen und hingabebereiten Zustand sind wir verwundbar und verletzlich. Das Verletzungsrisiko wollen wir möglichst klein halten, mit alten schmerzlichen Erfahrungen wollen wir nicht wieder in Kontakt kommen und schotten vorsichtshalber nach innen ab. Schade eigentlich, denn dafür zahlen wir einen sehr hohen Preis – einen immensen Intensitätsverlust, einen Wahrnehmungsverlust für die Liebe, die in uns selbst wohnt.

Da wir andererseits insgeheim spüren, dass Liebe die wahre Realität hinter den Erscheinungsformen unserer Egowelt ist, wollen wir die Zipfel, die wir davon erhaschen können, festhalten. Wenn wir erst einmal mit Liebe in Berührung gekommen sind, wollen wir diesen Zustand verlängern, ihn abrufbar und haltbar machen –

allerdings: indem wir die falschen Hebel ansetzen. Wir setzen auf Versprechungen, wir institutionalisieren, wir vertreten moralische Plattitüden vom „Gutsein" oder verfallen in Anspruchshaltungen. Aber Liebe lässt sich nicht systematisieren und nicht machen, sobald wir Liebe – oder mindestens das, was wir dafür halten – erzwingen oder einfordern wollen, schleicht sie sich davon. Die Ent-Täuschung folgt zwangsläufig.

Liebe kann nur dort existieren, wo sie nicht an Zweckdienliches und Regularien gebunden ist.

Liebe stirbt, wenn wir sie festhalten wollen, wenn wir sie an Bedingungen, an Moral und Beurteilungen knüpfen, also immer dann, wenn wir sie eintüten und in verbindliche Systeme zwängen wollen.

Noch ein wichtiger Aspekt in diesem Zusammenhang! Oftmals unterliegen gerade spirituell ausgerichtete Menschen, in der Vorstellung, dem Hohen, Guten Genüge leisten und der Liebe dienen zu wollen, dem irrtümlichen Glauben, sich ununterbrochen gütig, liebevoll und mitfühlend zeigen zu müssen. Wenn wir Liebe aber zur Pflichtübung machen, wird sie unecht, schal und hohl. Denn das ist nur eine neue Form der Außenorientierung. Die tieferen Beweggründe liegen oft in unbewussten, unbewältigten Schuld- bzw. Unwertgefühlen. Verdrängung und Selbstlügen sind die Folge, oft mit uneingestandenen Emotionen, Künstlichkeit, Unaufrichtigkeit und einer unseligen Opfermentalität im Schlepptau. Pflichtgetreue Liebesbeweise dieser Art zeugen von der Furcht vor eigenen vitalen, authentischen Lebensäußerungen – und die müssen nicht immer kantenlos und rosarot sein. Wir beziehen uns auf eine fixe Idee, auf ein Produkt Liebe, nicht aber auf die innere Wahrnehmung, auf die Akzeptanz durchaus gegensätzlicher Facetten in uns.

Uns für Liebe zu öffnen, bedeutet: uns staunend auf die eigenen Lebensäußerungen einzulassen, der Würde und Schönheit der kleinen und großen, dunklen und lichten Ausdrucksformen lebendiger Prozesse in uns gewahr zu werden, uns Ambivalenz und Vielschichtigkeit zu erlauben. Die Aufs und Abs des Lebens zählen dazu – genau diese Aufs und Abs schätzt unser Ego nun aber gar nicht, die möchte es nur allzu gerne überspringen!

Rückanbindung an unseren Wesenskern, der Liebe ist – nennen wir ihn auch Essenz oder das „Göttliche" in uns – ist das Ur-Leitmotiv des spirituellen Weges. Indem wir mit unserem Wesenskern in Kontakt treten, durch die Schichten unserer äußeren Persönlichkeit hindurch, zapfen wir die Quelle der Liebe an, Liebe kann von innen heraus zum Fließen kommen.

Denn Liebe liegt allem Sein zugrunde, sie ist die potenteste schöpferische Kraft. Es ist die Kraft, die uns heil macht. Sie ist auf unterschiedlichste Weise erfahrbar; als spontanes Glückserleben, als Erfülltheit, als ruhig dahinströmendes Harmoniegefühl, als ekstatischer Taumel, als Lebensfreude und Lebenslust, als Zuversicht, als Einverständnis mit dem, was gerade ist.

Liebe ist der außenorientierten Ausrichtung des menschlichen Egos übergeordnet. Ich würde sagen, sie ist das, was ewige Gültigkeit besitzt! Liebe ist die göttliche Ordnung, das alles Einende, das Außen und Innen Verbindende, der gemeinsame Nenner! Sie fügt das Trennende zusammen, sie ist die höchste Erfahrung von Schöpfung!

Um uns empfangsbereit für essentielle Liebesenergie zu machen, müssen wir also den Weg nach innen, durch die vom Ego dominierten Persönlichkeitsschichten hindurch wagen! Liebesfähigkeit lässt sich entwickeln, mit dem Mut zur Transparenz uns selbst gegenüber, mit dem Mut, dem zu begegnen, was in uns ist, was da jetzt gerade innen los ist – Gefühle, Gedanken, Lebenseinstellungen, Prägungen.

Dazu brauchen wir allerdings eine gehörige Portion Selbstliebe und Selbst-Verantwortung – und das beinhaltet auch, eigene Unvollkommenheiten und Schattenbereiche ansehen zu wollen und zu ihnen zu stehen! Das ist die Hürde, die wir nehmen müssen, um die Kanäle nach innen freizulegen, um eine Verbindung mit unserer göttlichen Essenz eingehen zu können.

Sich auf diesen Prozess einzulassen, ist nicht unbedingt die bequemste, aber die lohnenswerteste Aufgabe und das wunderbarste Abenteuer in unserem Leben überhaupt.

Liebe kommt zu uns, indem wir bereit sind, uns für die Schwingung der Liebe in uns zu öffnen!

GANZ-SEIN

Die Ganzheit – das Selbst

Alles, was ist, ist Schöpfung!

Folgen wir diesem Ansatz einmal, dann muss allem, was ist, eine gemeinsame, unversiegbare Quelle zugrunde liegen, nennen wir sie nun *universelle Quelle*, *universeller Geist* oder auch *Gott*, *das Göttliche*, *„Großer Geist"*, *Urquelle*, je nach kultureller Tradition. Die Quelle pulsiert, sie äußert sich in der unermesslichen Vielfalt allen Lebens – eben in allem, was ist.

Die Substanz von allem, was ist, ist Energie, sie drückt sich in unterschiedlichsten Schwingungsfrequenzen, durch alle möglichen materiellen wie nichtmateriellen Erscheinungsformen aus. So ist jeder Mensch, jeder Luftzug, jeder Sturm, jede Galaxie, jeder Wurm, jeder Kieselstein, jede Idee, jede Empfindung, jede Art von Existenz, Raum und Zeit letztendlich aus der Quelle hervorgegangen, ist mit ihr in Verbindung! Alles, was ist, steht in Zusammenhang mit dieser Quelle, ist, so gesehen, Bestandteil und Wesen Gottes. Oder: alles, was ist – ist göttlich!

Spinnen wir diesen Faden einmal weiter: die Quelle schickt Leben aus, um ihr eigenes Sein zu erfahren, vielleicht, um sich selbst zu spiegeln, um sich in immer neuen Facetten schöpferischer Kreativität zu erleben. Sie erschafft sich immerfort neue Möglichkeiten der Selbst-Erfahrung, sie nimmt Leben wieder auf, um die Vorzeichen neu zu mischen und andere Aspekte ihrer selbst sichtbar werden zu lassen. Alles ist in Bewegung, die Vielfalt der Erfahrbarkeit ist unerschöpflich – die Quelle strebt unermüdlich nach Ausdruck in immer neuen Spektren und Formationen, sagen wir, die Quelle liebt ihre Schöpferkraft und ihr Potential der unendlichen Möglichkeiten!

Alles, was ist, befindet sich im ständigen Wandel, stets bereit, neue Konstellationen zu erproben. Es gibt keine wirklichen Grenzen der Interaktion, keine endgültigen Begrenzungen. Alles, was ist, ist in seiner Essenz miteinander verwoben, kann sich untereinander verbinden, wobei jeder Bestandteil – auch der allerkleinste – die Information aller Möglichkeiten von allem, was ist, potentiell enthält.

Diesem Denkansatz zufolge machen alle Schöpfungsanteile Sinn, alle Schöpfungsfacetten sind zunächst einmal Bestandteile des Allganzen, also: jenseits unserer Bewertungen, jenseits der menschlichen Einteilungen in „Gut und Böse", „Richtig und Falsch".

Nun ist jeder Schöpfungsanteil aber nicht nur Ausdruck der Schöpfung, sondern kann – wie die menschliche Persönlichkeit – selbst mit Schöpferkraft ausgestattet sein und sie eigenverantwortlich gebrauchen!

Welche Rolle übernimmt der Mensch dann in diesem großen universellen Gefüge? Vielleicht könnte man sagen: das menschliche Bewusstsein ist ein individualisierter Aspekt von allem, was ist, der sich in einem bestimmten Frequenzbereich – der materiell-irdischen Schöpfungsebene – die Möglichkeit schafft, sich schöpferisches „know how" anzueignen, mit schöpferischen Energien mitverantwortlich, sinnvoll und bewusst umgehen zu lernen, die Auswirkungen von Absicht, Gedanken und Handeln für sich erfahrbar und sichtbar zu machen. Und/oder: es geht darum, bestimmte Erfahrungen zu machen oder die Möglichkeiten der Existenz in einem menschlichen Körper unter bestimmten Rahmenbedingungen zu erleben, zu erfahren, zu feiern.

Letztendlich: auch dieser Ansatz ist natürlich eine Sichtweise, eine Vermutung, niemand, kein Wissenschaftler, kein Philosoph, auch kein „Heiliger" hat den endgültigen Einblick in die

Schöpfungslogik, der Mensch ist nicht in der Lage, die Logik der Schöpfung vollständig zu entschlüsseln!

Auf jeden Fall ist die Erinnerung an unsere göttliche Seinsquelle für unser menschliches Selbst zunächst gelöscht. Denn damit steht uns eine – sagen wir – optimale Ausgangsposition zur Verfügung, um uns unbefangen und voll und ganz auf den Prozess und auf ein Leben innerhalb des menschlichen Erfahrungsrahmens einlassen zu können. Dieser Schleier des Vergessens ermöglicht uns, einen Prozess der Bewusstwerdung unvoreingenommen und in aller Konsequenz zu führen. Im Rahmen unserer menschlichen Entwicklungswege lernen wir dann, uns unserer wahren schöpferischen Potentiale bewusst zu werden, schließlich, uns an unsere tiefere Identität zu erinnern.

Wie und wodurch? Wir haben die wunderbare Option, Erfahrungen zu machen, Einsichten und Erkenntnisse zu erwerben, wir verfügen über die Möglichkeit der Absicht und Entscheidung. Durch Versuch und Irrtum kann sich Bewusstsein entfalten. Die Schlussfolgerung: irgendwann führen diese Erfahrungsprozesse dazu, dass wir uns als das wiedererkennen, was wir sind, ein gleichwertiger, individualisierter Anteil der universellen Quelle.

Demnach sind wir auf unseren menschlichen Erfahrungs- bzw. Entwicklungswegen niemals wirklich getrennt von unserer göttlichen Quelle, wir sind ewig mit ihr in der „Einheit" verbunden, auch wenn unser Tagesbewusstsein und der rationale Verstand das nicht wirklich begreifen kann.

Wenn wir geübter sind, in uns hineinzuhorchen, können wir die Gegenwart göttlicher „Einheit" in uns erspüren, und wir können lernen, diese Ebene von unserer Egostimme (die Stimme des sich getrennt fühlenden Anteils in uns) zu unterscheiden. Den Anteil unseres Selbst, der losgelöst vom menschlichen Erfahrungsrahmen, von Raum und Zeit, ewig in der Einheit verbleibt, bezeichnen wir traditionell als Göttliches Selbst (auch Hohes

Selbst, Göttliche Führung, Christus-Selbst etc.). Das Wunderbare ist: wir können diese hohen Selbstanteile jederzeit aufsuchen und als Wegweiser in Anspruch nehmen, wir können sie als Übermittler im Sinne essentieller Weisheit und Liebe anzapfen.

Und hier schließt sich der Kreis! Um die Trennungsgefühle abzulegen, um die Verschleierungen der sich in der Trennung wähnenden menschlichen Persönlichkeit zu durchdringen, um uns mit dem Göttlichen Selbst rückzuverbinden, bedarf es unserer Öffnungsbereitschaft, der Bereitschaft, uns nach innen zu wenden, um uns inwendig wahrzunehmen, um dort unserer Essenz – essentieller (oder universeller) Liebe – zu begegnen.

Ein wichtiger Schlüssel dafür ist übrigens die Selbst-Anerkennung, im besten Fall: die Selbstliebe. Denn damit lösen sich die Widerstände und Verschleierungen, innere Bewusstseinsschranken können aufweichen. Ein Vorgang, der weit über die Verstandesebene hinausgeht – Liebe ist die höhere Intelligenz, die heilt, die vereint, besser: die wiedervereint! Durch Selbstliebe lernen wir, an die Liebe in uns anzuknüpfen, sie zuzulassen, werden wir wesentlich, authentisch. Mit unserer Aufnahme- und Anbindungsfähigkeit für universelle bzw. essentielle Liebe werden wir uns unseres wahren Wesens bewusst. Das ist der Prozess der Bewusstwerdung.

Unsere Welt der Gegensätze

Um diesen Prozess der Bewusstwerdung führen zu können, haben wir ein System, anhand dessen wir erkennen können, ob unser Denken und Handeln in Harmonie mit der göttlichen Quelle steht, in Harmonie mit dem höchsten kosmischen Prinzip, mit essentieller Liebe.

An dieser Stelle zerfällt die Einheit in die Zweiheit, die Dualität: in gut – böse, richtig – falsch, männlich – weiblich, Vergangenheit – Zukunft, Entspannung – Anspannung, Freude – Trauer, Licht – Schatten, leben – sterben.

Unsere Realität, unser Realitätsverständnis beruht auf diesem System der Gegensätze mit einem permanenten Spannungsfeld zwischen diesen beiden Polen. Es bildet die Rahmenkonstruktion für unsere Erfahrungen – das verursacht unsere Aufs und Abs und schüttelt uns manchmal ganz schön hin und her. Diese Polarisierung bietet uns die Reibungsflächen, die wir brauchen, um unsere Lernerfahrungen einzuordnen, zu katalysieren.

Erkennen bedingt unterscheiden können!

Aus der Perspektive der Einheit schenkt dieses polare System uns wunderbare, individuelle Erfahrungsmöglichkeiten im Kontext des irdischen Daseins. Erfahrungen bilden die Grundlage für Entfaltung und geben uns eine Chance, um unsere spezifischen Potentiale nach und nach offenzulegen – oder vielleicht, um das Abenteuer Menschsein mit dem Bewusstsein zu erforschen.

Aus der Perspektive der Zwei-Teilung, also der Wirklichkeitsebene der Polarität, in der sich unser Bewusstsein derzeit hauptsächlich aufhält, haben wir die Verbindung zur Einheit, zum Einssein weitgehend aus den Augen verloren. Insbesondere die niederen Wesensaspekte sind es, verkörpert durch die menschliche Egopersönlichkeit, die sich mit der polaren Gegensatzstruktur, mit einem zweigeteilten Weltverständnis identifizieren. Unser Ego identifiziert sich so sehr damit, dass wir die Einheit, das grundsätzliche Eingebundensein nicht mehr wahrnehmen und nur schwer begreifen können. Auch wenn wir es in der Theorie verstehen – die *Erfahrung* der Einheit bleibt den meisten Menschen bis auf wenige Lichtblicke verschlossen. Denn wir finden uns hier, in der polaren Welt, in direkter Abhängigkeit zu gegensätzlichen Positionen, zu gut oder böse, richtig oder falsch, wert oder unwert, wieder. Ja, wir erleben uns sogar als richtig/falsch, wert/unwert, mächtig/ohnmächtig, wir fühlen uns als Gewinner oder Verlierer. Das Ego teilt ein, es bindet sich an bestimmte Positionen und steht damit in ständigem Widerstand zu den eigenen vielschichtigen Variablen – außen und innen. Es ist verhaftet in der Welt der Ab-Spaltung

Das göttliche oder ganzheitliche Selbst ist verankert im Allganzen, es sieht allumfassend und geht über diese Einteilungen des Egos in gut/böse, richtig/falsch etc. hinaus, es bezieht *alle* möglichen Aspekte und Variablen mit ein, es erfasst ihre Abhängigkeit untereinander und erkennt die Sinnhaftigkeit des Ineinandergreifens aller Aspekte – und wird damit unabhängig von ihnen!

So gesehen sind das, was wir als positiv und negativ deklarieren, Fixpunkte auf unserer menschlichen Bewertungsskala, die je nach Kultur, je nach gesellschaftlicher Zugehörigkeit und persönlichem Umfeld differieren, und damit nicht absolut, sondern relativ.

Solange wir uns einseitig mit Normen, Positionen, gesellschaftlichen Rollen, Meinungen identifizieren, sind wir Gefangene, gefangen von unseren eigenen Maßstäben und Beurteilungen, gefangen, weil wir nicht nur andere, sondern vor allem auch unseren Selbstwert anhand unserer polaren Skala bemessen! Wir betrachten uns und das Leben durch die polare, besser polarisierende Brille und richten unsere Aufmerksamkeit und unsere Bestrebungen angestrengt darauf aus. Besonders wollen wir natürlich den positiv definierten Fixpunkten auf unserer Werteskala genügen. Unser Ego ist regelrecht bewertungssüchtig, bewertungsabhängig.

Normen verleihen wir eine maßstäbliche Bedeutung, indem wir sie als Wahrheit schlechthin betrachten. Jedenfalls so lange, bis wir das ganze System und die Vernetzung untereinander von höherer Warte aus betrachten und einordnen können, bis wir unsere Identifikationen und einseitigen Positionierungen loslassen und essentielle Liebe als tiefste Wahrheit erkennen, bzw. wiedererkennen! Wahrscheinlich ist es das, was Freiheit im eigentlichen Sinne meint!

Wahrlich ein Spiel! Ein kosmischer Witz! Wir fühlen uns unseren selbsterschaffenen Bewertungsnormen ausgeliefert, wir fühlen uns als Spielball unserer eigenen, willkürlich errichteten Wertungssysteme – und bemerken es kaum! Wir haben die Spielregeln unbewusst akzeptiert.

Dies spricht nicht gegen das Polaritätsgefüge oder gegen ein notwendiges Gerüst von Wertesystemen und gesellschaftlichen Spielregeln als solches – schließlich hilft es uns, unser alltägliches Leben zu regeln und unser Zusammenleben hier, in dieser Realitätsblase zu organisieren. Was uns dumpf und ohnmächtig macht, ist die ausschließliche Gültigkeit, die wir diesem polaren System verleihen, und das Haften daran, indem wir es vor uns selbst zur einzigen Realitätsmöglichkeit deklarieren, uns daran festklammern und es verteidigen.

Warum haben wir diesen Weg der Erfahrungsschulung und des Lernens in diesem System, der Polarität, gewählt oder warum wurden wir in dieses Spiel hier hineingeworfen?

Vielleicht, um uns die Möglichkeit zu schaffen, uns mit den unterschiedlichen Teilaspekten unseres Selbst zu konfrontieren, sie zu erfahren, oder: um in eine Vielzahl unterschiedlicher schöpferischer Facetten eintauchen und menschliche Positionen und Rollenspiele erproben zu können. Denn damit erwerben wir etwas Entscheidendes, nämlich Bewusstseinskompetenz, Selbst-Bewusstheit! Wir werden bewusste Mitschöpfer!

Allerdings, wir haben uns fatalerweise dermaßen auf Einzelaspekte, auf das Bemessen, Polarisieren und Bewerten fokussiert, dass unser Lebensgefühl komplett dementsprechend programmiert ist und wir nahezu hoffnungslos darin verstrickt sind! Wir haben uns buchstäblich in Teilaspekte verbissen, *die spielerische Komponente übersehen wir*! Wir glauben, wir *sind* das und wir sind *genau das wert*, was unsere persönlichen Positionierungen und Wertesysteme uns vorgeben.

Wir kommen gar nicht mehr auf die Idee, dass unsere Wertungssysteme als solche keinen Absolutheitsanspruch haben und nicht das Nonplusultra der Wahrheit ausdrücken.

Am Beispiel „Erfolg/Misserfolg" lässt sich das leicht nachvollziehen! Erfolg – ein gemeinhin ausgesprochen hoch angesiedelter Fixpunkt auf unserer Werteskala, Misserfolg dagegen ist ganz unten angesiedelt. Wir können uns ja mal folgende Frage so ehrlich wie möglich beantworten: inwieweit sehen wir uns, unseren Selbstwert, in Abhängigkeit zu Erfolg und Misserfolg? In welchen Bereichen? (Dabei kann gerade ein Misserfolg ungeahnte Kräfte in uns mobilisieren oder uns anregen, uns neu und passender zu orientieren!)

Authentizität und unsere Potentiale lassen sich in unserem Leben in dem Maße entfalten, wie wir uns der Relativität unserer gut/böse-, richtig/falsch-Anhaftungen bewusst werden, wie wir uns erlauben, uns in unserer eigenen Vielschichtigkeit, Verstricktheit und Widersprüchlichkeit zu erkennen – und diese zunächst einmal anerkennen. Das ist das Entscheidende! Wir dürfen uns erlauben, unsere eigene Widersprüchlichkeit zu erleben! Jederzeit können wir uns unmittelbar dabei zuschauen, wie unser Ego uns und der Welt, allem, was es erfährt, ständig, nahezu zwanghaft, polarisierende Bewertungen überstülpt. Nichts ist vor der Bewertungsmanie unseres Egos sicher. Nur wenn wir uns selbst gegenüber wach sind und uns ehrlich über die Schulter schauen, bekommen wir eine Ahnung von der Bewertungsmanie unseres Egos – und von ihrer Relativität.

Von einer inneren, neutralen Beobachterposition aus können wir die Gleich-Gültigkeit und Zusammengehörigkeit aller Aspekte erahnen und öffnen damit unsere Wahrnehmung für den gemeinsamen Nenner des Allganzen: essentielle Liebe. Sie verbindet uns mit der Erfahrungsebene der Einheit! Vor diesem

Hintergrund erweisen sich unsere Fixierungen, Wertungen, Positionen und Rollen als wunderbare Konstruktion, die wir für Erkenntnis und Entfaltung nutzen können. So gesehen ist die Polarität sogar ein hochintelligentes System, eine Basis, um bewusstes Sein zu üben.

In der Tat, ein mutiges Unterfangen, auf das wir uns da eingelassen haben.

Du bist ganz – alles ist richtig, was ist

„Es ist richtig, so wie es gerade ist" oder: „Du bist ganz, du bist richtig, so wie du bist!" Was ist eigentlich mit dieser Aussage gemeint?

Was sie nicht meint, ist: „Wir können sowieso nichts ändern und belassen alles so, wie es ist – nämlich beim Alten!" Oder: „Wenn es sowieso richtig ist, wie es ist, sind wir von unserer Selbstverantwortlichkeit entbunden und können die Dinge einfach laufen lassen!"

Was so ein Satz uns eher sagen will, ist: alle Aspekte unseres Erlebens, unseres Seins, des Lebens überhaupt, sind als Erfahrung oder als Schöpfungsaspekt sinnhaft – ganz gleich, ob wir sie positiv oder negativ bewerten, unabhängig davon, ob und wie wir sie einordnen.

Schauen wir uns das doch noch mal grundsätzlicher an: Während unseres Entwicklungsweges experimentieren wir mit den unterschiedlichen Erfahrungen und den damit verbundenen schöpferischen Möglichkeiten. Bestimmten, von uns negativ bewerteten Erfahrungsaspekten unseres Erdenlebens wollen wir allzu gerne aus dem Wege gehen. Wir wollen sie nicht haben. Wir stemmen uns dagegen und bauen alle möglichen inneren und äußeren Ausweich- und Abwehrmechanismen auf. Aber gerade mit diesem inneren Widerstand halten wir die Dinge, die wir verhindern wollen, fest. Je mehr Energie wir zur Bekämpfung unserer eigenen, negativ bewerteten Aspekte einsetzen, desto mehr Macht verleihen wir ihnen auch! Dummerweise glauben wir nun noch mehr Gegenwehr leisten zu müssen. Es ist jedoch nicht die dunkle Seite in uns, sondern der Widerstand dagegen, was Reibung – und das ist letztlich Schmerz, Leid – erzeugt.

Wichtig zu akzeptieren ist, dass wir alle zutiefst widersprüchliche Wesen sind und positive wie negative Anlagen in uns tragen – und damit sind wir wieder bei unserer Anfangsthese: „Du bist ganz, du bist richtig, so, wie du bist!" In uns Menschen wohnt beides: Gut und Böse, in vielen Abstufungen und Schattierungen! Die Frage ist also nicht: wie vermeide ich die dunkle Seite in mir – die wirklich interessante Frage lautet: wie gehen wir mit unserer Widersprüchlichkeit um?

Die schlichte Antwort: Selbstverantwortlich und liebevoll! Die Selbst-Verantwortung liegt sowohl im aufrichtigen Hinsehen-wollen, im Selbst-erkennen, also darin, uns dem, was wir in uns vorfinden, zu stellen, als auch in der Qualität unserer tagtäglichen Entscheidungen! Eine ehrliche innere Bestandsaufnahme ist erforderlich, wir müssen zunächst *Ja* sagen und uns erlauben, der Anwesenheit heller und dunkler Aspekte in uns offen ins Auge zu schauen. Nur dann sind wir klar, durchlässig und echt, und das ist wiederum die Voraussetzung, um Anhaftungen und Automatismen, die uns immer wieder im Griff haben, zu überwinden.

Selbst-Erkennen und Selbst-Anerkennung positiver *und* negativer Selbstanteile lässt uns über polare Anhaftungen und Konflikte hinauswachsen! Es bedeutet, uns zu erlauben, alles Mögliche in uns zu entdecken, sowohl Schönes, Liebenswertes, allgemein Anerkanntes als auch unsere düsteren Befindlichkeiten und Gedanken, wie Hass, Abgunst, Neid, Trägheit, Angst – ohne uns permanent für innere Zustände und Gefühle oder für das, was wir gerade in uns vorfinden, abzuwerten oder es zu verdrängen.

Vom menschlichen Standpunkt aus heißt Ganzsein nicht etwa Negation des negativen Pols, sondern erst einmal: Akzeptanz des negativen Pols in uns selbst! Besser wäre: Ansehen und Umarmen all dessen, was in uns so los ist!

Unser Ego gibt sich jedoch alle Mühe, vor seinen ungewünschten Selbstanteilen und vor unangenehmen Erfahrungen die Augen zu verschließen und auszuweichen! Was macht es stattdessen? Es projiziert eigene negative Anteile auf andere – dabei wäre es wesentlich klüger, sich selbst ohne beschönigende Brille, aber liebevoll und humorvoll zu betrachten! Sofern wir das konsequent beherzigen würden, gäbe es keine Kriege, keine Gewalt und keine verletzenden Aggressionen!

In der Polarität ist Schwarz der Gegenpol zu Weiß, Unglück die Kehrseite von Glück, der positive Pol ist ohne den negativen überhaupt gar nicht existent. Sobald wir dieses Grundprinzip unserer polaren Erfahrungswelt verstehen, kann die Liebe dahinter zum Vorschein kommen. Liebe ist das Übergeordnete, sie transzendiert das Gegensätzliche. Liebe ist die Sprache der Einheit.

Wir alle haben unsere Heimat in der Einheit, wir alle sind Aspekte der Einheit – in der Einheit gibt es keine Wertigkeit und keine Verurteilungen – alles, was ist, ist zunächst einmal wertfreier Bestandteil des Ganzen. Wertung, besonders Verurteilung (nicht zu verwechseln mit klarer Einschätzung), ist die Domäne der Egowelt. *Nicht* durch Verurteilung, *nicht* durch Ausschluss negativ bewerteter Selbstanteile, sondern durch die bewusste Integration werden wir ganz und entziehen dem „Schatten" die Macht! Wir fügen das Gegensätzliche, das Zweigeteilte zusammen und öffnen die Schleusen für essentielle Liebe.

Aber, Moment mal! Wird das Bewerten, werden persönliche Standpunkte und Präferenzen damit überflüssig? Nein, natürlich nicht, wir dürfen und sollen unsere Individualität feiern, wir dürfen Präferenzen haben und pflegen und natürlich können wir persönliche Standpunkte vertreten, sogar energisch! Das ist sogar notwendig!

Die Liebe ist das Zentrum unseres Wesens, das ewig und unverletzlich in der Einheit ruht. Sie ist die unantastbare Essenz unseres Seins, unabhängig von unserer momentanen Rolle, unabhängig von momentanen Standpunkten, positiven oder negativen Gefühlen, Gedanken, Handlungen, Erfahrungen und Leistungen. Wir sind im Kern Liebe! Wir bleiben im Kern Liebe, völlig unabhängig von den Macken und Schatten unserer Egopersönlichkeit!

Wir sind geliebt, so wie wir sind, auch so, wie wir waren und wie wir sein werden, egal in welcher Phase unseres Lebens wir uns befinden, egal, welche Rolle wir gerade einnehmen, egal, welche Erfahrungen wir uns gerade vorgenommen haben zu erkunden, egal, ob wir uns daneben benommen, geschummelt oder etwas Bravouröses geleistet haben! Spüre nach. Kannst du deine Widersprüchlichkeit, deine Zwiespältigkeit offen ansehen, akzeptieren? Das ist die Basis für Liebe!

Erlauben wir uns, diese Basis immer wieder anzupeilen und sie zu stärken – indem wir alles würdigen, was wir in uns entdecken, schalten wir die Leitungen nach innen, zur Liebe, zum inneren Licht und zur Schöpferkraft frei!

Vom Kern aus kann Liebe ausstrahlen!

LERNEN –
ODER DIE ENTFALTUNG UNSERES GÖTTLICHEN POTENTIALS

Unser Lernprozess ist ein Prozess
der Ausdehnung unseres Bewusstseins

Betrachten wir das Lernen einmal in einem umfassenderen spirituellen Kontext:

Das Universum ist eine sich selbst nährende Quelle, nie versiegend, sich ständig erneuernd. Die Quelle ist ewig, in sich vollkommen und arbeitet in diesem Sinne nach verlässlichen Prinzipien, sie offenbart sich in allen möglichen Erfahrungswelten, Erscheinungsformen, in unzähligen Universen und Dimensionen.

Das Bewusstsein ist ein Instrument, um Schöpfungsaspekte bewusst erfahrbar zu machen. Bewusstsein – in Verbindung mit der menschlichen Existenz in unserem Raum-Zeit-Kontinuum – hat die Tendenz, sich etappenweise auszudehnen. Es entfaltet sich! Oder: es lernt! Oder: es erinnert sich nach und nach seiner wahren schöpferischen Potentiale!

Angefangen mit einfachsten Überlebensmechanismen in der materiellen Welt, hat es die Chance, die Vielschichtigkeit und die Gesetzmäßigkeiten des Daseins in einem immer umfassenderen Maße zu erfassen. Immer dann, wenn unsere Seele uns über bestehende Grenzen hinausführen will, werden wir mit neuen, ungewohnten Erfahrungen konfrontiert und ich wage folgende These: um irgendwann das Einssein sowie die absolute Gültigkeit des

Prinzips universeller Liebe wiederzuentdecken! Jedes Bewusstsein ist letztendlich bestrebt, nach dem universellen Prinzip Liebe zu leben, dabei verläuft jeder menschliche Entwicklungsweg auf einzigartige, unverwechselbare Weise.

So führt uns der Selbsterkennungsprozess durch verschiedenste menschliche Wege und (scheinbare) Irrwege hindurch, aber immer in Richtung Einheit, Liebe! Auch wenn es im äußeren Leben mitunter ganz und gar nicht danach aussieht!

Im eigentlichen Sinne müssen wir dabei nicht anders werden, als wir sind: wir *sind* – wir erschaffen nichts neu! Wir entdecken das Sein! Wir entdecken, dass wir Liebe sind! Anders gesagt: wir öffnen unser Bewusstsein, um uns in unserer göttlichen Essenz Liebe wiederzufinden, sie bewusst wahrzunehmen, sie in uns wirken und durch uns wirksam werden zu lassen.

Diese Zeit fordert uns ganz offensichtlich extrem heraus, die uralte spirituelle Wahrheit Liebe neu zu beleben, sie endlich in einem tieferen Sinne im Lebensalltag Wirklichkeit werden zu lassen, sie auf die materielle Ebene zu bringen. Schlichter gesagt, das Prinzip universelle Liebe in unser alltägliches Leben zu integrieren ... naja, uns zumindest bewusst in diese Richtung zu bewegen, indem wir uns möglichst tagtäglich darauf ausrichten!

Lernen, in diesem Kontext, bedingt: wachsende Bereitschaft zu unserer Durchlässigkeit nach innen, die wachsende Bereitschaft zu innerer Aufrichtigkeit sowie Selbst-Annahme und Selbst-Liebe.

Diese Zeit des Wandels erfordert: Echt sein!

Die Ausrichtung auf Echtheit und Durchlässigkeit schafft Klarheit, nur so können sich die Schlacken, Trübungen und Beschränkungen unserer Wahrnehmungen auflösen, Bewusstsein entfaltet sich.

Jeder Mensch wird die ihn umgebende Realität mit der Sichtweise seiner aktuellen Bewusstseinsinhalte erleben und beurteilen. So gesehen lernen wir, indem wir Bewusstseinsinhalte immer wieder anschauen, hinterfragen – schließlich in Einklang mit dem universellen Prinzip Liebe bringen!

Neues bittet um Einlass

Für unsere persönliche Lebenspraxis bedeutet das: wenn gewohnte oder bewährte Muster in unserem Leben plötzlich nicht mehr greifen, wenn wir uns festgefahren fühlen oder Freude und Lebenslust fehlen, können wir dies als Hinweis darauf nehmen, dass Neues um Einlass bittet. Etwas bedarf der Veränderung, will sich weiterbewegen!

Dabei kann es um äußere Lebensbedingungen, um Gedanken-, Handlungs- oder Verhaltensmuster gehen oder um beides. Auf jeden Fall fordern uns solche Lebensphasen dazu heraus, uns weiter zu öffnen, ein neues, verfeinertes Gewahrsein zu entwickeln. Solche Phasen, manchmal ernsthafte Krisen, dürfen wir als Anreiz verstehen, um etwas, was gelebt werden will, zum Vorschein zu bringen oder: dem Lebensabenteuer neue Facetten hinzuzufügen. Oder: authentischer zu sein, unbeirrter zu uns zu stehen und uns selbst-wert-bewusst zu vertreten, uns zu vertrauen!

Umbruch bedeutet Aufbruch, es bedeutet, uns auf Neuland einzulassen – und das Neue ist zunächst nicht nur ungewohnt, es kann uns erst einmal befremdend, anstrengend, sogar bedrohlich erscheinen. So ist ein Umbruch oftmals eine entscheidende Lernphase in unserem Leben, die eine Zeit der Verunsicherungen, der Zweifel, des Haderns mit sich bringt. Manchmal erkennen wir anfangs nicht einmal genau, was das Neue eigentlich von uns will, oder wir spüren die Herausforderung, können sie aber noch nicht klar definieren. Vielleicht ist das Neue auch schon sichtbar, aber das Alte fühlt sich vertrauter an und es erscheint uns risikoloser, uns weiterhin daran festzuhalten.

Je stärker wir jedoch an alten Strukturen und Denkgewohnheiten festhalten und uns gegen den Einlass des Neuen stemmen, desto weniger wird unser Leben zu diesem Zeitpunkt im Fluss sein. Emotionale wie mentale Prägungen lassen sich nicht einfach beiseiteschieben, sie haben suchtartige Merkmale und lösen sich meistens erst nach und nach. Oftmals haben wir bestimmte Erkenntnisse klar vor Augen, aber trotz bester Ein- und Absichten reagieren wir, vor allem in unvorbereiteten Situationen, wider besseres Wissen, in gewohnten Rastern. Die Etablierung des Neuen ist ein Prozess, der je nach Gewichtigkeit einen kürzeren oder längeren Zeitraum in Anspruch nimmt.

Sicher ist, dass solche Prozesse durch unsere Einsichten, durch unsere klare Willens- und Absichtsbekundung sowie durch das Fühlen und Lösen alter emotionaler Ladungen mitgetragen werden müssen!

In jedem Fall dient jeder Lernprozess als Erfahrungszuwachs, er dient dem Mehrwerden an Kreativität, Authentizität und natürlich, an irgendeinem Punkt in unserem Inneren, dem Mehrwerden an Bewusstheit und der Fähigkeit, uns mit Liebe zu verbinden. Wenn wir unser Leben und wichtige Ereignisse unseres Lebens einmal aus der Rückschau betrachten, wird dieser Zugewinn an Erkenntnis, Liebe und Bewusstheit gerade durch persönliche Krisen und das Durchwandern schwieriger Lebensphasen sichtbar!

In diesem Sinne dürfen wir das, was gerade bei uns anklopft, begrüßen, es ansehen und aufgreifen, angefangen bei kleinen Alltagsangelegenheiten bis hin zu den großen Umbruchphasen und Krisensituationen in unserem Leben – wie auch immer die konkrete Herausforderung für uns aussehen mag.

Übrigens: Je intensiver wir mit unserer „Göttlichen Führung" kooperieren, desto mehr verstärkt sich der Eindruck: ich schaue meinem Leben zu und der Lebensprozess entfaltet sich vor meinen Augen! Ich muss keinen Widerstand leisten, nicht unnötig am Alten festhalten, mich nicht abmühen, um zu lernen! Es geschieht!

Unsere höchste Autorität

Den hohen, heilen oder heiligen Aspekt unseres Selbst oder den Anteil, der ewig mit der Einheit verbunden bleibt, haben wir bereits benannt: Göttliches Selbst. Andere Benennungen sind: Höheres Selbst, Inneres Wesen, Göttlicher Wesenskern, Höchste Wahrheit o.ä. Betrachten wir ihn als Mittler zwischen der höchsten universellen Intelligenz (Gottgegenwart) und unserem menschlichen Selbst.

Inneres Wachstum meint also, uns an diesen ewigen Aspekt in uns zu erinnern und uns mehr und mehr dafür zu öffnen. Bis zu dem Zeitpunkt jedoch, an dem wir unser Göttliches Selbst als höchste Seinsebene und höchste Autorität wiedererkennen und beginnen, „gemeinsame Sache" mit ihm zu machen, lassen wir uns vorwiegend von jemand anderem leiten: von unserem menschlichen Ego!

Das Ego aber agiert aus der Wahrnehmung der Trennung vom Göttlichen, aus der Trennungsillusion und damit aus seinem Mangelbewusstsein, bzw. seiner tiefen Verunsicherung heraus. In der Phase, in der unser menschliches Ego uns dominiert, können wir unser Göttliches Selbst nur sehr vage über die Impulse unseres Gewissens wahrnehmen. Vage deshalb, weil wir die Stimme unseres Göttlichen Selbst oft nicht unterscheiden können von kulturell geprägten, pauschalisierten, moralischen und ideologischen Kategorisierungen und Denkmodellen unseres Egos und unserer Egowelt. Unser menschliches Selbst ist auf äußere, pauschalisierte Ersatzsysteme fokussiert und lässt sich von ihnen vereinnahmen, es klammert an ihnen und verteidigt sie, so lange es eben geht.

Halt! Damit wir uns nicht missverstehen, das Ego ist ebenso göttlich, es ist nicht etwa minderwertig, es ist auch nicht zu verurteilen, das Ego ist sozusagen unsere „Basisstation" auf der materiellen Ebene, von der aus es agiert, an die es sich gebunden fühlt. Von hier aus ist der Prozess der Bewusstwerdung überhaupt erst möglich. Insofern ist das Ego absolut okay, es ist sogar ein besonders mutiger, abenteuerlustiger Anteil unseres Selbst! Denn es bewegt und definiert sich durch die Beschränkungen und Kategorisierungen unseres irdisch-polaren Erfahrungsrahmens.

Indem wir lernen, die spirituelle Ebene wieder mit einzubeziehen, den Draht nach „Oben" freizulegen, beginnen wir mit höheren Selbstanteilen zu interagieren. Die begrenzenden, einseitigen Anhaftungen des Egos können durchlichtet werden – wir erlauben Transformation!

Bewusstes Sein wächst also parallel zu der Kooperationsbereitschaft mit unserem Göttlichen Selbst. So spielt – sehr vereinfacht gesagt – der quantitative Einfluss unseres Göttlichen Selbst auf unser menschliches Selbst eine maßgebende Rolle für unsere Bewusstseinsinhalte und dafür, wie wir die Realität erleben.

Jedes menschliche Werden und Wachsen unterliegt einer spezifischen Dynamik, jeder erlebt sein eigenes Werden subjektiv, gefärbt durch seine persönlichen Erfahrungsauswertungen. Das heißt ebenfalls, in der irdischen Realität der Egowelt gibt es keine Wahrheit, die eine absolute Gültigkeit besitzt, denn sie ist zwangsläufig mit der persönlichen, bruchstückhaften, verkürzten menschlichen Wahrnehmung verstrickt – egal ob vor erfahrungsgeschichtlichem, wissenschaftlichem, moralischem, intellektuellem oder religiösem Hintergrund! Auf der Persönlichkeitsebene verbleibt Wahrheit im Stadium des Suchens und Bestrebens, sie bleibt individuell auslegbar und variabel wie die Realität selbst.

Wahrscheinlich einer der größten Irrtümer des menschlichen Egoverstandes ist der Glaube an einen durch wissenschaftliche Erkenntnisse, durch soziale oder moderne materielle Errungenschaften stetig fortschreitenden Wissens- und Wahrheitsstatus und eine dementsprechend anwachsende Lebensqualität! Fortschritt im oben genannten Sinne ist keineswegs Garant und kein Qualitätsmerkmal für eine bessere Welt oder ein erfülltes Leben. Für alle, die hinschauen wollen, ist es offensichtlich: der Zustand der sogenannten zivilisierten, modernen Welt ist in jeder Hinsicht desolat. Armut, mehr Kriege denn je, Raubtierkapitalismus, Abschaffung demokratischer Rechte, Einschränkung der Meinungsfreiheit, Zerstörung der Umwelt, Machtmissbrauch …

Unsere Suche nach Halt, Verbesserung, Gerechtigkeit in Form generalisierter Wahrheitsansprüche – ob weltanschaulich, politisch oder spirituell, ob in wichtigen oder alltäglichen Lebensfragen, ob bewusst gesucht oder unbewusst übernommen – bleibt willkürlich, zerstörerisch, zumindest pauschal, solange wir im Außen danach suchen!

Erlauben wir uns also, den Weg nach innen zu gehen und das Geheimnis göttlicher Wahrheit/Weisheit und Liebe in uns selbst zu lüften! Und es ist tatsächlich das spannendste menschliche Abenteuer, die größte Herausforderung, diese Fährte ernsthaft aufzunehmen.

Tatsächlich eine Super-Herausforderung, denn was uns innen zunächst begegnet, ist nicht nur die erhoffte rosarote, lichtvolle Welt, sondern dort stoßen wir erstmal auf unverarbeiteten Müll und auf alle möglichen Vorurteile, auf Angst, Wut, Unaufrichtigkeit, auf Illusionen – eben auf zahlreiche Verlockungen und raffinierte Verschleierungstaktiken des Egos.

Wenn wir es also ernst meinen, kann der bewusste Weg nach innen anfangs mehr Verunsicherung auslösen, als Stabilität und Orientierung geben. Nebenbei gesagt ist das auch der Grund, warum viele Menschen genau hier zurückscheuen und steckenbleiben, ihr Ego will sich wie gehabt an den gewohnten Standards im Außen bedienen – und das können übrigens genauso spirituelle Thesen sein.

Der Weg nach innen, sofern wir uns ernsthaft auf ihn einlassen wollen, wirft uns zunächst auf uns selbst zurück, mit allen Schattenaspekten. Wir alle sind betroffen und Betroffene, deshalb möchte ich zu einer aufrichtigen – und humorvollen – Innenschau ermuntern. – Es lohnt sich ungemein, hier können wir das innere Licht hinter all den Verschleierungen wahrnehmen lernen und freilegen.

Unser Göttliches Selbst ist der Aspekt höchster Wahrheit – oder essentieller Wahrheit/Weisheit/Liebe. Hierhin dürfen wir uns jederzeit, über unsere Egoaspekte hinaus, wenden, wir sollten unser Göttliches Selbst zu unserem ersten Ansprechpartner und Verbündeten machen und es als höchste Autorität für die Belange unseres Lebens heranziehen. Wir dürfen es als kompetentesten Ratgeber betrachten! Da es in der Einheit verankert ist, kennt es die Sinnhaftigkeit und die Zusammenhänge der Ereignisse in unserem Leben, alle Fäden laufen hier unter dem Vorzeichen der Liebe zusammen.

Wir unterstützen unseren Lebens- und Entwicklungsprozess, wenn wir bereit sind, mit unserem Göttlichen Selbst zu kommunizieren. Auf diese Weise verschaffen wir uns Zugang zu den weisesten Aspekten unseres Wesens. Hier können wir kompetente Führung finden, unser Göttliches Selbst ist das wunderbarste Leuchtfeuer für all unsere kleinen und großen Entscheidungen.

Indem wir den Kontakt zu unserem Göttlichen Selbst immer wieder suchen und uns ihm anvertrauen, verschaffen wir uns höchstmögliche Orientierung, wir durchbrechen alte Reaktionsmuster und Denkkategorien, die sich aufgrund unserer Erfahrungen in unserer Ego-Welt in uns automatisiert und verfestigt haben. Mit der bewussten Kontaktaufnahme zu unserem Göttlichen Selbst öffnen wir ein Tor zum universellen Reservoir an Weisheit und Liebe.

Im Außen gibt es keine Autorität, an die wir unsere Entscheidungsrechte abgeben müssten – und können. Letztendlich kann uns niemand die innere Wahrheitsfindung abnehmen. Jede äußere Autorität, jede Lehre, jeder Lehrer, der Staat, ein Guru, ein Weiser, ein Freund, ein Medium können uns selbstverständlich in schwierigen Phasen beratend oder hilfreich zur Seite stehen, das Wissen und die Unterstützung anderer kann uns im Alltag von hohem Wert und Nutzen sein.

Bestmögliche Führung, die höchste Instanz bleibt das Göttliche Selbst, denn hier finden wir die dem Ego übergeordnete Logik und Intelligenz. Indem wir unserem Göttlichen Selbst folgen, wählen wir immer den geeignetsten Weg, wir wählen tatsächlich das Beste für uns! Und – das ist das Tolle – das Beste für das Allganze!

Die Frage ist nun – wie erkennen wir die Botschaften unseres Göttlichen Selbst, wie können wir diesen Kontakt zum Göttlichen Selbst überhaupt herstellen, bzw. ihn intensivieren? Natürlich ist das eine sehr persönliche Beziehung, jeder wird auf ganz persönliche Art die Impulse seines Göttlichen Selbst empfangen: in Form seiner inneren Stimme, von Empfindungen, verbal oder visuell, manchmal sind Engel mit im Spiel oder Schutzengel treten als Mittler auf. Für Ungeübte ist es ratsam, sich in einen entspannten Ruhezustand zu versetzen und die Antennen nach innen zu richten – und da haben wir das Dilemma, denn wie vorhin schon angesprochen, lässt sich unsere Egostimme anfangs gar nicht so genau von den Ebenen des Göttlichen Selbst unterscheiden! Vielleicht erscheint uns das, was wir in uns wahrnehmen, nicht logisch, nicht eindeutig oder der Verstand quasselt dazwischen. Häufig verwechseln wir sogar die Botschaften der feineren, höheren Anteile unseres Selbst zunächst mit unserer oberschlauen, immer besser wissenden Egostimme. Wie gesagt, unser Göttliches Selbst vertritt keine statische Wahrheit und es vermittelt sich nicht über verstandesmäßige Geschicklichkeit oder über moralische Appelle.

Es erfordert Hingabebereitschaft und Übung, die für uns zuständige lichtvolle Autorität innen, in uns selbst aufzuspüren. Es gibt allerdings doch eine wichtige Orientierungshilfe: die Stimme unseres Herzens! Wir müssen aber auch hier erst wieder lernen, genau zu registrieren, was das Herz sagt, und wir müssen lernen, dem, was wir wahrnehmen, zu vertrauen und es ernst zu nehmen – und da beißt sich die Katze in den Schwanz, das setzt natürlich ein hohes Maß an Transparenz und an Integrität uns selbst gegenüber voraus! Denn wir lassen uns nur zu bereitwillig von den alten, gewohnten Angst- und Ablenkungsmustern unseres Egos irritieren. Botschaften höherer Wesensaspekte werden gerne lautstark vom Ego übertönt. Kurz: dieser Kontakt will immer wieder gepflegt und gesucht werden, dann wird die Verbindung stabiler.

Liebe und innere Freiheit empfinden wir immer dann, wenn wir im Einklang mit unserem Göttlichen Selbst agieren! Je bereitwilliger wir uns den Intentionen unseres Göttlichen Selbst öffnen, desto kraftvoller und ausgefüllter fühlen wir uns – ob wir uns dabei im Kontext des spirituellen Vokabulars bewegen oder nicht, ist völlig unerheblich. Jede Entscheidung in unserem Leben gibt uns erneut Gelegenheit, nach innen zu lauschen, um uns von hier aus inspirieren, durchdringen und führen zu lassen. Uns unserem Göttlichen Selbst anzuvertrauen, ist das größte Geschenk, das wir uns selbst machen können.

Hören wir weg oder trauen wir dieser inneren Stimme und dem Herzen nicht, weil das Ego seine gewohnten Standards nicht in Frage stellen möchte oder sie unreflektiert weiterverfolgt, blockieren wir uns massiv selbst. Wenigstens drosseln wir unsere Möglichkeiten erheblich, wir stehen uns selbst auf den Füßen! Je hartnäckiger wir uns weigern, nach innen zu hören, desto deutlicher wird uns das irgendwann in Form von Unstimmigkeiten und schicksalhaften Ereignissen in unserem Leben quittiert – es gibt aber immer wieder eine neue Chance, bewusster nach innen zu gehen und zuzuhören, evtl. um einen Richtungswechsel vorzunehmen.

Unser Körper als Medium

Der Kosmos ist ständig in Bewegung, sucht fortwährend nach Ausdrucksmöglichkeiten seiner selbst. Es gibt keinen Stillstand, keine endgültige Fixierung.

Festhalten bedeutet Stagnation, den Fluss der Energien aufzuhalten, sich gegen das Pulsieren des Lebens aufzulehnen. Stellen wir uns gegen den Lebensfluss, gegen das, was sich weiterbewegen, was sich durch uns ausdrücken will, entstehen Störfelder, die sich nicht nur durch äußere Umstände, sondern in letzter Konsequenz auch in unserem Körper bemerkbar machen können. Störungen auf materieller Ebene sind häufig ein Signal für blockierte Energie auf spiritueller, mentaler oder emotionaler Ebene. Unser Körper ist die dichteste Ebene und eindringlichste Instanz. Durch Störungen vermag er nachdrücklich zu demonstrieren, dass wir in irgendeinem Aspekt etwas freigeben dürfen, um uns wieder mit dem Lebensfluss bewegen zu können. Allerdings: körperliche Leiden eins zu eins einem seelischen oder psychischen Aspekt zuzuordnen, halte ich für eine allzu grobe und unzulässige Simplifizierung.

Unser Körper ist jedoch ein wunderbares Medium, er kann uns dienen, um unser Gewahrsein nicht nur für elementare Bedürfnisse, sondern auch für die psychischen Befindlichkeiten zu sensibilisieren. Er kann uns Auskunft über innere Zustände und mitunter über tiefwurzelnde Glaubenssätze und Befindlichkeiten geben. Wir können immens davon profitieren, seine Impulse ernst zu nehmen, seinen kleinen, manchmal unaufdringlichen Signalen Aufmerksamkeit zukommen zu lassen. Leider vergessen wir viel zu oft, momentane Impulse und die Anliegen unseres Körpers wahrzunehmen, zu respektieren und ihm genügend Aufmerksamkeit entgegenzubringen. Meistens sind wir derart kopfgesteuert, dass wir vollkommen vergessen, unseren Körper überhaupt zu spüren. Der Körper verdient viel mehr Achtung, mehr liebevolle Be-Achtung!

Unrast, angebliche Pflichten, Bequemlichkeit, Hektik, mannigfaltige Ablenkungsmanöver aller Art, also unsere Orientierung am Außen, lassen uns lieblos über die kleinen Signale und größeren Bedürfnisse unseres Körpers hinweggehen. Viele Menschen haben ihre Sensoren nicht nur für emotionale Befindlichkeiten, sondern auch für die Äußerungen ihres Körpers nahezu taub gemacht. In heutiger Zeit sind wir zwar sehr auf das Erscheinungsbild unseres Körpers fixiert oder darauf, dass er „funktioniert", welche Vitaminpräparate er zu sich nehmen sollte, viele mühen sich regelrecht ab und traktieren ihren Körper, um ihn jung zu halten oder einem künstlichen optischen Ideal zu entsprechen – haben aber keine wirkliche Beziehung zum eigenen Körper!

Es ist doch wunderbar, die Beziehung zu unserem Körper bewusst zu pflegen, freundschaftlich in Kontakt mit ihm zu sein und für ihn Sorge zu tragen. Wir dürfen uns erlauben, den Körper zu spüren, seine wechselnde Befindlichkeit zu registrieren und bereit sein, ihm sein jeweiliges Befinden zuzugestehen. Erinnern wir uns: Müdigkeit, Ruhebedürfnis, Unwohlsein, Bewegungsdrang haben Sinn, es sind logische Lebensäußerungen, es ist die Sprache unseres Körpers, der wir besser zuhören sollten.

Indem wir bereit sind, *mit* unserem Körper zu empfinden, entwickeln wir ein erhöhtes Gewahrsein für unsere Atmung, für die Art von Ernährung und für die Art von Bewegung, die unserem Körper *wirklich* gut tut, für ein ausgewogenes Verhältnis zwischen Aktivität und Ruhe, auch dafür, wie wir uns kleiden, schmücken und präsentieren, so, dass wir uns mit ihm wohl fühlen.

Dauerhafte Verspannungszonen zeugen von inneren Widerständen, Gefühlen der Ablehnung, starren Gedankenkonzepten oder lange angestauten Gefühlsladungen. Je eher wir dem körperlichen Sträuben Rechnung tragen, desto frühzeitiger können wir es erkennen, wenn sich etwas im Ungleichgewicht befindet, d.h. wo wir dabei sind, uns in eine Sackgasse hineinzumanövrieren. Überhören wir die kleineren Signale hartnäckig, wird die Sprache des Körpers nachdrücklicher, in Form von Schmerz, funktionalen Störungen oder durch die Weigerung, uns seinen Dienst zu leisten.

Unser Körper ist nicht nur ein Barometer, ein feiner Anzeiger für unsere innere Befindlichkeit, er ist ein wunderbares, unglaublich komplexes Gefährt, das uns treu durch dieses Leben begleitet. Sein grandioses Zusammenspiel, die präzise Verzahnung von Einzelaktionen, die höhere Körperintelligenz, die das Ineinandergreifen der Rädchen – jenseits des Verstandes, ohne unser Zutun – in jeder Sekunde aufrecht erhält ... müsste uns dies nicht allerhöchsten Respekt und tiefe Dankbarkeit abnötigen? Stattdessen – wenn wir ehrlich sind – sind wir ständig geneigt, am Körper herumzunörgeln, und kritisieren ihn. Er ist uns zu dick, zu dünn, zu lang, zu kurz, zu müde, zu blass, zu empfindlich ...! Betrachten wir den Körper doch als Geschenk, als ein Gefährt, das uns zur Verfügung steht, um uns unsere Erfahrungen auf Erden zu ermöglichen!

Entfaltung, spirituelle Entfaltung bleibt unvollständig, wir entziehen ihr das Fundament, wenn wir vergessen, unsere Körperlichkeit und unsere körperliche Befindlichkeit einzubeziehen.

Rollenspiele

Leben ist ein gigantisches energetisches Netzwerk. Alles ist miteinander verbunden, jede Energieform kann Einfluss nehmen auf jede beliebige andere. Nichts ist wirklich getrennt voneinander, jede Veränderung löst eine Kettenreaktion weiterer Veränderungen aus. Durch unser Sein nehmen wir ständig in irgendeiner Form Einfluss auf unsere Umwelt, so wie die Einflüsse unserer Umwelt – entsprechend dem Raster unserer eigenen Persönlichkeitsstruktur – auf uns einwirken. Dieses ständige wechselseitige Einflussnehmen findet in vielen Aspekten auf unbewusster, in einigen auf bewusster Ebene statt.

Alles, was ist, ist latent in allem, was ist, angelegt, jeder Baustein der Schöpfung hat dieselbe Quelle, trägt das Wesen der Schöpfung in sich, nur darum ist überhaupt ein Austausch untereinander, ist Kooperation untereinander möglich. Wenn wir das begreifen, können wir beginnen, uns von der Überidentifikation mit fest fixierten, einseitigen Standpunkten, die unser Ego zum Maß der Dinge erheben will, zu lösen.

Alles ist miteinander verwoben und Positives hat naturgemäß eine Kehrseite, Positives bedingt Negatives, jedenfalls in dem derzeitigen polaren Erfahrungsrahmen!

So wäre auch das Thema Schuld neu zu beleuchten. Aus übergeordneter Sicht gibt es Schuld im gebräuchlichen Verständnis nicht – unser Gegenüber ist nicht schuldig, wir sind nicht schuldig. Aber: wir sind verantwortlich – und das ist etwas anderes! Wir benutzen unsere gegensätzlichen Positionen und unsere ineinander verzahnten Rollenspiele für unsere Bewusstseinsöffnung. Wir können lernen, verantwortlich mit unseren schöpferischen Kräften umzugehen! Letztendlich wohl, um sie konstruktiv, im Sinne universeller Wahrheit und Liebe einzusetzen!

Noch anders formuliert, wir leisten einander in unserem Entfaltungsprozess Hilfestellungen. Durch die Interaktionen mit unseren Mitmenschen entstehen Berührungs- und Reibungsflächen. Das sind die Auslöser für Erkenntnis – sofern wir sie dafür nutzen –, wir erweitern unser „bewusstes Sein" anhand von Erfahrungen, bzw. der Auswertung von Erfahrungen! So schaffen wir mit unserem polaren System ein geniales Spielfeld, um nach und nach Einsicht und Übersicht zu erwerben. So treiben wir die

Bewusstseinsöffnung oder den Prozess des Erkennens dessen, wer wir sind, stetig voran.

Wenn wir diesen Denkansatz auf unser persönliches Leben beziehen, finden wir mit unserer Geburt eine Startposition in Form eines bestimmten sozial-kulturellen Umfeldes vor, sozusagen als Ausgangsbasis für die anstehenden Erfahrungen, bzw. Lernaufgaben. Wir übernehmen – immer analog zu dem Startkapital, das wir durch unsere Herkunftsfamilie und unser kulturelles und soziales Umfeld mitbekommen haben – eine entsprechende Rolle! Deren Gestaltung, Qualität und Verlauf ist allerdings offen! Spätestens vom Erwachsenenalter an tragen wir zumindest Mitverantwortung dafür, wie wir diese Rolle nutzen, ausbauen, verändern – und zwar dadurch, dass das Leben uns fortwährend auffordert, eine Wahl, bzw. kleine und große Entscheidungen zu treffen.

Mit unseren wechselseitigen „Rollenspielen" schaffen wir uns eine Plattform, auf der sich Bewusstseinsprozesse prima anstoßen lassen. Über unsere Interaktionen kann sichtbar werden, wo es hakt, wo wir stehen, welches Reaktions-, Denk- oder Verhaltensprogramm wir gerade abspulen oder wo wir frei und in der Liebe verankert agieren. Wenn wir zu erkennen vermögen, dass wir unsere Rollen nur *spielen*, dass wir aber nicht *sind*, *was* die Rolle spielt, verlieren Schuld, Hass und Angst ihre zwanghafte Komponente.

Tatsächlich ist es eine Offenbarung zu entdecken, dass sich hinter der Fassade unserer gegenseitigen Rollenspiele eine wunderbare Kooperationsbereitschaft und Verbundenheit unserer Seelen verbirgt. Es erscheint paradox, aber gerade unsere ärgsten Widersacher können uns die besten Hilfestellungen für wichtige Erkenntnisse geben.

Dort, wo es viel Reibung gibt, gibt es viel zu lernen!

Aus dem Kontext bestimmter spiritueller Richtungen heraus können solche Verbindungen über viele Leben erhalten bleiben.

Mal heißt unsere Rolle Gewinner, mal Verlierer, mal Mann, mal Frau, arm/reich, Täter/Opfer, Lehrer/Schüler etc. Wir wechseln uns ab in unserem Rollenspiel, wir machen unsere Erfahrungen von verschiedensten Positionen aus. Das kennen wir alle, es gibt Situationen und Umstände, in denen wir uns ohnmächtig und andere, in denen wir uns besonders machtvoll fühlen. Niemand, kein Mensch fühlt sich permanent machtvoll! Unser Bewusstsein wird durch die Erfahrung unterschiedlicher Macht-/Ohnmachtspositionen beweglicher und vielleicht sind wir irgendwann in der Lage, uns in jede andere Position hineinzuversetzen – ohne uns mit ihr zu identifizieren, sie zu missbrauchen oder uns ihr ausgeliefert zu fühlen!

Wir dürfen dieses Wechselspiel unserer Positionen vielleicht als Schulung verstehen, denn wir dürfen lernen, uns selbst und unser Gegenüber mit gesunder Distanz und mehr Gelassenheit zu betrachten. Falsches Mitleid hat keinen Platz mehr, dafür entwickelt sich Verständnis, Verantwortung und echtes Mitgefühl für andere. Wir lösen uns aus der ausschließenden Identifikation mit eigenen einseitigen Rollendispositionen. Darum: Schau dir den Film oder die Szene, die dich gerade bewegt, freut oder ärgert, aus neutraler Sicht an, alle Figuren, das ganze Spiel! Du erkennst, in diesem Sinne geschieht nichts zufällig.

Irgendwann wird deutlich, im Spannungsfeld unserer polaren Welt bedingt jede Position eine Gegenposition. Das Leben gewinnt an Leichtigkeit, wenn wir das verstehen können.

Einheitsbewusstsein kann nur durch Bejahung der Gegensätze wiedergefunden werden, denn mit der Bejahung wird das Verbindende erst sichtbar – und das Tolle ist: dann können wir den gemeinsamen Nenner finden, – na und der ist … essentielle Liebe!

All unsere Beziehungen, so problematisch sie uns momentan auch erscheinen mögen, beruhen letztendlich auf dem Grundelement Liebe.

Und genau dieses gilt es zu reaktivieren.

ANGST – VERTRAUEN

Die Angst, nicht zu sein

Mit dem Fall aus der Einheit – nach der Bibel die „Verstoßung aus dem Paradies" – ist die Erinnerung an unsere Allverbundenheit, an unser Eingebettetsein ins göttliche Allganze, ausgelöscht. Das Vergessen hat – wenn wir so wollen – den Vorteil, dass wir bestimmte Erfahrungsexperimente hier in der materiellen Welt auf der Erde von einer neutralen Ausgangsbasis aus starten können. Das Wissen um unsere göttliche Zugehörigkeit ist ausgeblendet. Würden wir uns sonst überhaupt auf einen derartig heiklen Prozess der Bewusstwerdung einlassen wollen?

Die Erinnerung daran, dass wir als menschliche Wesen ein gleich-gültiger Aspekt des Göttlichen Allganzen sind, der sich aufgemacht hat, um das Leben in der Welt der Form zu erkunden, ist uns also zunächst nicht zugänglich. Wir empfinden uns als Einzelwesen, wir leben in der Wahrnehmung der Abspaltung vom „Göttlichen" und identifizieren uns ausschließlich mit dem irdischen Teilaspekt unseres ursprünglich vieldimensionalen Selbst. Unser Identitätsverständnis bezieht sich hauptsächlich auf die materielle, sichtbare Ebene des Seins, also im Grunde nur auf einen winzigen, bruchstückhaften Ausschnitt des Allganzen. Damit begnügen wir uns mit einem auf ein Minimum reduzierten Spektrum dessen, was wir in Wahrheit sind, und auf ein Minimum an schöpferischen Möglichkeiten – so lange, bis wir uns erinnern und unsere Allverbundenheit und das in uns angelegte schöpferische Potential – nun im Licht des bewussten Seins – wieder entdecken.

Während dieser – nach unserem linearen Zeitempfinden – langen Periode des Werdens erleben wir uns tatsächlich als Einzelwesen, dem eine unberechenbare Schöpfung gegenübersteht. Und dieses Gefühl des Getrenntseins, der inneren Abspaltung, ist aus spiritueller Sicht die tiefste Ursache jeglicher Angst in uns!

Unser elementares Bedürfnis nach Überwindung dieser Ur-Angst und der damit einhergehenden Begleiterscheinungen, wie den Verlassenheitsgefühlen, unserem Bedürfnis nach Einbindung, unserem Verlangen nach Sicherheit, nach Bestätigung und Wertschätzung unserer Existenz, wird zu einem dominanten Motivationsfaktor für die Zielsetzungen in unserem Leben und für unser Verhalten – vertreten durch unser Ego.

Unser Ego setzt alles Erdenkliche in Bewegung, es verdreht sich, wird Mitläufer, Lügner, Unterdrücker, Feigling, Aufschneider, Guter, Fleißiger, Strebsamer und vieles mehr, um seine Ur-Angst und seine Gefühle des Getrenntseins zu überbrücken. Es sehnt sich permanent nach Rückverbindung zu unserer Quelle – dieses unterschwellige, ständige Sehnen und Suchen verstehen wir selbst nicht genau. Im Grunde wissen wir gar nicht, wonach wir uns eigentlich sehnen und was wir wirklich suchen! Außerdem befinden wir uns meistens auf dem falschen Dampfer, denn wir suchen am falschen Ende, wir suchen den Rückhalt, den wir so sehr vermissen, nicht in uns selbst, sondern ersatzweise in der äußeren Welt.

Die äußere Erfahrungswelt ist jedoch – einschließlich unserer Beziehungen, Zielsetzungen und materieller und ideeller Werte – immer Änderungsprozessen unterworfen und unterliegt damit einer ständigen Wandlung. Hier werden wir die ersehnte Sicherheit und Erfüllung niemals dauerhaft finden können. Von anderer Seite betrachtet: die Interaktion mit der Umwelt, bzw. Außenwelt kann uns in Wahrheit keinen beständigen Rückhalt bieten! Sie kann höchstens eine kurzfristige Illusion von Rückhalt vermitteln.

Der Glaube an Rückhalt und Geborgenheit durch äußere Realitäten verursacht unsere Verdrehtheit, letztendlich alle unsere Enttäuschungen und unsere emotionalen Wunden – und kann die Ur-Angst in uns nicht ausräumen. Sie arbeitet sich in Form unterschiedlichster Symptome immer wieder an die Oberfläche! So lange, bis wir bereit sind, der Angst ins Auge zu schauen!

Das Ganze noch einmal anders aufgerollt: die mit dem Vergessen einhergehende Vorstellung von der Vergänglichkeit und Begrenztheit unseres Lebens löst die elementarsten Ängste in uns aus. Der Gedanke an ein Ende unseres Seins mit dem physischen Tod macht uns zutiefst Furcht vor dem Ausgelöschtsein – dem Nicht-Sein. All unsere Furcht, unsere Zweifel führen in letzter Konsequenz auf diese Grundängste zurück: nicht mehr da zu sein, Nichts zu sein, abgetrennt und verlassen zu sein, nicht dazuzugehören.

Um die Angst vor der Leere, die mal mehr, mal weniger bedrohlich im Hintergrund rumort, zu betäuben, um unser mangelndes Vertrauen in die eigene Rückverbundenheit zu kompensieren, suchen wir nach äußeren Bezugspunkten, die uns die ersehnte Absicherung, ein Selbstwertgefühl und eine Sinngebung für unsere Existenz bringen sollen. Wir sind darauf fixiert, nach Halt, Anerkennung, Wertschätzung, Sicherheit, Versorgung außerhalb von uns zu fahnden, wir klammern uns einseitig an materielle Werte, äußere Erfolge, an vorgedachte moralische Wertesysteme, an Idole, Ideologien, an Beziehungen, Absicherungssysteme und Statussymbole. Damit laufen wir jedoch Gefahr, es äußeren Instanzen und/oder Personen zu überlassen, über unseren inneren Halt, gleichzeitig über Wert oder Unwert unseres Selbst zu befinden. Wir geraten in Abhängigkeit zu diesen äußeren Instanzen, zu Regierungen, Chefs, Partnern, Geld, Karriere, zu den Vorgaben der Medienwelt und vielem mehr! Fatalerweise setzen wir unseren Selbstwert in ein Verhältnis zu von außen gesetzten Maßstäben und Sachverhalten – und machen uns selbst innerlich arm. Nicht nur das, wir stolpern in die Fallstricke der Selbstverleugnung und Selbstlüge.

Es ist uns kaum bewusst, dass wir bzw. dass unser Ego ständig dabei ist, seine Ur-Angst klein zu halten. Und das mit ganz legitimen Verhaltensweisen: es ist bemüht, irgendetwas oder irgendjemandem zu genügen oder einem bestimmten Bild zu entsprechen, es rechtfertigt sich, passt sich an oder geht in den inneren Widerstand, verdreht sich, strampelt sich ab, kuscht, um den drohenden bodenlosen Fall zu vermeiden, den es immer irgendwie heimlich befürchtet! Unser Tagesbewusstsein erkennt diese Zusammenhänge kaum, ist auch nicht sonderlich daran interessiert, denn was wäre die Konsequenz? Es müsste seine Angst dahinter und seine Lebenslügen anschauen – und gerade das will unser Ego ja unbedingt vermeiden!

Auch wenn wir an eine göttliche Kraft glauben, ist unser Zugang zu Gott unterschwellig von Angst bestimmt. Allzu lange haben die irdischen Vertreter großer Religionen ein abstruses Gottesbild vermittelt, wonach der Mensch vom Wohlwollen eines Gottes abhängig ist oder sogar mit der Bestrafung eines Gottes rechnen muss, sofern er bestimmten Maßstäben – welchen auch immer – nicht genügt.

Ob im Verhältnis zu Gott oder dem Leben als solchem, wir sind derart auf Veräußerlichung und Maßstabsvorgabe ausgerichtet, dass wir kaum wagen, nach innen zu horchen, um dort einer tieferen Wahrheit auf die Spur zu kommen, heute in unserer modernen Schein-Demokratie mehr denn je. Wir sind uns unserer selbst nicht sicher, abgelenkt und betäubt durch ununterbrochene mediale Suggestionen. Es ist die Angst und die Bequemlichkeit, die uns daran hindert, den eigenen inneren Impulsen zu trauen, wir haben wenig Zugang und wenig Zutrauen in die uns und jedem Wesen innewohnende Fülle und weise Führung, in die eigene göttliche Essenz, in den unzerbrechlichen Kernpunkt unseres Seins und in die grundsätzliche Geborgenheit aller Existenzen in einem großen

Ganzen. Auch wenn wir bereits ein Gespür für eine andere, spirituelle Dimension der Wahrheit entwickelt haben, auch wenn wir uns spirituell angebunden fühlen, erscheint es im Alltäglichen oft naheliegender und beruhigender, uns vorrangig am äußeren Schein zu orientieren, mehr noch, unser Sein über äußere Vorgaben zu identifizieren und zu definieren! Mit dieser maßstäblichen Orientierung am Außen bleiben wir jedoch in unseren Abhängigkeitsgefühlen hängen – und das ... macht wiederum Angst! Wir fürchten uns davor, nicht stark genug zu sein, um die Konsequenzen unserer Eigen-Ständigkeit in Form einer Bezugnahme auf die innere göttliche Anwesenheit und Führung auszuhalten.

Solange wir uns nicht trauen, uns nach innen zu richten, und uns vorrangig am Außen orientieren, solange wir anderen mehr Kompetenz zutrauen als unserem Inneren, solange wir also in der falschen Richtung nach dem ersehnten Rückhalt suchen, blockieren wir den Zufluss schöpferischer Lebenskräfte ganz erheblich, anstatt sie freizulegen. Dies hat zwangsläufig destruktive Erfahrungen zur Folge. Angst-Reaktionsmuster etablieren sich zu automatisierten Verhaltensformen, das Dumme ist: sie ziehen neue Ängste zu sich heran. Durch entsprechende Erfahrungen bestätigen sie sich dann rückwirkend immer wieder gegenseitig, wir lernen, an die Berechtigung alter Angst-Reaktionsmuster zu glauben und halten sie für normal. Diese Reaktionsmuster erweisen sich als ausgesprochen zähe, hartnäckige alltägliche Begleiter, die uns statt zu uns selbst in die Veräußerlichung und Fremdbestimmtheit führen.

Um möglichst wenig mit Angst in Berührung zu kommen, hat unser Ego also eine raffinierte Strategie entwickelt: es leugnet die Angst oder eignet sich geschickte Ausweichstrategien in Form bestimmter Verhaltensweisen, Abhängigkeiten und scheinbar plausibler Denkmuster an, durch die es Angst und angstauslösende Situationen zu meiden oder zu umgehen sucht. Das Ego in uns hat einfach eine Heidenangst vor der Angst! Es verdrängt!

Kurz: der Angst auszuweichen, ist ein zwar sehr menschlicher, sehr verständlicher, aber ungeheuer destruktiver Antrieb im Hintergrund, der die Richtung unseres Denkens, Fühlens und Handelns in starkem Maße durchwebt und beeinflusst. Damit wird die Angst – ohne unsere bewusste Absicht, das Fatale ist, meistens ohne unsere bewusste Wahrnehmung – zum dominanten Motivationsfaktor der Lebensgestaltung. Sie hält uns klein, im Massenbewusstsein, in der Abhängigkeit fest.

Die Angst als Kontrollinstanz

Die Angst ist also ein Attribut des sich in der irdisch-materiellen Welt entwickelnden menschlichen Selbst! Sie kann ein durchaus nützliches Attribut sein, sofern wir so etwas wie Wachsamkeit damit meinen oder die Angst als eine Art Kontrollinstanz betrachten, die uns vermittelt: Achtung, halt, Gefahr, hier könnten wir einer falschen Fährte folgen, hier ist vorsichtiges Vorgehen angesagt, oder schlicht: Hier sind wir nicht richtig, nicht im Einklang mit dem universellen Prinzip Liebe.

Und das gilt gleichermaßen für pragmatische Alltagsangelegenheiten, folgenschwere Entscheidungen, die unser Leben nachhaltig beeinflussen wie auch für reformbedürftige, lieblose oder erstarrte Haltungen und Gesinnungen aller Art, sowohl anderen als auch uns selbst gegenüber.

Problematisch, nämlich schmerzhaft, werden Angstgefühle eigentlich erst, wenn sie sich verfestigt haben, durch Verschleierung, Verdrängung und Leugnung, eben durch Abwehr, durch die mangelnde Bereitschaft, sie spontan wahrzunehmen und zu akzeptieren.

Denn wir beurteilen, besser, verurteilen unsere Angst, wir bewerten sie negativ! Wir wagen nicht, sie als uns zugehörig zu betrachten, sie unvoreingenommen anzuschauen, geschweige denn, sie bereitwillig zu fühlen. Wir fühlen uns unwürdig, unwert, sobald wir mit den Angstanteilen unseres Selbst in Berührung kommen. Schon das Aufkeimen angstbesetzter Gedanken- und Gefühlsmuster schieben wir häufig ab, in den Untergrund. Ohne es eigentlich zu wollen, zwingen wir sie damit, ein Schattendasein zu führen. Hier kann das Verdrängte dann ein unberechenbares Eigenleben entwickeln, es sammelt sich ein diffuses Angstpotential an, das unsere Lebenshaltung, unser Verhalten, unser Denken und die Lebensgestaltung zu unseren Ungunsten drastisch manipuliert und deformiert.

Die Masken der Angst

Das, was uns letztendlich daran hindert, Liebe zu erfahren, ist also: Angst! Insbesondere: verdrängte, nicht an-erkannte Angst! Es sind all die unreflektierten Angstgefühle, die seit Jahrtausenden in tiefgreifender Komplexität mit unseren Wahrnehmungen, unseren Emotionen, Beurteilungen und mit unserem Verhalten interagieren.

Dass die Angst so zu einem entscheidenden Motor in unserem Leben wird, ist auch für dich, liebe Leserin, lieber Leser, vielleicht in seiner gesamten grundsätzlichen Bedeutsamkeit nicht ganz nachvollziehbar. Gewohnheitsmäßige Angstvermeidungs-Denk- und Verhaltensmuster erscheinen uns derart normal und legitim, dass wir es gar nicht für notwendig erachten, nach der Grundmotivation, die hinter „normalen“ Reaktionen steht, zu forschen. Die meisten Motive unserer Verhaltens- und Denkmuster liegen im Nebel. Wir können oft gar nicht unterscheiden, welches Denken und Verhalten aus dem Motiv Angst und welches aus der Liebe heraus geboren ist! Und in dieser Zeit des Wandels ist es eine dringende Frage!

Die Frage stellt sich: wollen wir in dieser Unbewusstheit uns selbst gegenüber verbleiben?

Unser Alltagsverhalten setzt sich aus einer Vielzahl von Angst-Verhaltensmustern, besser, Angst-Vermeidungsmustern zusammen, wie gesagt, ohne dass wir uns darüber im Klaren wären, wie und wo wir aus dem Hinterhalt von Angst gesteuert sind.

Unreflektierte Ängste sind das Motiv für die unterschiedlichsten Verhaltensreflexe, sogar für bestimmte Lebenseinstellungen, nicht zuletzt für unsere Meinungsbildung! Ängste prägen unsere allgemeine Haltung dem Leben gegenüber und bilden die Motivationsgrundlage für viele unserer Entscheidungen. Weil wir den Ängsten nur bedingt erlauben, an die Oberfläche zu kommen, zwingen wir sie, sich hinter den raffiniertesten Maskierungen zu verbergen. Nur lange aufgestaute, dringende Ängste sprechen so laut (und diese Ängste sind hiermit noch gar nicht angesprochen) zu uns, dass wir sie nicht überhören können, nämlich durch direkte körperliche oder psychische Beschwerden. Von uns selbst weitgehend unbemerkt bleiben Angstmuster, die sich „auf leisen Sohlen" einschleichen und hinter unserer Vernunft, unseren legalisierten Absicherungs- und Anpassungsmanövern und unserem Streben nach Geltung, nach Wertschätzung, nach Glück, Positionen und Traumpartnern verstecken.

Besonders schwer zugänglich sind diejenigen Ängste, die sich eine Maske der Tüchtigkeit, des Gutseins, der Toleranz, der Nächstenliebe, des Besondersseins aufsetzen, weil wir es hier mit eindeutig positiv definierten Werten unseres gesellschaftlichen Umfeldes zu tun haben. Das ist eine Riesenfalle, in die unser Ego einfältig hineintappt.

Angst zeigt nicht nur ein böses Gesicht; ganz besonders verführt sie uns dazu, uns greifbarer positiver Werte zu bedienen, die dem allgemeinen Zuspruch standhalten.

Wenn wir die Angstmuster hinter unseren Tarnungsmechanismen entlarven wollen, müssen wir nicht nur unsere Wahrnehmungen, sondern auch unsere Sensoren für die innere Integrität verfeinern. Und auch das ist für unser Ego natürlich ausgesprochen unangenehm, da kommt es reichlich in Konflikt mit seinem frisierten Selbstbild, mit all den kleinen Unwahrheiten und Beschönigungen, die es sich selbst ständig auftischt!

Ohne aufrichtige Innenschau bleibt das, was uns *tatsächlich* zum Denken und Tun veranlasst, verschwommen. Leider lassen wir uns gewöhnlich lieber von undeutlichen Gefühlen und unreflektierten Glaubenssätzen leiten, anstatt uns für die Klarheit und Liebe unseres inneren Wesens aufzuschließen.

Noch absurder: unser Ego hält unsere Ausweichmanöver sogar für lebensklug! Gegen eine ehrliche Innenschau sträubt es sich, denn es möchte sich nicht selbst enttarnen, es möchte seine Maskierungen nicht fallen lassen. Es ist wirklich sehr humorlos und möchte sich weder vor sich selbst noch vor anderen entblößen!

Somit bleibt oft, trotz guter Vorsätze, alles beim Alten. Wir erlauben unserer Angst, uns zu knebeln und das, was an Schönheit, Liebe, Kreativität und Lebenskraft potentiell in uns wohnt, zu unterschätzen, zu verzerren oder zu unterdrücken! Wir ahnen nicht einmal, dass wunderbare Potentiale dringend darauf warten, aus der Gefangenschaft befreit und erschlossen zu werden. Wir befürchten, unseren Schattenbereichen zu begegnen, wenn wir uns nach innen öffnen – aber nur, indem wir uns ehrlich dem stellen, was immer los ist, kommen wir auch in Kontakt mit dem, was wir wesentlich sind! Nur, indem wir uns den Schattenbereichen und der Angst stellen und ihr eine versöhnliche Hand reichen, lassen sich die Schatzkammern in uns öffnen! Ansonsten bleibt ein Großteil an authentischem, kreativem, freudvollem Selbstausdruck auf der Strecke!

Darum nochmal die Frage an uns selbst: wollen wir das wirklich? Unsere Potentiale, einschließlich der Lebensfreude, verkümmern lassen? Welchen Preis zahlen wir dafür!

So leben wir ständig mit der Sorge im Untergrund (die ja nichts anderes ist als Angst), etwas äußerlich zurechtrücken, uns anpassen, uns auf eine bestimmte Art verhalten, sogar, etwas Bestimmtes denken zu müssen! Wir fürchten, unwürdig zu sein, und wir befürchten, eine ungeschminkte Innenschau könnte Angstbereiche, Dunkles, Schuld und eigene Unvollkommenheiten ans Tageslicht befördern und uns demontieren.

Aber genau diese Weigerung, hinzuschauen und es so zu akzeptieren, wie wir es innen vorfinden, ist es, die unsere Ängste am Leben erhält, die uns an unseren Scheinsicherheiten und Maskierungen festhalten lassen, letztendlich, die unser „Rückgrat" schwächt.

Die Angst maskiert sich auf vielfältige und in oftmals unvermuteter Weise, da ist unser Ego wirklich sehr einfallsreich! Es verbirgt Angst in Form von Überanpassung, Selbstlosigkeit, Konfliktvermeidung, Starrsinn, Verschleierung, Gier, Geiz, Eifersucht, Arroganz, aber auch in Form von scheinbarer Souveränität, die unsere eigene Verletzlichkeit zu verbergen sucht oder in Form einer Fassade von Unnahbarkeit oder Freundlichkeit, mit der wir die Konsequenzen authentischer Reaktionen vermeiden wollen.

Wir wollen an dieser Stelle einige gängige Muster kurz auf ihr mögliches Angstpotential hin durchleuchten, denn jeder trägt diese Muster, in den verschiedenen Aspekten mehr oder weniger ausgeprägt, mit sich herum, harmlosere oder wirklich destruktive.

Sicherheit

Das Streben nach Sicherheit entspringt dem Wunsch, das Risiko auszuschalten, etwas festzuhalten, einen bestimmten Zustand zu konservieren – in der irrtümlichen Vorstellung, das Leben ließe sich aufhalten oder gar unter Kontrolle bringen. Mit unserem ständigen Fokus auf Sicherheit und Absicherung stemmen wir uns jedoch gegen den Lebensfluss. Wir trauen dem Lebendigen in uns nicht, nämlich dem Teil unseres Selbst, der sich wandeln möchte. Uns spontan auf neue Erfahrungsfacetten einzulassen, fällt uns in der Regel schwer, weil jede Veränderung die Möglichkeit des Unvorhersehbaren, des Verlusts und der Beschädigung in sich birgt. Wir glauben, uns durch Absicherung vor Verlust und Enttäuschung schützen zu können – und: ehe ich es vergesse, das alles ist aus menschlicher Sicht üblich und bis zu einem gewissen Grad sogar gesund und absolut angebracht!

Allerdings, das Leben in jeder Form absichern zu können, ist eine Illusion! Die gewaltigen Ab- und Versicherungssysteme unserer modernen Gesellschaft gegen alle Krümmungen und Risiken des Lebensweges, gegen alles Unvorhersehbare halten wir sogar für eine besondere Kulturleistung unserer modernen Zeit. Wir übertragen die Verantwortung für unsere Fürsorge, unseren Schutz und unser Wohlbefinden gigantischen Sicherungsinstitutionen oder dem Staat – dorthin, wo wir paradoxerweise Kompetenz, Hilfe und Macht vermuten, auf irgendetwas im Außen also!

Es ist schon merkwürdig, wir glauben tatsächlich, die dunklen Aspekte und Schmerzliches auf diese Weise verhindern oder gar ausschließen zu können. So wird es uns ja auch permanent verkauft. Wir trauen den Lebensäußerungen nicht, vor allem, wir trauen uns Eigen-Macht nicht zu! Unsere Gesellschaften propagieren und legalisieren dieses Denkschema, der unterschwellige Konsens lautet nämlich: „Du bist eigentlich machtlos, du bist dem Leben oder bestimmten Menschen und Mächten ausgeliefert, du benötigst alle möglichen Absicherungen, damit du bestehen oder dich sicher fühlen kannst."

Wir kommen persönlich wie auf kollektiver Ebene aus diesem Dilemma nicht heraus, wenn wir nur Vermeidungsstrategien entwerfen und Angst und Mangelbewusstsein über Funktionales und über äußere Instanzen in den Griff zu bekommen versuchen!

Eine endgültige äußere Absicherung vor lebendigen Lebensprozessen werden wir *nirgends* finden. Wir wachsen mit der bewussten, liebevollen Annahme und Integration des Lichts, aber auch des Schattens, der Höhen, aber auch der Tiefen, der Geborgenheit, aber auch der Unberechenbarkeit und Angst. Erst damit können wir frei werden, um uns in unserer ewigen, unverletzbaren Essenz wahrzunehmen. Und Essenz ist Liebe.

Die Rückbeziehung zu unserer Quelle ist letztendlich der einzig verlässliche Bezugspunkt, der einzig beständige Faktor, der bleibt – und dies erfahren wir nur, wenn wir beginnen, uns mehr von unserer primären Bezogenheit auf das Äußere, Funktionale und Formale zu lösen. Wenn wir uns also trauen, uns nach innen, dem Göttlichen zuzuwenden und beginnen, mit ihm zu kooperieren – immer öfter, konzentrierter, bewusster!

Macht
Uns kraft- und machtvoll zu fühlen, ist etwas Wunderbares, sofern wir etwas in Bewegung bringen, was unserer inneren Wahrheit – anders gesagt, der Entfaltung unseres lichtvollen Potentials und unserer schöpferischen Anlagen – entspricht. Ist die Motivation, Macht zu besitzen und sie auszuüben, jedoch von dem Bedürfnis geprägt, andere Menschen in irgendeiner Form zu dominieren oder sich Vorteile zu verschaffen, dann ist unser Ego am Werk! Im Grunde ist Machtmissbrauch falsch kanalisierte Energie, durch falsche Rückschlüsse, sprich: eigenes Mangeldenken!

Anstatt mächtige, kreative Energieströme aus unserem Inneren freizusetzen, bemächtigen wir uns im Falle des Machtmissbrauchs fremder Energien – unser Ego spekuliert darauf, sie für seine eigenen Zwecke unter Kontrolle bringen zu können, bzw. andere Menschen für eigene Zwecke zu missbrauchen – sie zu gebrauchen oder zu unterwerfen, um zum gewünschten Erfolg, zu Anerkennung, Selbstwertgefühl oder Vermögen zu kommen! Jede Form von Unterdrückung, Zwang, Beherrschung, bis hin zu subtilen, psychologischen Manipulationen in persönlichen Beziehungen, ist Machtstreben im destruktiven Sinn. Es ist begründet in eigenem Ohnmacht- oder Mangelbewusstsein. Und woraus resultiert das? Richtig: es ist aus der Ur-Angst geboren, der Angst, nicht mächtig, nicht wert und nicht gewichtig, nicht fähig genug zu sein.

Kontrolle

Kontrolle ist verwandt mit Macht und Sicherheit. Der Wunsch nach Kontrolle wurzelt in der Angst vor der Unberechenbarkeit des Lebens und der damit verbundenen ewigen Befürchtung des Egos, zu kurz zu kommen, benachteiligt zu werden oder abzustürzen. Übrigens wird dieses Bedürfnis nach Kontrolle oft auch auf die Kinder übertragen, die wir ja eigentlich begleiten statt kontrollieren wollen.

Es fehlt die Anbindung und das Empfinden für eine höhere Logik und Sinnhaftigkeit des Lebensprozesses sowie das Vertrauen in die eigenen intuitiven Kräfte (oder die der Kinder) und die Möglichkeit, uns dieser Kräfte zu bedienen und ihnen zu vertrauen. Deshalb tendiert das menschliche Ego dazu, die Dinge nach seinem, oft kurzsichtigen, auf seiner Mangellogik basierenden Willen steuern, manchmal erzwingen zu wollen. All das in der Hoffnung, der Unberechenbarkeit und der damit verbundenen Verlustangst und Bedürftigkeit Herr zu werden.

Das Ego übt Kontrolle aus, indem es manipuliert, intrigiert, Druck ausübt, versucht andere umzuerziehen, um die Bedingungen zu schaffen, die seinen vordergründigen Vorstellungen von dem, was sein sollte, entsprechen. Wir misstrauen der Eigendynamik lebendiger Prozesse, wir befürchten, ohne die kontrollierende Einflussnahme unseres Egos könnte uns etwas vorenthalten oder genommen werden. Das Ego meint ständig, das Ruder so oder so herumreißen zu müssen.

Wenn wir lernen, auf unsere Intuition und tiefere Impulse aus unserem Inneren zu horchen, und bereit sind, ihnen mehr und mehr zu vertrauen, werden wir sie als wunderbare Führung erleben, als weise Wegbegleiter. Denn sie kooperieren mit universeller Liebe und Weisheit! Wir versetzen uns damit in die Lage, das Beste in einem höheren, umfassenderen Sinne für uns zu tun, und gehen über die Listigkeit, das Streben nach Vorteilsbeschaffung entsprechend der kleinkarierten Mangellogik des Egos hinaus.

Ehrgeiz – Erfolgsstreben

Über unsere Erfolge dürfen wir uns selbstverständlich riesig freuen! Wenn wir unsere Talente begeistert verfolgen, ausbauen und zum Erfolg bringen, ist das ein Zeichen von Selbstverantwortung und Selbstliebe!

Erfolg, der sich durch eine Arbeit oder Tätigkeit, die uns am Herzen liegt, beiläufig einstellt, ist eine wunderbare Bestätigung für unser Tun. Ist das Motiv Erfolg jedoch wichtiger als das Motiv Freude an der Arbeit und wir streben um jeden Preis nach Erfolg, lassen wir uns von der Angst beherrschen. Der Angst, ohne Status, Geld, gutes Image, ohne eine gesellschaftliche Position oder eine bestimmte Vorzeigeleistung keine Wertschätzung oder materielle Versorgung zu verdienen. Wir glauben, unser Selbstwert hinge von einer äußeren Beweisführung ab.

Unsere Existenz als solche erscheint uns nicht wert genug, um der Liebe und Achtung würdig zu sein.

Konkurrenzverhalten

Auch das Konkurrenzverhalten entstammt der Angst, nicht so zu genügen, wie wir sind. Noch eine viel grundsätzlichere Befürchtung steckt dahinter, nämlich, dass Gott andere bevorzugt und uns im Stich lassen könnte oder uns nicht ausreichend unterstützt. Oder dass es nur dann einen geeigneten Platz oder etwas, was wir uns wünschen, für uns gibt, wenn wir andere „Mitbewerber" ausschalten oder übertrumpfen.

Unser Ego will schöner, reicher, intelligenter, schneller, besser sein als andere. Es unterliegt dem Irrtum, unser Wert steige und falle parallel zu unserer Leistung, Erscheinung, Position oder zu unserem Besitz. Wieder machen wir uns abhängig von schematisierten, äußeren Bewertungssystemen.

Leider bereitet gerade unser Schulsystem den besten Boden, um uns von klein auf dieses Konkurrenzschema als reguläres Bewertungssystem im Urteil uns selbst und anderen gegenüber zu eigen zu machen. Wir vermischen früh den an sich gesunden Wettbewerbsgedanken, der unserer Spielfreude, der spielerischen Freude am Vergleich, der Inspiration sowie der Eröffnung neuer Perspektiven dient, mit dem ungesunden Konkurrenzgedanken, der darin gipfelt, andere mit illegalen Methoden zu bekämpfen oder auszustechen.

Sucht

Sucht hat etwas mit *suchen* zu tun. Ein Süchtiger sucht Rückverbundenheit – nur in der falschen Richtung. Er landet in einer Sackgasse und macht sich manövrierunfähig. Anstatt nach der eigenen Kraftquelle zu suchen, betäubt der Süchtige seine Ohnmachtsgefühle, emotionale Bedürftigkeit, Unsicherheiten und Ängste durch ein äußeres Ersatzverhalten oder eine Droge. Der Weg der Freisetzung des eigenen Potentials erscheint zu verantwortlich, zu mühevoll, zu riskant. Ersatzverhalten werden dann zu einem autonomen energetischen Muster und entziehen sich irgendwann dem verstandesmäßigen Zugriff.

Süchte rauben uns die Möglichkeit, frei zu wählen und verantwortlich zu entscheiden. Und übrigens, unser Ego ist süchtig in vielen unbemerkten Aspekten, wie Kaffee, Zucker, Internet, telefonieren, nur von sich selbst reden, fernsehen, ständige musikalische Berieselung. Ablenkungen jeder Art, sofern wir meinen, sie für unser Wohlbefinden zu brauchen. Alltagssüchte benutzt das Ego zum Überlagern der inneren Leere oder unangenehmer Befindlichkeiten. Wenn wir es genau betrachten, bilden die bekannten großen Suchtthemen nur die Spitze des Eisbergs.

Politische und religiöse Dogmatik

Politische, ideelle und religiöse Dogmatik hängt zusammen mit der Angst vor der Unzulänglichkeit, eigene Maßstäbe zu setzen und nach einem eigenen Standpunkt zu forschen. Die Zuständigkeit wird an eine von uns autorisierte Instanz abgegeben, die bei unserer Suche nach Standort und Meinungsbildung kompetenten Rückhalt verspricht. Das idealisierte Vorbild vermittelt uns moralische Maßstäbe, durch die sich Richtig-und-falsch-, Gut-und-böse-Urteile schablonenhaft überstülpen lassen. Es gibt uns ein scheinbar bequemes Gerüst und die gewünschte Sicherheit für unsere Einschätzungen. Wir lassen uns bereitwillig zeigen – häufig über die ständige und allgegenwärtige mediale Kommentierung und Einflussnahme –, wo und wie wir auf der richtigen, natürlich ‚guten‘ Seite stehen, wobei die ‚Bösen‘ sich dann selbstverständlich auf der anderen Seite befinden. Allzu leichtgläubig und unkritisch verhalten wir uns medialer Berichterstattung gegenüber.

Statt uns um eine ganzheitliche, integrative Betrachtung zu bemühen, wird ausgegrenzt, polarisiert, es werden Feindbilder im Außen erschaffen.

Solche Feindbilder lenken von dem ab, was wir in uns selbst nicht bereit sind anzuschauen. Das betrifft mehr oder weniger eng gefasste Parteilichkeit, Rechte, Linke, Ideologien, zeitgeistige Tendenzen, Medien-Mainstream, dogmatische Religiosität und Sektierertum sowie jede Art von Lehren und Lehrern – mit Anspruch auf Moral und Recht haben! Besonders auf der Hut sollten wir vor dem sein, was unserem Ego „Gutsein“ suggeriert. Das intellektuelle Niveau spielt dabei keine Rolle, obwohl wir uns davon gerne blenden lassen. Wahrheitsfindung ist keine Frage geschulter Worte, mehr eine Frage geschulter Wahrnehmungsfähigkeit.

Intellektualität

Der Intellekt allein ist blutleer und wesenlos, wenn wir ihm nicht erlauben, mit unserem Herzen, unseren Empfindungen und unserer Intuition zu kooperieren. Der einseitige Gebrauch des Intellekts ist leblos, sofern er sich vor der Intuition und der Kraft der Herzenswärme verschließt oder sich darüber hinwegsetzt.

Mit der allgemeinen Idealisierung und Bezugnahme auf eine materialistische, funktionale Logik und auf alles sogenannte Wissenschaftliche vernachlässigen wir jedoch den weiblichen, intuitiven Aspekt, die eigentliche schöpferische Seite unseres Seins. Besonders in den modernen westlich geprägten Kulturen verstecken wir uns gerne hinter einer veräußerlichten Logik und hinter konstruierten Gedankengebäuden, die ohne die Weisheit unseres Herzens jedoch unlebendig bleiben und eine tiefere Wirklichkeit nicht berühren können.

Eifersucht

Wir neigen dazu, elementare Ängste insbesondere über Beziehungen kompensieren zu wollen. Das sind Ängste vor dem Alleinsein, vor der eigenen Leere, vor gesellschaftlicher Benachteiligung.

Eifersüchtig sind wir, wenn wir befürchten, die Verfügungsgewalt und Kontrolle über einen Menschen zu verlieren, von dem wir so etwas wie Sicherheit, die Erfüllung unserer Erwartungen und Bedürfnisse erhoffen.

So verständlich die menschliche Eifersucht auch ist, mit Liebe hat das wenig zu tun! Je mehr wir einen anderen Menschen mit Ansprüchen, bzw. Ausschließlichkeitsansprüchen belasten, desto stärker reagieren wir aus eigenen Angstmustern heraus.

Was wäre die klügere Alternative? Die Selbst-Stärkung! Am fundamentalsten wirkt sich das über die Rückverbindung mit der göttlichen Quelle der Liebe in uns selbst aus. Je unabhängiger, versorgter und kraftvoller wir uns in uns selbst fühlen, desto mehr werden wir fähig zu geben, zu nehmen und – wirklich zu lieben! Ohne über den anderen verfügen, ohne ihn für die Erfüllung der eigenen Bedürftigkeit benutzen und beschränken zu wollen.

Im Idealfall – in ihrer reinsten Form – ist Liebe absichtslos. Wir brauchen den anderen dann nicht zum Ausgleich eigener Defizite oder zur Erfüllung unseres Verlangens nach Anerkennung und emotionaler Versorgung, sondern öffnen uns für die Eigenart und Schönheit des Gegenübers und feiern den inneren Einklang, sofern er sich zeigt! Wie gesagt, im Idealfall! Denn wenn wir ehrlich sind, leiden wir alle an Bedürftigkeit in irgendeiner Form. Macht auch nichts ... sofern wir es erkennen!

Geiz

Geiz ist die mangelnde Bereitschaft loszulassen, abzugeben. Wir halten etwas fest, horten, aus der Angst heraus, zu wenig zu bekommen, leer auszugehen. Wir verwechseln materielle Sicherheitspolster mit emotionaler Versorgung und Sicherheit.

Gepaart ist diese Angst immer mit dem Gefühl, selbst nicht wert genug zu sein, um vom Leben beschenkt zu werden, ein Leben in Fülle leben zu dürfen. Der Geizige glaubt nicht wirklich daran, etwas Gutes zu verdienen. Und wenn er sich selbst nichts Gutes gönnen kann, will er es anderen erst recht vorenthalten. Der Geizige blockiert den Kreislauf des Gebens und des Nehmens. Aber nur in dem Maße, wie wir geben können, bekommen wir zurück. Geiz versteckt sich tatsächlich oft hinter der Fassade der Sparsamkeit oder Bescheidenheit.

Misstrauen

Wir wissen um unsere eigene Unzulänglichkeit und um die Probleme mit der Aufrichtigkeit und Anständigkeit unseres Egos, deshalb haben wir Angst, der andere, das Leben oder unbestimmte göttliche Mächte könnten sich uns gegenüber in der gleichen Weise verhalten. Wir vertrauen dem Leben und anderen, selbst Gott, nicht – weil wir uns selbst nicht trauen. Wenn wir unser Misstrauen vom Faktor „Angst" befreien, wandelt es sich in die Fähigkeit, klar und wach wahrzunehmen. Dann sind wir in der Lage, Sachverhalte zu registrieren und sie auszuwerten – ohne ständige Befürchtung vor eigener Benachteiligung.

Aggressivität

Aggression als solche ist zunächst ein notwendiger Ausdruck des lebendigen Seins. Gesunde Aggression macht das Leben in der materiellen Welt überhaupt erst möglich. Jede Geburt, jeder Neubeginn, jeder Bewegungsanstoß ist eine konstruktive Form des Angriffs, der Aggression.

Wenn wir uns nicht trauen, unseren eigenen Gefühlen des Eingeengtseins, der Machtlosigkeit, Wut oder der Bewegungsunfähigkeit zuzuhören, sie uns zuzugestehen, sie zu fühlen und zu äußern, sammeln und verdichten sich diese Emotionen und verschaffen sich irgendwann ein Ventil über aggressives Verhalten, in Form von Selbstaggressionen oder Aggressionen anderen gegenüber. Im letzteren Fall weisen wir die Ursache für unsere eigenen, angestauten Ohnmachtsgefühle dann einem Gegenüber zu, wir projizieren! Wir dürfen uns erlauben, emotional zu sein und zu reagieren, wir dürfen sogar leidenschaftlich reagieren – sofern wir niemanden verletzen oder herabsetzen wollen.

Haben wir gelernt, unseren Emotionen zu vertrauen und unsere spontanen Gefühlsladungen wahrzunehmen, indem wir sie er-leben, statt zu projizieren und andere zu beschimpfen oder zu beschuldigen etc., werden wir niemandem Schaden zufügen. Direkt von uns angenommene und wahrgenommene Gefühle bleiben im Fluss und entwickeln kein zerstörerisches Aggressionspotential, kein Gift uns und anderen gegenüber, sie basieren auf einer Grundhaltung des Einverständnisses mit unseren Lebensäußerungen.

Vertrauen

Vertrauen – was bedeutet es wirklich? Was meint Vertrauen ursprünglich? Vertrauen, aus spiritueller Sicht betrachtet, beruht auf der Annahme ewiger Existenz und dem Wissen um ein göttliches Zuhause.

Es wurzelt in dem Glauben, jederzeit in Liebe angenommen zu sein, gleichgültig, wie sich unser Leben und unsere Lebensumstände derzeit für uns darstellen, gleichgültig, wer und was wir derzeit sind.

Vertrauen ist gekoppelt an die bewusste oder unbewusste Annahme einer übergeordneten Logik, die allen Ausdrucksformen des Daseins zugrunde liegt. Wenn wir vertrauen, erahnen wir die vollkommene Sinnhaftigkeit der Vernetzungen jeglichen Lebensgeschehens, auch, wenn unser Egoverstand kausale Zusammenhänge nicht unmittelbar erfassen und nachvollziehen kann.

Vertrauen schließt die Akzeptanz des universellen Gesetzes der Liebe, das in unserem Leben wie in größeren Zusammenhängen in gleicher Weise wirksam ist, mit ein. Zu vertrauen bedeutet Mut zur Hingabe an das Leben, so wie es sich derzeit äußert, es beruht auf dem Einverständnis mit den Prozessen lebendigen Seins und dem Glauben an eine stetige Unterstützung von „Oben", im Sinne unseres höchsten Wohls. Wie gesagt, unabhängig davon, wie unser Lebensweg und unsere äußere Situation sich derzeit gestalten mag.

Wir sind zwar wunderbare Mitgestalter, wir können von unserer menschlichen Ebene aus (durch Absicht) mitgestalten, wir können mitentscheiden – eine direkte Einsicht in die Bahnen der Schöpfungslogik haben wir jedoch nicht! So gesehen ist Vertrauen eigentlich mehr ein Vertrauensvorschuss, den wir einer höheren, göttlichen Führung gewähren! Und hier liegt der Knackpunkt: unser Ego will Sicherheit, es will keinen Vertrauensvorschuss leisten.

Wir kennen es alle: in der Alltagspraxis funkt unser Ego mit seinem Misstrauen natürlich reichlich dazwischen! Es will die Zügel in der Hand halten und meint, die beste Konstellation, den besten Weg für uns zu kennen, es meint zu wissen, was gerade gut, wichtig und richtig für uns ist und was nicht! Es will *seine* Vorstellungen durchsetzen – es traut den höheren Impulsen oft nicht.

Dem Ego dieses Misstrauen zu erlauben – auch das ist übrigens ein Aspekt des Vertrauens! Denn unser Ego ist ebenso Anteil des Göttlichen Spiels!

Aus dem spirituellen Kontext heraus betrachtet sind wir immer begleitet, geführt, also niemals wirklich getrennt. Unsere Verlassenheits- und Einsamkeitsgefühle, unsere Gefühle der Wert-, Macht- und Hilflosigkeit zeichnen ein falsches Realitätsbild, das auf der Illusion einer isolierten Existenz in der Dualität (einer in sich selbst abgeschlossenen Existenz, einer Abspaltung vom Ganzen) basiert. Haben wir weiter oben ja schon besprochen.

Unser Vertrauen kann in dem Maße wachsen, wie wir die Kommunikation mit den Ebenen des Göttlichen Selbst (den Engeln, Schutzengeln, der höheren Seinsebene, wie auch immer das Göttliche sich für uns darstellt) zu aktivieren vermögen, sie einbeziehen, auf sie setzen. Denn nur über die innere Verbindung zu den höheren Wesensaspekten ist es möglich, innere Gewissheit über unsere All-Zugehörigkeit und All-Verbundenheit zu entwickeln, letztendlich, um uns in jeder Phase und Faser geführt und eingebettet zu wissen. (Bei manchem geschieht das auch ohne Benennung der Göttlichkeit, bei einigen Menschen bezieht sich Vertrauen auf eine still vorausgesetzte höhere Lebenslogik als solche.)

Wenn wir unsere göttliche Quelle als Zentrum unseres Selbst wiederentdecken, verstehen wir, dass unsere rastlosen, angestrengten Bemühungen um Kontrolle, um Absicherung und

Selbstwertbestätigung an der Oberfläche des Seins eher einem Kampf gegen Windmühlenflügel gleichkommen und dem tiefen Misstrauen in lebendige Prozesse entspringen! Wir verstehen, dass stattdessen alle Liebe, Kraft, Unterstützung und Vielfalt potentiell in uns wohnt und verfügbar für jeden ist! Das zu glauben, fällt uns jedoch schwer, es fällt uns schwer, diese Unterstützung und Liebe für möglich zu halten! Es sind die uralten persönlichen und kollektiven Schmerzerfahrungsspeicher, sie ziehen uns ins Misstrauen zurück. Jedes menschliche Wesen ist geradezu aufgefordert, sich an die Ebenen der Liebe und des Vertrauens zu erinnern und sie für sich zurückzuerobern! Eine immense Bereicherung, sofern es gelingt.

Unser permanentes Jagen nach Sicherheiten und Wertschätzung an der Außenfläche des Seins ist aus Sicht unseres Egos durchaus nachvollziehbar, erweist sich aber genau als das Gegenteil von Vertrauen – denn es gründet auf der Angst, dass es irgendwie nicht richtig für uns laufen könnte! Dass die göttliche Intelligenz es nicht auf die Reihe kriegt, uns bestmöglich zu begleiten und zu leiten. Oder auch, dass da gar nichts ist, was uns leiten und begleiten könnte!

Wir vertrauen, wenn wir uns der Liebe würdig fühlen – und zwar darum, weil wir existieren, weil wir Leben sind, weil Leben als solches würdig ist, weil das höchste Lebensprinzip Liebe ist und alles einbezieht!

Vertrauen bietet uns im Alltag den nötigen Rückhalt, es ermöglicht uns, Rückgrat zu entwickeln, es ermöglicht Eigenständigkeit und ist der Nährboden für eine authentische Selbst-Entfaltung. Auf Vertrauen zu setzen – statt auf Angst –, ist allerdings eine hohe Kunst, eine Lebenskunst, die es zu entwickeln gilt, und hat nichts mit Leichtsinnigkeit, Fatalismus oder Blauäugigkeit zu tun, denn es bezieht sowohl die Intuition als auch eine gesunde Wachsamkeit mit ein. Vertrauen ist die Lebenskunst, mit der wir die Herausforderungen und Verunsicherungen, die das Leben mit sich bringt, mit Liebe unterfüttern – über die Alltagsprobleme an der Oberfläche hinweg, über die Egoleidenschaft, permanent eine Haltung des Misstrauens zu generieren und zu kultivieren, hinaus.

Mangelndes Vertrauen hält unser inneres Licht klein!

Der Angst begegnen

Wir selbst halten die Tore weitgehend verschlossen, die uns mit den kraftvollen Energieströmen aus den Tiefen unseres Seins, der Liebe, verbinden.

Das Leben fordert uns in dieser aufregenden Zeitenwende auf, diese Tore zu öffnen, um uns allmählich mit der uns eigenen, schöpferischen Potenz und unseren vieldimensionalen Facetten bekanntzumachen. Man will es ungern glauben, aber unsere Angst vor der Grenzenlosigkeit unseres Seins und vor bedingungsloser Liebe ist so groß, dass wir die Signale, die uns zur Öffnung alter Begrenzungen auffordern, kaum frühzeitig genug beachten. Wir, d.h. unser Ego leistet so lange wie möglich Widerstand gegen diesen Öffnungsprozess und nimmt die Schmerzen in Kauf, die es mit der Abwehr und dem Klammern an alten, auf Angst basierenden Strukturen zwangsläufig verursacht.

Im Folgenden gebe ich dir wichtige Anhaltspunkte, um Öffnungsprozesse bewusst mitzugestalten.

Ängste registrieren
Die meisten Menschen haben nie gelernt, Ängste offen anzusehen, anzusprechen und bewusst mit ihnen umzugehen. Sie haben ein echtes Problem damit, sie überhaupt zu bemerken. Ängste verbergen sich gerne hinter einem unbestimmten emotionalen Unwohlsein, sie müssen nicht gleich laut und aufdringlich sein!

Tatsächlich glauben manche Menschen, mit diesem Thema hätten sie wenig zu tun.

Die Angstgefühle als solche zu registrieren, sie an die Oberfläche unserer Empfindungen zu bringen, sie wahrzunehmen, ist der wichtigste Schritt. Das heißt, wir müssen uns überhaupt erst einmal erlauben, Ängste *zu haben!* Wir müssen uns trauen, Ängste in uns wahrzunehmen. Ohne den aufrichtigen Wunsch, die Angst in uns liebevoll, aber schonungslos zu demaskieren, ist eine Neutralisierung unserer Ängste nicht ernsthaft möglich. Das heißt, wir müssen uns tatsächlich die emotionalen Impulse, die sowohl hinter leisem und deutlichem Unwohlsein als auch hinter Selbstbegrenzungen, unguten äußeren Lebensumständen, nervigen Beziehungen, Misstrauen, auch hinter bestimmten Verhaltensreflexen stehen, unaufgeregt und möglichst urteilslos ansehen.

Genau das entpuppt sich aber als das Problem, denn unser Ego versteckt seine Ängste ja, so lange es eben geht, vor sich selbst und will keineswegs näher mit ihnen in Kontakt geraten.

Mit der unbedingten Bereitschaft, auch das Destruktive in uns selbst zu sehen, zu fühlen, können wir auch die Ängste ans Licht bringen, um sie nach und nach in ein Immer-mehr an Bewusstheit zu transformieren. Nur unerkannte Ängste mutieren zu hartnäckigen Blockaden.

Überraschend mag für manchen sein, dass besonders unsere nicht in Frage gestellten Selbstbilder von Menschlichkeit und Korrektheit, Güte und Moral sich dabei als nicht zu unterschätzende, erschwerende Hürden erweisen! Einseitige Vorstellungen davon, wie wir zu sein hätten, wie wir „richtig" und „gut" sind, werden durch vielfach publiziertes Gedankengut erheblich forciert und halten uns in der Verblendung. Man kann es nicht ernst genug nehmen, die ständige mediale Suggestion durch offene oder unterschwellige Meinungsvorgaben zeigt Wirkung, und zwar weitreichender, als wir es uns im Entferntesten vorzustellen vermögen – übrigens auch und gerade dann, wenn wir glauben, gefeit gegen Beeinflussungen zu sein! Auf subtile Art werden unsere Empfindungen, Einstellungen und Gedanken kategorisiert und in bestimmte Richtungen kanalisiert. Und natürlich möchten wir uns positiv definieren und präsentieren! Das, was in die öffentliche Kategorie „nicht erwünscht" fällt, erzeugt Angst und zieht Schuld- und Unwertgefühle hinter sich her – es wird nicht in Betracht gezogen oder ganz ausgeblendet.

Es erfordert in jeder Hinsicht ein gutes Maß an bereitwilliger Selbstwahrnehmung, um diese Verschleierungstaktiken zu durchschauen und gewohnheitsmäßige Angstmuster, die sich hinter unserem Verhalten, auch hinter eigenen tiefsitzenden Glaubensmustern und emotionalen Verstrickungen verbergen, tatsächlich zu erkennen und zuzulassen. Wir müssen unser Angstmuster erkennen, sofern es aufgebrochen werden und heilen soll!

Wie werden wir auf Angstmuster aufmerksam?
Folgende Spur können wir einmal aufnehmen: Überall dort, wo wir uns nicht trauen oder uns nicht zutrauen, unsere Bequemlichkeit, schlechte Angewohnheiten, unglückliche Beziehungen, Abhängigkeiten, uns selbst oder andere einengende Vorstellungen, Feindbilder, Menschen, die uns nicht guttun, Wut oder Rachegelüste freizugeben oder loszulassen, steckt Angst in irgendeinem Aspekt.

Anders betrachtet: Angst fordert uns immer zu einem kleineren oder größeren inneren oder äußeren Aufbruch auf! So gesehen ermöglicht sie sogar einen Zugewinn, eine Öffnung, eine neue innere Sicht, ein Stück neu gewonnene Freiheit! Eine Rückeroberung verlorengegangener Selbstanteile. Jede Öffnung ist letztendlich eine Bereicherung!

Das sollte uns doch neugierig werden lassen und uns genügend Mut machen, uns der Angst zu stellen – statt viel Energie zu investieren, um nicht hinsehen zu brauchen oder Angst zu vermeiden!

Wo liegt der wunde Punkt?

In dem Augenblick, wo wir uns ehrlich stellen und uns trauen, Ängste in uns anzusehen, wirbeln die damit verbundenen Energien auf, verdrängte Emotionen können sich an die Oberfläche unseres Bewusstseins arbeiten. Das bedeutet unter Umständen, dass sich das Schmerzhafte vorerst – scheinbar – verstärken kann.

Sehen wir einmal hinter den Schmerz und hinter den äußeren Anlass dessen, was uns bedrückt, stört, enttäuscht oder belastet – was steckt für eine Grundangst dahinter? Wovor ist unsere Furcht am größten? Ist es die Angst, alleingelassen zu sein, nicht zu genügen, nicht angenommen zu sein oder ist es die Angst, zu kurz zu kommen, Mangel zu leiden, die Angst vor Verletzung, fühlen wir uns schuldig oder wertlos?

Wir verschaffen uns Klarheit über unseren eigentlichen wunden Punkt, wenn wir unsere Befürchtungen gedanklich einmal in aller Ruhe bis zur für uns bittersten Konsequenz durchspielen. Wie sähe die bitterste Konsequenz aus? Was ist die Angst hinter dem äußeren Anlass?

Sehr hilfreich kann dabei eine schriftliche Formulierung des Problembereichs sein. So fordern wir uns selbst heraus, unsere Gedanken noch exakter zu sortieren, noch eindeutiger zu definieren. Denn wie oben beschrieben, oftmals sind wir uns eigener diffuser oder sich widersprechender Angst-Antriebsmotive überhaupt nicht gewahr! Der wunde Punkt will klar benannt sein! Den Motiven der Angst müssen wir auf den Weg ans Licht verhelfen, erst damit geben wir uns selbst eine Chance, Wertvorstellungen neu zu ordnen, Dinge zum Positiven zu wenden, uns neu auszurichten, bewusste, klare Entscheidungen für uns zu treffen. Denn wenn wir den wunden Punkt erkannt haben, ist der Heilungsprozess bereits eingeleitet!

Ein Sich-im-Kreise-drehen, immer wieder um den wunden Punkt herum, ist allerdings eine Lieblingsbeschäftigung unseres Egos – es verharrt lieber im destruktiven eigenen Bodensatz oder es übertüncht ihn, anstatt sich wandlungsbereit zu zeigen! Solange wir Selbstreflexion vermeiden und den wunden Punkt lediglich zudecken, fischen wir im Trüben – und ziehen erneut Gleiches im Außen an.

Annehmen

Das Annehmen, das Bejahen des Unwohlseins ist ein entscheidender Schritt! Angst will nicht nur mental erfasst, sondern wahrgenommen und gefühlt werden. Wenn wir uns von Angstgefühlen nicht weiter beherrschen lassen wollen, können wir uns nicht um sie herumschleichen oder, was das Ego gerne versucht – sie mit dem Verstand wegdenken!

Brauchen wir auch nicht! Wenn wir uns erlauben, mit unseren Ängsten in Tuchfühlung zu gehen, verlieren sie ihr Gewicht und ihre Zwanghaftigkeit, sie übernehmen die Funktion einer Orientierungshilfe, die uns auf Bereiche mangelnden Vertrauens und mangelnder Liebe aufmerksam machen will.

Indem wir das Angstgefühl in unserem Körper lokalisieren und ihm erlauben, sich zu zeigen und aufzusteigen, geben wir ihm eine Möglichkeit, sich auszudrücken. Denn genau das möchte die Angst: sich ausdrücken! Vielleicht nehmen wir sie als Spannung, Anspannung, Schwere, als Druckgefühl oder irgendeine Form des Unwohlseins wahr. Erlauben wir der Angst, sich über Gefühle zu äußern! Mehr will sie überhaupt nicht! Entspannen wir unseren Körper und sagen ja zu unserer Angst! Wir dürfen sie auch umarmen, sie darf da sein! Sie ist nicht falsch, nicht zu verurteilen und schränkt unseren Wert nicht ein!

So lässt sich tatsächlich jedes Unwohlsein nutzen, um die Angstladung dahinter wahrzunehmen. Manchmal steigt sie wie eine Luftblase an die Oberfläche und verflüchtigt sich schnell, manchmal muss sie mehrfach bewusst wahrgenommen und gefühlt werden! Wir können sie auch trösten, vielleicht ist es uns sogar möglich, mit ihr zu sprechen – geben wir ihr in jedem Fall die Anerkennung, die sie so dringend benötigt.

Je besser wir in Kontakt mit unserem Gefühlskörper sind, umso unmittelbarer kann Angst zugelassen werden – statt unsere Kraft und Energie darauf zu verwenden, Unangenehmes in uns abzuwehren oder abzuwürgen. Gefühlsladungen, denen wir spontan eine Möglichkeit verschaffen, sich bemerkbar zu machen, sich zu zeigen, verlieren ihre Destruktivität und Bedrohlichkeit. Wenn wir geübter sind, können wir uns selbst einfach beobachten! Das sollten wir wirklich üben, Angstladungen einfach zu beobachten, sie zu begrüßen und durchziehen zu lassen. Die destruktive Variante wäre, im inneren Widerstand zu verharren und uns immer weiter mit ihnen zu verheddern.

Wie schon besprochen, Ängste können sich sorgfältig vor uns verborgen halten und in tieferen Schichten unseres Selbst festsitzen, so dass es mitunter Zeit und mehrerer Bejahungen bedarf, manchmal auch der Hilfestellung durch andere, bis sie sich zu lösen beginnen. Setzen wir uns nicht erneut unter Druck, indem wir uns von heute auf morgen von Ängsten befreien wollen. Das ist dann wieder unser Ego, das seine Angst loswerden und ausgrenzen will, statt sie wahrzunehmen.

Die Bejahung der Angst meint allerdings keinesfalls, unsere Aufmerksamkeit ununterbrochen auf Angst und negative Aspekte in uns zu richten, sich in ihnen zu vergraben oder sie sogar – das geschieht leider auch häufig – zu einem neuen Bezugspunkt oder Lieblingsthema zu machen!

Vielmehr geht es um die Integration durch aufrichtiges Hinsehen, Wahrnehmen und Zulassen. Damit schaffen wir ein Klima der Selbstakzeptanz – und das ist unbedingt notwendig, wenn wir uns dem Fluss der Liebe öffnen wollen!

Dienen wir dem göttlichen Prinzip in uns,
dienen wir dem Ganzen

Das Fazit also: Wenn wir der höheren Wahrheit und universeller Liebe auf die Spur kommen und ihr folgen wollen, werden wir auch zwangsläufig mit unseren Ängsten konfrontiert! Das ist Fakt! Denn um essentielle Liebe für uns erfahrbar zu machen, benötigen wir einen hohen Grad an innerer Durchlässigkeit – durch inneres Wahrnehmen, Zuhören, Reflektieren. Es ist nicht unbedingt bequem, es braucht sogar innere Disziplin, um uns in inwendiger Klarsicht zu üben! Besonders dann, wenn es sich ums Eingemachte, um die eigenen Schattenaspekte dreht!

Entscheiden wir uns für diesen Weg nach innen, dann kommt eine neue Angst ins Spiel! Nämlich die, ob wir unserer eigenen inneren Wahrheit, unseren eigenen Maßstäben trauen und uns damit gegebenenfalls den üblichen Erwartungen und den gängigen Wertvorstellungen einer vom Ego dominierten Welt entziehen dürfen. Wir werden auf unsere innere Stimme zurückgeworfen, besser, es gilt erst einmal herauszufinden: welcher Stimme da innen gehorchen wir überhaupt? Folgen wir der Stimme unseres an chronischem Mangel leidenden Egos, folgen wir blind übernommenen Wertvorstellungen, die wir ganz selbstverständlich und unreflektiert vom Umfeld, vom Außen übernommen haben? Oder sind wir tatsächlich mit unserer ureigenen Wahrheit und den Intentionen höchster Wesensanteile in Verbindung? Wenn wir bewusst und aufrichtig in uns selbst hineinhorchen, lässt sich unser Gespür für die Qualität innerer Impulse erheblich verfeinern!

Viele Stimmen gibt es in uns, die Kunst ist eben, sie wahrnehmen und unterscheiden zu lernen! Gehorchen wir den Intentionen unseres inneren Wesens? Oder Allgemeinplätzen, den Ausweichreflexen des Egos, Denkvorlagen von sogenannten Autoritäten, Experten, Fachleuten, der Medienwelt etc.? Ein wesentliches Qualitätsmerkmal für innere Impulse ist, dass sie mit dem eigenen Herzen kooperieren – und: das hat nichts mit pauschalem

Gut-sein-wollen oder dem Schönreden der Dinge zu tun. Es setzt übrigens auch keine Angstfreiheit voraus.

Wir fühlen uns falsch, oft schuldig, wenn wir *Nein* sagen zu allgemein akzeptierten Wertgefügen, populären, angeblich korrekten, Meinungen oder allgemeinen Erwartungshaltungen – das ist schon wieder die Angst! Wir haben Angst vor innerer Ungemütlichkeit, davor, anderen nicht zu gefallen, auszuscheren, anderen zu schaden, schuldig zu werden, egoistisch zu sein, ausgeschlossen zu werden, nicht dazuzugehören, wenn wir uns außerhalb des Mainstreams bewegen. Übrigens, wer mit dem Mainstream schwimmt, empfindet dies selbst meist am allerwenigsten als Mainstream, sondern als etwas Eigenes, persönlich Gewähltes! Dies zu identifizieren, gegebenenfalls hier auszusteigen, dazu gehört schon eine ordentliche Portion Courage, und es setzt innere Klarheit voraus!

Mit unserer „Echtheit" bieten wir immer auch unserem Gegenüber die Chance, sich über die Vernebelungstaktiken des Egos hinaus seiner eigenen „Echtheit" zu stellen. Durch authentische Entscheidungen geben wir anderen gleichermaßen die Möglichkeit, sich selbst neu einzuschätzen, ihrer eigenen Wahrheit nahezukommen. Dazu muss man wissen: konsequentes Denken und Handeln in diesem Sinne erweckt mitunter sogar den Anschein von Härte oder mangelndem Mitgefühl – eine häufig anzutreffende Fehleinschätzung des kleinen, angstvollen Egos, das aus seiner verengten, sentimentalisierten, eitlen oder aus einer populistischen, dem Mainstream angepassten Sichtweise heraus urteilt und agiert! Und wir wissen bereits, besonders die Themen Liebe, Mitgefühl und Wahrheit pauschalisiert das Ego mit Vorliebe und driftet ins simple Klischee, ins Moralisierende oder Oberflächliche ab.

Das Geniale ist doch: Da wir alle aus der Einheit kommen und universelle Liebe der tiefste gemeinsame Nenner ist, dienen wir dem Ganzen, wenn wir uns selbst das größtmögliche Maß an Echtheit und Selbstachtung zugestehen, denn nahezu zwangsläufig bringt uns das in Verbindung mit höheren Wesensanteilen, die mit universeller Liebe kooperieren, die letztendlich vereinen.

Natürlich ist das eine Vereinfachung eines komplexen Vorgangs, denn unser Sein ist komplex. Es verlangt nämlich immer wieder, tagtäglich, deutlich unterscheiden zu wollen, zwischen der lauteren Stimme unseres menschlichen Egos, die auf Angst basiert, mit seinen Vorstellungen und Forderungen nach Liebe – und einem unmittelbaren Zugang zur Liebe selbst, der Essenz unseres Seins. Dieses Unterscheiden erfordert nicht nur Übung, es erfordert menschliche Reife, Transparenz nach innen, Freude an uns selbst, an inneren Prozessen. Wir müssen den Weg der inneren Klarheit ganz bewusst wählen! Es geht ja um nichts Geringeres als den Pfad der Selbsterkenntnis, des Erwachens! Das WIE ist dabei im Grunde nicht entscheidend, sondern der starke Wunsch, unsere Absicht, uns nach innen zu wenden, um uns innen anzubinden, um unser eigentliches Wesen, das Liebe ist, in uns aufzuspüren und uns darauf auszurichten, uns von unserem inneren göttlichen Wesen dauerhaft inspirieren zu lassen. Lassen wir uns darauf ein, tragen wir das Beste bei, zu unserem und zum Wohl aller, im Sinne des Allganzen! Hier liegt unsere zentrale, wunderbare Aufgabe!

Den inneren Zustand willkommen heißen

Wenn wir zu jedem Zeitpunkt absolut wach gegenüber unserem eigenen inneren Zustand und inneren Impulsen wären und wahrnehmen und akzeptieren könnten, welche Lebensäußerungen sich gerade in uns zeigen und welche sich durch uns offenbaren wollen, wären wir frei von jeglicher Angst!

So weit brauchen wir aber gar nicht zu denken – beginnen wir einfach, indem wir innere emotionale Befindlichkeiten, freudvolle und angstvolle, willkommen heißen. Begrüßen wir ganz besonders die Angst! Wir dürfen sie als freundschaftlichen Helfer bei der Aufschlüsselung unseres Selbst in Anspruch nehmen! Denn je besser wir die Angst als Komponente unseres Menschseins integrieren, desto weniger lähmend wirkt sie sich in unserem Leben aus. Durch das Erkennen und die Akzeptanz verflüchtigt sich der automatisierte Zugriff der Angst auf unsere Verhaltensweisen, auf unsere Gedanken und Emotionen.

Unser Ego ist allerdings nicht gerade darauf erpicht, sein eigenes Antriebsmotiv Angst zu erkennen, es schaut allzu gerne daran vorbei, da ist es nicht zu Späßen aufgelegt. Sich selbst gegenüber ist es meistens sogar intolerant! Dazu kommt noch, das Ego sträubt sich vehement, wenn es darum geht, ausgetretene Bahnen oder eigene Verhaltensmuster auf ihre wahren Antriebsmuster zu durchleuchten!

Aber auch dann, wenn wir uns noch nicht unserem inneren Zustand voll und ganz zu stellen vermögen, sind wir zu jedem Zeitpunkt richtig, zu jedem Zeitpunkt göttlich, so, wie wir sind. Denn es geht ja gerade um die liebevolle Annahme innerer Zustände – einschließlich unserer Ängste. Wir machen einfach Erfahrungen! Warum auch immer, wir haben uns auf das Spiel hier eingelassen!

Mein Vorschlag: es ist gut, immer das zu tun, was im Augenblick „echt" und uns möglich ist. Setzen wir uns nicht künstlich eine Maske der Souveränität und Güte auf, sofern es sich dabei um ein kopflastiges Image-Projekt unseres Egos handelt und wir in unserem Inneren noch gar nicht bereit dafür sind. Auf Dauer trägt das keine guten Früchte! In diesem Fall wären wir wiederum von der Angst unseres Egos getrieben, das befürchtet, irgendeinem Anspruch nicht genügen zu können – ein sehr verbreitetes Syndrom übrigens in der spirituellen Szene.

Die effektivste Haltung ist: in die neutrale Beobachterposition uns selbst gegenüber zu gehen! Denn das schließt alles ein: Innehalten, eine klare innere Wahrnehmung, unseren inneren Zustand anerkennen, unseren Gefühlen erlauben, da zu sein, ihnen zu trauen.

Was wir bewusst anschauen und wahrnehmen können, verhärtet sich nicht, entwickelt keinen Explosionsstoff im Untergrund! Nur damit schaffen wir die Voraussetzung für innere Integrität! Nur mit innerer Durchlässigkeit haben wir eine echte Chance, uns höherer Wahrheit und universeller Liebe anzuschließen! Es ist *die* Voraussetzung, um der Liebe den Weg zu ebnen, uns von innen von Liebe durchdringen zu lassen! Wir wollen Liebe von innen nach außen strahlen lassen, sie aus der spirituellen Ecke in unsere Lebenswirklichkeit holen. Das ist die Devise für den Zeitenwandel!

UNSER SPIEGEL – DAS AUSSEN

Bewusst-Sein ist Sein in Liebe

Ein Gedankenspiel! Vollkommene Bewusstheit würde bedeuten, bewusst in Einklang mit dem höchsten universellen Prinzip zu sein – dem Sein in Liebe, in Einheit.

Oder: In Bereichen, in denen unser Bewusstsein bedingungslose Liebe als höchstes Prinzip an-erkennt und erlebt, kommt Energie frei von innen nach außen zum Fließen, wir fühlen uns kraftvoll, schöpferisch und geborgen in uns selbst. In höchster Konzentration wäre das Ekstase pur.

Der Rückschluss würde also lauten: wo unser Denken, unsere Emotionen und unser Handeln aus Unwissenheit – aus Unbewusstheit – nicht in Einklang mit diesem Prinzip stehen, haben sich Ängste, Urteile und Widerstände (dafür mag es in unserer Erfahrungsgeschichte durchaus zahlreiche plausible Auslöser geben) dazwischengeschaltet und stören bewusstes Sein, das Sein in Liebe! Der Energiefluss stagniert, wir nehmen diese Bereiche als Problemzonen wahr. Situationen, Lebensphasen, die sich als problematisch erweisen, sind also immer auch eine Aufforderung an uns, uns bewusster wahrzunehmen und uns wieder an die Liebe innen zu erinnern.

Erlebnisse im Außen bieten sich prima als Reflexionsmöglichkeit an, sie zeigen auf, wo das Prinzip Liebe in unserem Leben greift und wo nicht!

Hinter den äußeren Angelegenheiten, dem äußeren Erleben geht es darum, uns zu trauen, uns vor uns selbst zuzulassen, so, wie wir gerade sind! So, wie es gerade ist! Authentisches inneres Wahrnehmen verhilft zum Durchbruch der Selbstliebe und infolgedessen – der Liebe. Und Liebe ist das Fundament, auf dem alles Weitere, auch im äußeren Leben, gedeihen kann.

Es nützt also wenig, im Verstehen oder Nachbeten spiritueller Thesen zu verharren. Wir müssen uns weiter vorwagen und die Fragen an uns selbst richten: Wo schotten wir nach innen ab? Wo verleugnen wir etwas vor uns selbst? Was wollen wir nicht sehen, nicht fühlen, wo lassen wir uns vor uns selbst nicht zu? Wo vermeiden wir, unsere derzeitige Befindlichkeit wahrzunehmen, wo können oder wollen wir nicht wirklich hinsehen, wo nicht hineinfühlen, nicht an-erkennen, was sich derzeit so alles in uns zeigt? Wo sind wir bequem?

Wo steht das Wollen, wo stehen Gedanken in krasser Disharmonie zu dem, was wir fühlen und tun? Das ist in jedem Fall ein Indiz für den Mangel an Liebe zu und in uns selbst.

Das Selbstreflektieren in diesem Sinne geht weit über die mentale Aufarbeitung bestimmter Lebensthemen hinaus, denn es bezieht das Fühlen, Befinden, die bewusste Wahrnehmung dessen, was jetzt gerade in uns ist, nämlich authentisches Wahrnehmen, mit ein. Selbst-bewusst-sein meint: sich seines Selbst samt seiner Befindlichkeit bewusst zu sein.

Selbst-bewusst-sein in diesem Sinne geht immer Hand in Hand mit Selbst-Anerkennung, später mit Selbst-Liebe! Wir öffnen uns für die Liebe!

Aus spiritueller Sicht auf das Leben dürfen wir davon ausgehen: am Ende entpuppt sich sowieso alles als Illusion, was nicht Liebe ist – damit wären wir dann allerdings über das duale Realitätsverständnis hinausgewachsen, im reinen göttlichen Bewusstsein verankert!

Die erlebte Wirklichkeit ist die Reflexion
unserer Haltung gegenüber dem Leben

Die Haltung, die wir dem Leben gegenüber einnehmen, basierend auf unseren Gedanken, unseren tieferen Gesinnungen und Emotionen, steht demnach in unmittelbarem Zusammenhang mit unserer erlebten Realität. Oder andersherum: die Wirklichkeit, so wie wir sie erleben, zeigt uns etwas über unsere Wahrnehmungsraster und unsere Einstellungen und Überzeugungen dem Leben gegenüber.

So gesehen, ist unsere persönliche Lebensrealität immer auch eine Antwort auf bestimmte Facetten unserer Einstellungen und Gesinnungen. Gleichgültig, ob wir einen bewussten Zugang zu unseren tiefsitzenden Gesinnungen haben oder nicht. Jedenfalls steht unser Erleben in direkter Abhängigkeit zu Gesinnungen und zu grundsätzlichen Haltungen, die wir dem Leben gegenüber entwickelt haben.

Durch unseren Gefühlskörper werden unsere Gesinnungen dann mehr oder weniger aufgeladen und gespeist.

Einige Beispiele:

Sind wir von einer grundsätzlichen Unwahrhaftigkeit der Menschen überzeugt, wird uns unser Umfeld Unaufrichtigkeit und Lüge spiegeln. In dem Maße, in dem wir daran glauben, dass Verzicht und Mangel zum Leben gehören, werden Verzicht und Mangel in unserem Leben eine Rolle spielen (gar nicht so wichtig ist dabei übrigens, ob wir Millionär sind oder tatsächlich wenig besitzen, in beiden Fällen können wir Mangel empfinden und daran leiden). Eigenschaften, die wir in den Menschen vermuten, werden wir an bestimmten Menschen tatsächlich entdecken. Und gerade das, was wir in uns selbst nicht ansehen wollen, was wir ausblenden, wogegen wir innerlich Widerstand leisten, baut durch eben diesen Widerstand Energie auf und verschafft sich auf diese Weise im äußeren, realen Leben ein Gesicht und Gehör.

Folgendes Prinzip steht dahinter: die Haltung, die wir dem Leben gegenüber einnehmen, nährt sich aus der Grundhaltung, die wir uns selbst gegenüber einnehmen! Die Qualität dieser Grundhaltung zu uns selbst, die Qualität der Beziehung *zu uns selbst*, ist damit ein maßgeblicher Faktor für unsere Einstellung zu anderen Menschen und zum Leben überhaupt. Gesinnungen und Haltungen, die wir uns selbst gegenüber entwerfen, spiegeln sich also in unseren persönlichen Erfahrungen und Beziehungen wider, sie sind ebenso eine Vorlage für unseren Selbstausdruck.

Das, wofür wir uns selbst halten, werden wir zum Ausdruck bringen.

Das, was wir uns wirklich gönnen, wird uns das Leben reichhaltig geben.

Dort, wo wir an unseren Erfolg glauben, werden wir von anderen bestätigt.

Wo wir uns selbst misstrauen, trauen uns andere nicht.

Wo wir uns Grenzen setzen, werden wir an Grenzen stoßen.

Wo wir uns mit Selbstachtung begegnen, wird uns Achtung entgegengebracht.

Wo wir uns lieben können, erfahren wir Liebe durch andere.

Bevor wir nun aber in eine Falle tappen und uns schuldig für eigene negative Haltungen fühlen, sollten wir uns ganz klar machen: unsere innere Haltung ist kein persönliches Versagen und kein persönlicher Makel! Sie ist ja weitestgehend geprägt durch unsere Herkunft, unsere Erfahrungen und unsere Lebensgeschichte. Dabei geht es immer nur um eins: um mehr Bewusstheit uns selbst gegenüber! Bewusstheit dem gegenüber, was in uns ist! Es geht weniger um das Herumgraben in vergangenen Geschichten. Sinnvoller ist, die erlebte Wirklichkeit unmittelbar als Spiegel für die Haltung zu uns selbst zu nehmen. Trauen wir uns also, „jetzt" offen zu sein für die aktuellen Hinweise, die uns oft haargenau über die Beschaffenheit unserer Gesinnungen und Einstellungen uns selbst und damit dem Leben gegenüber Auskunft geben.

Erlauben wir uns ein aufrichtiges, bewusstes Hinschauen und Hineinfühlen! Hier liegen fantastische kreative Heilungsmöglichkeiten, die wir entweder für uns nutzen – oder unachtsam am Wegesrand liegen lassen können.

Dort, wo wir enttäuscht werden, sollten wir unsere eigene Gesinnung auf Fahrlässigkeit oder Wahrhaftigkeit überprüfen.

Dort, wo wir Geringschätzung erfahren, gibt es etwas, was wir an uns selbst geringschätzen oder missachten.

Dort, wo wir Mangel leiden, sind unsere Überzeugungen von Misstrauen und Zweifel durchsetzt.

Überzeugungen sind
Mit-Gestalter unseres Lebens

Im Zuge unserer Erfahrungen etablieren sich Überzeugungen und ganze Glaubenssysteme. Unsere Überzeugungen formieren sich zu Inhalten unseres Bewusstseins, und diese Bewusstseinsinhalte sind Baumeister, die an unseren realen Lebensumständen mitwirken.

Sofern wir uns unserer Glaubenssätze, eigener Überzeugungen und Gedankengebäude nicht bewusst sind und sie nicht weiter hinterfragen, verleihen wir ihnen Tragfähigkeit und eine für unser Leben maßstäbliche Gültigkeit. Überzeugungen, Lebenseinstellungen, Gedankenformen verdichten sich zu einer Matrix, sie sacken unter die Oberfläche des Tagesbewusstseins ab und wirken wie mächtige Selbstsuggestionsformeln permanent auf uns und unser Verhalten ein. Je nach Konzentrationsgrad, je nach Ausrichtung können sie uns unterstützen – oder uns hemmen, bzw. sogar schaden.

Und was ist mit unseren Emotionen? Emotionen orientieren sich wiederum an dem Wertgefüge unserer persönlichen Gedankenformen und Glaubenssysteme. Unsere Überzeugungen, Gedanken, Absichten und unsere Aufmerksamkeit stehen in ständiger Wechselwirkung mit unserem Emotionalkörper. So können Emotionen unsere Gedanken und Glaubensmuster zusätzlich mit Energie versorgen und sie verstärken – und umgekehrt.

Was ist, wenn wir sich gegenseitig behindernde oder widersprüchliche Glaubensvorstellungen und Gedankenkonstruktionen in uns tragen? Sie werden in dem entsprechenden Lebensbereich Unklarheit und Verworrenheit hervorrufen.

Es ist wie verhext: haben sich dann bestimmte Überzeugungen und Glaubenssysteme als Lebensrealität manifestiert, fühlen wir uns rückwirkend noch einmal in unseren Glaubenssystemen bestätigt! Irrtümlicherweise meinen wir nun, es mit unumstößlichen Tatsachen zu tun zu haben! Wir stellen sie gar nicht mehr zur Diskussion.

Stehen unsere tiefen Überzeugungen nicht in Harmonie mit dem Prinzip Wahrheit und Liebe, also mit den Intentionen unseres Göttlichen Selbst, bringen uns – oder zwingen uns – unsere Lebensumstände irgendwann dazu, entsprechende Glaubensmuster ans Licht zu holen, um sie durch passendere, liebevollere Gedankenformen zu ersetzen.

Leider hat uns niemand gelehrt, diese Zusammenhänge zu verstehen, die Sinnhaftigkeit, besser, Notwendigkeit, eigene Gedankenformen und Einstellungen bewusster reflektieren zu können, steht auf keinem Bildungsfahrplan! Das könnte uns jedoch eine ganz andere Grundlage für Problembewältigung und Entwicklung geben. Denn wie wir festgestellt haben: Gedankenformen sind hochpotente schöpferische Kräfte! Das, was sich an Glaubenssätzen und Gedankenformen in uns formiert und etabliert hat, stößt irgendwo auf Widerhall – im Positiven wie im Negativen wirken sie auf uns selbst zurück.

Wir sind Schöpfer und Geschaffene zugleich, somit sind wir als Geschaffene auch ein Produkt der schöpferischen Kräfte in uns selbst! Das Wunderbare ist ja: als Schöpfer (besser: Mit-Schöpfer) können wir Einfluss nehmen auf die Ausrichtung unserer Glaubenssätze, wir erschaffen durch sie entsprechende Schablonen, die unsere Lebensrealität mitgestalten.

Damit taucht eine neue Frage auf! Wie steht es mit der Zufälligkeit von Ereignissen, von Beziehungen und Lebensumständen? Wahrscheinlich ist: im Austausch mit anderen reagieren wir auf Ereignisse, die wir zuvor selbst mitkreiert haben, wir haben im Vorfeld entsprechende Gedankenmuster genährt und zugelassen und ihnen damit Manifestationskraft und die Eintrittserlaubnis in unser Leben gegeben – auch, oder gerade dann, wenn wir uns der Kraft und Tragweite unserer eigenen Gedankenformationen gar nicht bewusst sind. Den Begriff Zufall müsste man also neu definieren! Bedenken wir aber: Inwieweit unsere Seele oder höhere schöpferische Kräfte unseren Lebensweg oder bestimmte Lebensthemen vorgeben, inwieweit wir tatsächlich auf tiefliegende Gedankenstrukturen Einfluss nehmen können, wie in zahlreichen populären Büchern beschrieben, wie groß der menschliche Spielraum tatsächlich ist, kann aus menschlicher Sicht nicht eindeutig beantwortet werden. Demut ist hier sicherlich angebracht!

Da halte ich es mit Wilhelm Busch: „Auch das kleinste Ding hat seine Wurzel in der Unendlichkeit – ist also nicht völlig zu ergründen“.

Knüpfen wir aber noch einmal an die Idee der eigenen Mitschöpferkraft an, dann beruht auch der Austausch mit anderen Menschen auf dem Resonanzprinzip und bedingt gemeinsame Nenner an irgendeiner Stelle. Es muss gemeinsame Bezugspunkte in unseren Überzeugungen geben, um eine Interaktion möglich zu machen. Wenn wir unsere engeren Beziehungen, unsere Beziehungsmuster genauer anschauen, können wir das sehr gut beobachten! Häufig sitzen beide Personen äußerlich auf durchaus unterschiedlichen Positionen – aber auf kompatiblen Glaubenssätzen. Beispiel: wenn der eine sich vom anderen abhängig fühlt und der andere dieses Abhängigkeitsgefühl für sich ausnutzt, dann glauben *beide* Beteiligten an die Relevanz der Abhängigkeit, in beiden haben sich ähnliche Glaubensmuster etabliert.

Noch einmal nachgefragt: Sind wir denn wirklich Herr all unserer Gedanken, Glaubenssätze und Überzeugungen?

Klares Nein! Das würde uns komplett überfordern, denn Gedanken stehen in ständigem Austausch mit dem uralten globalen Gedankenenergiefeld! Gedanken und Gedankenfetzen, die ständig an der Oberfläche laufen, kommen zu uns und gehen wieder, wie Wolken am Himmel! Das dürfen sie auch, sie sind zunächst nicht falsch und nicht schlecht! Unsere Verantwortlichkeit liegt nicht darin, jeden Gedanken einzeln unter die Lupe zu nehmen und ihn zu sezieren, sondern darin, uns der darunter liegenden verfestigten Haltungen, Gedankenformen und Glaubenssätze bewusst zu werden! Unsere Schalthebel dafür sind: *Bewusstheit und Entscheidung!* Welchen Gedankenformen gewähren wir Energiezufuhr, auf welche Gedankenformen sind wir ständig fokussiert? Welche ziehen wir aus dem globalen Gedankenfeld zu uns heran, welche nähren wir weiter, welchen wollen wir

Gewicht verleihen und welchen nicht? Welche Qualität haben unsere Überzeugungen?

Würden wir die Gedanken nur eines einzigen Tages einmal schriftlich festhalten, wären wir sicher sehr erstaunt und erschreckt über die vielen Gedanken von Abwertung, Groll, Neid, Angst, Misstrauen und Unmut im Verhältnis zu den Gedanken erwartungsfreier Liebe, Freude, des Einverstandenseins und des Vertrauens.

Wir sind alle an dieses große mentale Energiefeld, das unsere Erde seit Jahrtausenden umgibt, angeschlossen. Es ist voller Mangelgedanken und Gedankenmüll! Was wir tun können, ist: das ständige Gebrabbel an der Oberfläche zu ignorieren – oder, sofern wir ein Ziel oder eine Absicht verfolgen, die Vorgänge in unserer Gedankenwelt aufmerksamer zu beobachten. Durch bewusste Fokussierung haben wir ja die Möglichkeit, Einfluss auf die Qualität unserer inneren Haltung zu nehmen, außerdem können wir Gedankenformen hinterfragen, aussortieren und sie dann in eine bessere Richtung bringen.

Eine Illusion ist, all unsere Gedanken unter Kontrolle bringen zu können. Das ist eine unlösbare Aufgabe! Denn, wie gesagt, meistens nehmen wir das, was in unserem Kopf vorgeht, nur bruchstückhaft und kaum reflektiert wahr, wir kriegen es überhaupt nur am Rande mit.

Das Beste, was wir für uns tun können – und für andere –, ist: uns bewusst und immer wieder auf hohe Selbstanteile auszurichten, uns von der Weisheit unseres Göttlichen Selbst inspirieren zu lassen, uns über die „Alltags- und Gewohnheitsgedanken“ und die Alltagslogik hinaus zu orientieren!

Wie geschieht das? Na, in erster Linie durch Absicht!

Sehr unterstützend sind Meditation, der Aufenthalt in der Natur, das Gebet, innere Zwiesprache, der Kontakt mit unserer inneren Stimme, inneres Lauschen, Freude, unsere Intuition, im

Grunde alles, was uns hebt! Wieder nicht zu verwechseln mit der Egostimme, die bequeme Lösungen und Plattitüden an diese Stelle setzt!

Im Sinne der Selbst-Erkenntnis ist es äußerst produktiv, wenn wir gerade leidvolle Lebensereignisse auf die dazugehörigen Überzeugungen, auf negative oder beschränkende Gedankeninhalte oder auf Mangelüberzeugungen hin überprüfen, denn häufig entschlüpfen solche Gedankenmuster unserer Wahrnehmung, meistens schleichen sie sich unbemerkt in unsere Denksysteme ein, durch bestimmte prägnante Erlebnisse, durch die Denkweise unseres Umfelds, heutzutage besonders durch die mediale Meinungssuggestion. Viele unserer Glaubensmuster werden hier angelegt und durch ständige Wiederholung bekräftigt, das geschieht tagtäglich, wir übernehmen hier Gedankenformen anderer, ohne sie ernsthaft auf ihre Qualität hin zu überprüfen! Sie rutschen früher oder später unter die bewusste Wahrnehmungsschwelle ab. Wenn wir sie dort nicht aufspüren, können sie ungestört ihr Unwesen treiben.

Hat sich beispielsweise das Glaubensmuster in uns festgesetzt, dass wir nur faltenfrei attraktiv seien, zieht das für die gesamte Persönlichkeitsbildung weitreichende Folgen nach sich! Es wirkt sich auf unser Selbstwertgefühl, auf unser Selbstbild, auf unseren Elan negativ aus oder wir fühlen uns genötigt, künstlich oder chirurgisch nachzuhelfen. Mit Falten fühlen wir uns dann alt und abgewertet.

Hat sich das Glaubensmuster festgesetzt, dass wir nur durch Intrigen, durch Schlitzohrigkeit oder Korruption zu beruflichem Erfolg gelangen können, zieht auch das schwerwiegende Konsequenzen nach sich. Denn wir lenken unsere gedankliche Energie auf diesen einen von vielen möglichen Aspekten des beruflichen Erfolges – und: wir verhalten uns dementsprechend!

Streben wir also auf Basis dieser Überzeugung nach Erfolg, werden wir im beruflichen Bereich intriganten Menschen begegnen; wahrscheinlich ist, wir werden uns nicht nur in Intrigen verwickelt sehen, sondern uns selbst genötigt sehen, Intrigen zu spinnen! Vielleicht fühlen wir uns ungerecht behandelt oder als Opfer dubioser Machenschaften. Vielleicht glauben wir nun, unsere negative Überzeugung resultiere aus den tatsächlich erfahrenen Begebenheiten, und fühlen uns obendrein im Nachhinein in unserer Überzeugung bestätigt, anstatt zu begreifen, dass wir solche Erfahrungen durch massive gedankliche Vorarbeit unterstützt haben. (Unser Ego wird an dieser Stelle übrigens sofort Einspruch erheben, denn es möchte sich dafür *nicht* verantwortlich fühlen).

Sind wir dagegen davon überzeugt, durch Freude und Begeisterung an unserer Arbeit zu Erfolg zu kommen, wird dieses Prinzip in unserem Leben eine wichtige Rolle spielen. Vielleicht werden wir ebenfalls Intrigen oder Korruption bei anderen beobachten können oder sogar damit konfrontiert sein. Je weniger wir uns jedoch mit diesem Prinzip identifizieren, desto weniger lassen wir uns korrumpieren.

Oder wir glauben vielleicht, nur durch harte Arbeit und Verzicht zu beruflichem Erfolg gelangen zu können. Dann richten wir unseren gedanklichen Fokus auf diesen Aspekt und ziehen ihn so in unser Leben hinein. Streben wir unter dieser Prämisse eine berufliche Karriere an und sind von der Wahrheit dieses Aspekts überzeugt, wird unser beruflicher Werdegang von harter Arbeit und Verzicht geprägt sein. Vielleicht werden wir sogar diejenigen Menschen, die erfolgreich sind und nicht nach dieser Prämisse leben, beneiden oder ihnen misstrauen.

Noch eine andere Variante: wir glauben an diesen Aspekt, sind aber selbst nicht bereit, hart zu arbeiten und zu verzichten. Dann wird sich aufgrund dieser inneren Haltung beruflicher Erfolg von vornherein ausschließen.

Durch die Konzentration unserer Gedanken auf bestimmte positive oder negative Inhalte erzeugen wir eine entsprechende Energiequalität und binden uns an sie! Bei allem, was uns irgendwie belastet, ist es also klug, hinter dem äußeren Geschehen entsprechende Überzeugungen aufzudecken!

Es lohnt sich – am besten bei aktuellem Anlass, bei akuten Problemen –, aufrichtig in unseren Gedankengebäuden nach solchen verselbständigten, verfestigten Überzeugungen/Gedankenformen/Glaubenssätzen zu fahnden und sie dann verbal auszuformulieren. Denn die Grundformel hinter unseren Überzeugungen bleibt verschwommen, wenn wir sie nicht in Worte fassen, wenn wir sie nicht konkretisieren können.

Es gilt also, negativen Überzeugungen und Einstellungen an die Oberfläche unseres Bewusstseins zu verhelfen, sie müssen im Tageslicht betrachtet werden, erst dann lassen sie sich neu ausrichten, bzw. ersetzen. Nennen wir es ruhig: Neuprogrammierung!

Darum erweist es sich oft als kontraproduktiv und ist mitunter zwecklos, Ereignisse als solche zu bekämpfen, weil die Ursächlichkeit des Geschehens nicht nur in den äußeren Umständen zu finden ist, sondern von den dahinterstehenden eigenen Einstellungen und Gedankenformen befeuert wird. Destruktive Überzeugungen können sich in unterschiedlichen Verkleidungen wieder und wieder in unserer Realität präsentieren. Sie genauer anzusehen macht Sinn – auch wenn unser Ego das nicht besonders liebt.

In jedem Fall ist es wichtig zu beobachten, an welchen Punkten wir selbst Gedankenenergie oder eine innere Haltung von Mangel, Ohnmacht oder Lieblosigkeit aussenden, nur so können wir die Wurzel unserer Defizite entdecken und ausmisten. Freiheit bedeutet, nutzlos gewordene Überzeugungen zu identifizieren und sie durch andere, aufbauende, liebevollere Gedankenformen, Einstellungen, Entscheidungen, Absichten auszutauschen. Von dieser Freiheit dürfen und sollten wir Gebrauch machen! Freiheit geht mit innerer Verantwortlichkeit einher!

In größeren sozialen Zusammenhängen werden kollektive Überzeugungen wirksam. Jede soziale Realität ist der direkte Spiegel der vorherrschenden innersten Überzeugungen/Glaubenssätze. Trägt eine Gesellschaft vorwiegend Glaubenssysteme von der eigenen Ohnmacht und Abhängigkeit in sich, wird ihre erlebte Realität von Unterdrückung und fremder Machtausübung geprägt sein. Die erlebte Realität wird sie immer wieder rückwirkend in ihrem Glauben an Abhängigkeit bestätigen, erst mit der Bewusstwerdung der eigenen Überzeugungen und mit deren Wandel schafft sie sich die Chance zu einer Änderung und realen Verbesserung der Lebensumstände. Hier tragen wir alle Mit-Verantwortung! Aber Achtung: Verantwortung bitte nicht mit Schuld, Minderwertigkeit oder Anklage verwechseln! Als menschliche Wesen sind wir alle am großen Ego-Spiel beteiligt, wir alle sind vom Mangelbewusstsein geprägt, in den unterschiedlichsten Bereichen und nicht nur auf materieller Ebene.

Dass Menschen in eine Umgebung hinein geboren werden, deren Lebensbedingungen – ohne gedankliche Prägungen – von Anfang an von Mangel und Entbehrung gekennzeichnet sind, mag wohl niemandem gefallen! Eine Erklärungsmöglichkeit wäre, unser Leben als Mosaiksteinchen eines Zyklus von Erdenleben zu betrachten. In diesem Leben knüpfen wir an eine bestimmte Thematik an. Wir dürfen vermuten, dass die Lebensbedingungen, die wir hier vorfinden, für die „Bearbeitung" dieser Thematik die materielle Voraussetzung bieten. Jeder Mensch würde demnach mit bestimmten Aufgabenstellungen konfrontiert, die Familie ist dafür die uns prägende Ausgangsbasis! Jeder noch so missliche Umstand wäre so gesehen kein wirklicher Rückschritt, kein Verlust, sondern er würde den Treibstoff bilden, um die Inhalte unseres Bewusstseins in Richtung Liebe und Erkenntnis zu transformieren.

Die Beziehung zu uns selbst ist die Basis für unsere Beziehung zum Nächsten

Die Perspektive, aus der wir uns selbst wahrnehmen, die Gesinnungen und Empfindungen, die wir unserem Selbst gegenüber hegen, sind der Nährboden, auf dem wir die Beziehung zu unserem Selbst aufbauen.

Die Beschaffenheit dieser Beziehung bildet wiederum die Basis, auf die sich alle weiteren Beziehungen in unserem Leben stützen.

Die Beziehung zu uns selbst ist also die entscheidendste Beziehung in unserem Leben überhaupt. Die Art und Weise, in der wir mit uns selbst umgehen, ist ausschlaggebend für die Qualität unserer Verbindungen, die wir mit der Außenwelt eingehen.

*Wo wir unsere eigenen Bedürfnisse respektieren,
sind wir in der Lage, Bedürfnisse anderer wahrzunehmen.*

*Was wir uns selbst ohne Vorbehalte zu geben bereit sind,
können wir anderen geben.*

Was wir uns selbst vorenthalten, gönnen wir anderen nicht.

Die Aspekte, die wir an uns selbst achten, achten wir bei anderen.

*Anhand der Maßstäbe, an denen wir uns messen,
werden wir andere messen.*

Was wir uns selbst verzeihen können, sehen wir anderen nach.

*Die Motive unseres eigenen Denkens und Handelns
vermuten wir bei anderen.*

Was wir an uns selbst nicht mögen, lehnen wir bei anderen ab.

Dort, wo wir uns selbst gegenüber nicht aufrichtig sind,
sind wir anderen gegenüber unklar.

Was wir uns aus tiefstem Herzen gönnen,
gönnen wir auch anderen.

Was wir an Wärme und Geborgenheit in uns selbst herstellen
können, können wir nach außen abgeben.

Selbst-Achtung, Selbst-Wertschätzung, also ein respekt- und liebevoller Umgang mit allen Anteilen und Bedürfnissen unseres Selbst, ist Selbst-Annahme! Andersherum genauso: je vorbehaltloser die Selbst-Annahme, umso herzlicher und freundschaftlicher ist auch die Beziehung, die wir mit uns selbst führen. Dieser Schritt des bewussten, aufrichtigen Sich-selbst-achtens und -annehmens kann nicht übersprungen werden, wenn wir unsere Beziehungen nach außen intensiv und liebevoll gestalten wollen, schon gar nicht, wenn wir Nächstenliebe entwickeln wollen! Es ist sehr aufschlussreich, öffentliche Solidaritätsbekundungen und Hilfeleistungen unter diesem Gesichtspunkt einmal genauer auf Aufrichtigkeit hin zu betrachten. Dabei wird sehr deutlich, was auch gesamtgesellschaftlich in Schieflage geraten ist. Leere Worthülsen und verlogene öffentliche Statements basieren nicht auf Selbstachtung und bringen keinen Segen.

Positive und negative Gedanken und Empfindungen dem *Du* gegenüber sind Projektionen der Gedanken, Beurteilungen und Empfindungen dem eigenen Selbst gegenüber. Es ist wichtig, dass wir uns klarmachen: Faktoren, die uns an unserem Gegenüber störend erscheinen, besonders solche, an denen wir uns festhaken, haben in irgendeiner Weise mit eigenen ungeliebten oder nicht eingestandenen Aspekten zu tun.

Unser Miteinander, die Qualität des Umgangs untereinander, hängt darum wesentlich mit unserer Selbst-Beurteilung, bzw. mit unserer Interpretation dessen, wie wir uns selbst wahrnehmen, zusammen.

Um die Beziehung zu uns selbst zu heilen, müssen wir die unter der Oberfläche schwelenden Verurteilungen uns selbst gegenüber erkennen und die Selbst-Abwertungen registrieren. Wir sind aufgefordert, es überhaupt erst einmal zu wagen, unseren Schwachstellen, Nöten, Abneigungen, Aggressionen offen, aber liebevoll ins Auge zu sehen – am besten mit viel Humor! Eine leichte Übung? Im Gegenteil, es ist nämlich eine der gefürchtetsten Übungen für unser Ego!

Selbstverständlich ist es wunderbar und mindestens ebenso wichtig, unsere positiven Seiten zu würdigen, zu stärken und uns reichlich daran zu erfreuen! Nur indem wir uns verständnisvoll in unseren gegensätzlichen Facetten beachten *und* achten, verstehen wir, was Achtung, was Toleranz gegenüber jedem anderen Leben bedeutet.

Gerade spirituell, bzw. christlich orientierte Menschen neigen jedoch dazu, bestimmte negativ bewertete Selbstanteile auszuklammern, selbstverständlich mit der besten Absicht – oberflächlich betrachtet! Sie meinen, sich kompromisslos dem Hohen, Guten, Positiven widmen zu müssen. Stimmt auch – aber nur zur Hälfte! Denn all das, wo wir uns nicht trauen hinzuschauen, kann sich nicht erlösen! Und sofern wir uns nicht von den niederen unerlösten Aspekten beherrschen lassen wollen, ist es absolut notwendig, gerade diesen so genannten niederen Aspekten – und das zunächst in uns selbst – unsere verständnisvolle Zuwendung zukommen zu lassen, gehören sie doch zum Wesen unserer irdisch, dual ausgerichteten Existenz. Wir müssen einen, statt abzuspalten – integrieren, statt bestimmte Wesensanteile rigoros zu ignorieren und uns nach innen taub zu machen! Erst darüber hinaus, durch bereitwilliges Hinsehen, können wir frei werden, um zu wählen, um über echte Wahlmöglichkeiten zu verfügen!

Abgesehen davon ist die bewusste Anbindung an hohe Seinsebenen oder das Göttliche Selbst ein Qualitätsfaktor für jede unserer Beziehungen. Wir begeben uns in eine übergeordnete Position, nur von hier aus vermögen wir die Relativität menschlicher Wesensaspekte und Verstrickungen zu erkennen, sie neutraler zu betrachten – und das wirkt sich wiederum direkt auf die Echtheit, Transparenz und Intensität unserer Beziehungen aus, die wir nach innen und außen führen.

So lernen wir einerseits, unserer Verletzlichkeit, unserer Furcht, unseren Schwachpunkten und unseren Schuldgefühlen mit Verständnis und Wärme zu begegnen und andererseits, unserem Selbst Liebe und Fülle zu gönnen, ihm Wahrhaftigkeit zuzutrauen. Wir wachsen über duale Strukturen hinaus und schaffen das Fundament, auf dem Liebe zu allem Lebendigen, nämlich Nächstenliebe, möglich wird.

Die Heilung der Beziehung zu unserem Selbst, samt den Egoaspekten, gleichgültig welches persönliche Umfeld, welche Vergangenheit wir mitbringen, ist Kernpunkt und Ausgangspunkt auch für die Heilung auf globaler Ebene.

Das, was wir aussenden, betrifft und trifft uns selbst

Auf energetischer Ebene zieht Gleiches Gleiches an, die Frequenzen, die wir aussenden, finden dort Resonanz, wo sie auf Frequenzbereiche gleicher Art stoßen.

Wir haben bereits angedeutet, unsere persönliche Lebensrealität wird mitgestaltet durch das energetische Feld, das sich infolge unserer Denk-, Gefühls- und Handlungsmuster um uns herum aufgebaut hat … oder vielleicht umgekehrt? Die Frage darf durchaus erlaubt sein, wer zuerst da war, die Henne oder das Ei? Jedenfalls, um einen Austausch mit anderen Menschen möglich zu machen, brauchen wir gemeinsame Bezugspunkte, gemeinsame energetische Berührungsflächen.

An irgendeinem Punkt gibt es zu dem, womit wir uns konfrontiert sehen, was uns widerfährt, eine energetische Entsprechung in uns selbst.

Unser Ego weist diesen Gedanken jedoch weit von sich, jedenfalls dann, wenn es um Negatives geht! Seine Verblendung sich selbst gegenüber, sein Selbstimage gedenkt es möglichst nicht anzutasten. Es ist pikiert, wenn es sich selbst ins Visier nehmen soll! Negativität, in welcher Form auch immer, vermutet es gerne bei den anderen, nicht aber bei sich selbst!

Schauen wir da doch mal genauer hin!

Wo wir z. B. aufrichtig Sympathie und Herzenswärme ausstrahlen, wird uns Sympathie und Wärme entgegengebracht! Wenn wir jemanden ablehnen – egal, warum, gleichgültig, ob offen oder verdeckt –, wird uns unweigerlich Ablehnung von dieser Seite entgegengebracht werden und umgekehrt! Auf *beiden* Seiten muss jemand ziehen, um einen Konflikt aufrechterhalten zu können. Auf zeitlicher Ebene können Ereignisse, denen solche Entsprechungen zugrunde liegen, durchaus divergieren. Der Spiegel wird uns vermutlich immer zu einem Zeitpunkt vorgehalten, wenn wir reif dafür sind, eine bestimmte Thematik anzugehen und negative Muster in uns aufzubrechen.

Je bewusster wir uns unserer inneren Haltung uns und dem Leben gegenüber werden, desto deutlicher lässt sich die Logik schicksalhafter Verknüpfungen erahnen. Was wir aussenden, betrifft und trifft uns selbst! Freudvolle wie schmerzliche Erfahrungen mit anderen lassen sich als Widerhall unserer Persönlichkeitsstruktur, unserer inneren Haltung identifizieren – sofern wir uns trauen hinzuschauen!

Allerdings: manchmal werden wir auch mit Negativität konfrontiert, damit wir lernen, uns an dieser Stelle *nicht* einzuklinken, standhaft zu bleiben, uns von dem negativen Sog nicht mitreißen zu lassen! Wir können lernen, mit höheren Selbstanteilen verbunden zu bleiben, uns nicht irritieren zu lassen, uns selbst konsequent zu vertreten und in diesem Sinne Entscheidungen *für uns*, für unser Bestes zu treffen! Eigentlich stehen wir täglich vor solchen Herausforderungen: wenn unsere zickige Kollegin uns begegnet, die uns gerne in Lästereien über andere verwickeln möchte, dann heißt unsere Aufgabe jedes Mal wieder neu: hier nicht einsteigen, nicht mitmachen, zumindest fair und aufrichtig bleiben!

In jedem Fall ist es spannend zu registrieren, auf welche Weise, auf welcher Persönlichkeitsebene, aufgrund welcher Prägungen wir mit einem Ereignis oder bestimmten Menschen in Resonanz gehen!

Damit übernehmen wir Selbst-Verantwortung! Verantwortlich sein meint aber auch, bereit zu sein für die Verfeinerung unserer Wahrnehmungen, für reine, hohe Frequenzen und Selbstanteile! Die Wahrnehmung für diese Bereiche in uns wird durch die Vernebelungstaktiken des Egos stark unterlaufen, wenn nicht boykottiert – es startet permanent Versuche, um uns aus hohen Frequenzen herauszulocken. Und sehr oft gelingt dem Ego das auch. Wir müssen unsere Antennen also für das, was in uns vorgeht, für eigene innere Impulse, für alte, automatisierte Ego-Reaktionsmuster schärfen. Denn wie oft ist jeder von uns schon in solche Fallen, wie in dem Beispiel der Kollegin, getappt, wahrscheinlich unzählige Male!

Noch einmal etwas anders: in unseren Mitmenschen nehmen wir besonders diejenigen Nuancen wahr, an denen unser persönlicher Fokus hängt. So wird jeder von jedem anders wahrgenommen, und interpretiert. Richten wir unsere Aufmerksamkeit auf negative Facetten beim anderen, sagt das auch immer etwas über *uns* aus! Und es strahlt genau das auf uns zurück und wird in uns genährt, was wir im anderen sehen, bzw. sehen wollen. Außerdem bestätigen und verstärken wir mit dem, was wir im anderen sehen, auch genau diese Aspekte bei dem anderen.

Wunderbar zu wissen und zu spüren, dass wir unseren Nächsten ebenso heben und stärken, indem wir uns bewusst auf die hohen Aspekte seines Wesens konzentrieren (und nicht darauf, seine niederen Aspekte abzulehnen). Bringen wir die Seiten der Freude, Güte oder Liebe in unserem Nächsten zum Schwingen, fördern wir unseren Nächsten – und als Rückkopplung in gleicher Weise uns selbst.

Wo ein anderer sich verschließt, werden wir ihn allerdings nicht erreichen können. Meistens ist das dort, wo seine Angst vor Verletzung oder besonders vor Selbstimageverlust sehr groß ist. Unser Interaktionsvermögen ist immer dann unterbrochen, wo das Gegenüber im Positiven wie im Negativen Grenzen aufbaut.

In Bereichen, wo wir uns selbst bewusst reflektieren, annehmen und bejahen können, sind wir offen und stark – hier sind wir weniger anfällig für negative Tentakel anderer. Wir können dann selbst entscheiden, wo wir einsteigen und uns mitreißen lassen wollen und wo nicht. Gleichzeitig sollten wir schauen, wo wir unsere eigenen Tentakel ausfahren!

Mit unserer begrenzten Wahrnehmung erschaffen wir ein Zerrbild der Wirklichkeit

Die unglaubliche Intensität unseres essentiellen Wesensmittelpunkts ist während unserer irdischen Existenzen nur in einer weniger konzentrierten Form erfahrbar, unsere menschlichen Aufnahmekapazitäten sind darauf nicht eingestellt. Ein Gleichschwingen mit unserem göttlichen Wesenskern käme einem vollkommenen Losgelöstsein und einem gleichzeitigen ekstatischen Vereintsein gleich – und das überfordert unsere menschlichen Systeme, die auf Dualität eingestellt sind, erheblich.

In der Meditation oder wenn wir Liebe fühlen, ist es uns am ehesten möglich, diesem Zustand des Einsseins nahe zu kommen. Für eine kurze Zeitspanne verschmelzen beide Pole und lassen uns eine Ahnung von der lichtvollen Kraft unseres innersten Wesens bekommen.

Unser derzeitiges Welt- und unser Selbstverständnis sind ein Zerrbild dessen, was das Wesen dieser lichtvollen, essentiellen Wirklichkeit ausmacht. Der Grad der Verengung und Verformung unserer Wahrnehmung ist abhängig von der Brille, durch die wir die Welt, bzw. uns selbst betrachten, also vom Standort und der Perspektive, von der aus wir uns und das Lebensgeschehen in und um uns herum einschätzen und beurteilen.

Indem wir unsere Wahrnehmung für Liebe öffnen – z.B. durch innere bewusste Anbindung, Meditation, Kontemplation, Herzöffnung – wächst auch die Fähigkeit, diese lichtvollen Bereiche zu berühren. Dort, wo Angst uns antreibt, verformt sich unsere Wahrnehmungsfähigkeit, je nach Grad und Beschaffenheit unserer Ängste! Solange die Angst unterschwellig unsere Wahrnehmung, infolgedessen auch unsere Denkmuster und unser Verhalten diktiert, bleiben wir unfähig, eine umfassendere und tiefere Sichtweise auf das lichtvolle innere Wesen einzunehmen – je unreflektierter wir der Angst erlauben, uns vor sich herzutreiben, oder uns den gängigen Sichtweisen und Dogmen aus Bequemlichkeit unterordnen, desto mehr sind unsere Einschätzungen und Vorstellungen, was Moral, Beziehungen, Gerechtigkeit und Freiheit betrifft, engmaschig kategorisiert, egomanisch definiert, um nicht zu sagen, entgleist. Das Wesen der Wirklichkeit, der Glanz der Schöpfung, das Einheitsbewusstsein bleibt verschlossen, wir erleben die Wirklichkeit einseitig, in Form einer verkümmerten Karikatur mit ihren ausschließenden Gut/Böse-Positionen.

Dazu sagt Stefan v. Jankovich, ein Pionier neuer Spiritualität, der durch ein Nahtoderlebnis bereits in den sechziger Jahren Aufsehen erregte: „Gut und Böse werden im Jenseits mit einem ganz anderen Maßstab gemessen. Dieser ist absolut und daher nicht durch menschliche vorprogrammierte Meinungen und Denkmodelle begrenzt, nicht durch willkürliche Formulierungen und Interpretationen verdreht. Wie viele Menschen glauben, als Einzige die Wahrheit richtig erkannt zu haben, und fühlen sich befugt, sie zu ‚verkünden‘. Wie viele Ideologien, Religionen, Sekten, philosophische und religiöse Gruppen, die heute wie Pilze aus dem Boden wachsen, da die Menschen den ursprünglichen Glauben verloren haben, beanspruchen, einzig richtig zu sein. Ich habe erfahren, dass dort ‚oben‘ kein Denkmodell Gültigkeit hat, da dort nur das allgemeine, kosmische Gesetz der Liebe gilt.“

Das menschliche Ego in uns braucht Denkmodelle als Gerüst, um sich orientieren zu können – und das ist ok. Wir orientieren uns jedoch viel zu einseitig an nicht hinterfragten Interpretationen und reglementierten, von außen aufoktroyierten Ideologien, bzw. Weltbildern, wir hängen förmlich an der Vorstellung, irgendwelchen bestimmten Weltbildern gerecht werden zu müssen! Je festgefügter und unantastbarer der Entwurf dieses Weltbildes sich darstellt (nicht nur spirituelle, auch intellektuelle und wissenschaftlich orientierte Weltbilder gehören dazu), desto enggefasster erscheinen uns auch die eigenen Bewegungsmöglichkeiten!
Aber warum tun wir das dann? Wahrscheinlich ist es die alte menschliche Sehnsucht nach Halt und Führung. Jesus sagt in den Evangelien: „Wendet euch nach innen, nicht nach außen.“ Wenn wir uns nicht nach innen wagen und hier nach Maßstäben suchen, ja, das Wesentliche hier überhaupt nicht vermuten, verkümmern wir im Herzen, im Geist und in unseren Ausdrucksmöglichkeiten! Unsere Seele verdorrt, denn mit der einseitigen Außenorientierung beziehen wir uns auf einen minimalisierten, willkürlich interpretierten Ausschnitt der Wirklichkeit, wir berauben uns

unserer immensen Kraft und Weisheit, wir beschneiden die in uns potentiell angelegte Tiefgründigkeit, aber auch die Vielseitigkeit und Flexibilität. Wir erleben uns dann hauptsächlich über selbst auferlegte begrenzende Gut/Böse-Beurteilungen – und Positiv/Negativ-Systeme, die uns an Entweder/Oder binden. Wir verleihen, ohne es eigentlich zu wollen und zu wissen, Teilaspekten der Wirklichkeit Absolutheit. Wir verwechseln Weltanschauungsmodelle mit der Wahrheit an sich. Wahrheit kann sich in ihren Wurzeln aber immer nur auf die ganzheitliche Dimension der Wirklichkeit, die innere Quelle beziehen.

Je starrer wir auf bestimmte Wahrnehmungsinterpretationen fixiert sind, desto mehr sitzen wir in unserem eigenen Bezugsschema fest! Starre Interpretationen finden wir übrigens nicht nur in stumpfen Ideologien, sondern häufig auch dort, wo wir sie vielleicht am wenigsten vermuten, in intellektueller, wohlklingender Verpackung sowie in zahlreichen spirituellen oder gefälligen moralischen Bezugsrahmen! Hier sind Begriffe wie Hilfeleistung, Treue, soziales Verständnis, Fleiß oder andere positiv besetzte Werte oftmals nichts als Worthülsen, bestenfalls übergestülpte Regularien, die essentielle Liebe, einen klar empfundenen inneren Standpunkt und eine authentische Wahrnehmung eher unterdrücken – und zum inneren „Drüber-weg-hören" oder zu einem arg geschönten Selbstimage beitragen. Der Benediktinermönch Anselm Grün sprach kürzlich in einer Talkshow ganz offen von Neid, den auch er gelegentlich empfindet – diese unverblümte Offenheit macht ihn frei, um darüber hinauszuwachsen, in wahres Mitgefühl hinein.

Durch Schranken im Kopf würgen wir die vielfältigen Lebensfacetten von vornherein ab, wir leben an der Oberfläche, an der Vielschichtigkeit und den vielschichtigen Kombinationsmöglichkeiten des Seins vorbei. Unser Ego glaubt sich jedoch in größerer Sicherheit, wenn es moralisch „Vorgekautes" vertritt und sich daran klammern kann. Es kultiviert imagegerechte Denkraster im

Kopf – nicht nur die eigenen dunklen Facetten, das Unpopuläre, auch die eigene Vieldimensionalität macht ihm gehörig Angst, sie erscheint ihm viel zu risikobeladen, unberechenbar.

So sucht das Ego ständig nach äußeren Identifikationsmöglichkeiten, es identifiziert sich mit bestimmten Rollen und Bildern, es sucht förmlich nach Fixierungsmöglichkeiten. Wie gesagt, das tut es unabhängig vom Bildungsstand (die Bilder sehen nur anders aus!).

Das Ego in uns pflegt seine Rollenbilder. Solche Rollenbilder können heißen: ständig Benachteiligter, Toleranter, Intellektueller, kritischer Denker, Rechter, Linker, tüchtige Hausfrau, unkonventioneller Künstler, kompetenter Chef, hilfsbereite Freundin, gute Mutter, allseits beliebte Kollegin, Oppositioneller, Sieger, Verlierer usw.

Diese Identifikationsbereitschaft lenkt uns nicht nur von der Wahrnehmung unseres inneren Wesens ab, sie kann eine erhebliche Reduzierung unserer Ausdrucksmöglichkeiten zur Folge haben, bestimmte Wesensaspekte liegen brach oder verkümmern. Je ausschließlicher wir uns mit bestimmten Selbstbildern wie auch mit bestimmten Denkmodellen identifizieren, desto deutlicher engen wir unser Wahrnehmungsfeld und unseren Handlungsradius ein, desto begrenzter ist auch die Fähigkeit des kreativen, authentisch gelebten Selbst-Ausdrucks.

Nun, es soll betont werden: all das ist absolut verständlich und sogar im Kontext des menschlichen Erfahrungsrahmens wichtig! Rollen, Rollenbilder, Standpunkte sind einerseits natürlich fantastische Vehikel, anhand derer wir uns positionieren oder bestimmte Ziele verfolgen können, das gehört zum Menschsein dazu, dadurch halten wir unseren Entwicklungsprozess ja in Gang! Letztendlich heißt Entwicklung jedoch, uns von unseren Überidentifikationen mit bestimmten Teilaspekten abzunabeln –

sofern es Entwicklung, von höherer Warte betrachtet, überhaupt gibt! Aber da wären wir schon bei einem neuen Thema ...

Innere Freiheit ist nichts anderes, als uns zu erlauben, von unserer punktuellen veräußerlichten Sichtweise abzurücken und unsere Wahrnehmungen nach innen zu präzisieren! Wir brechen unsere Zerrbilder der Wirklichkeit, unsere Illusionen, die wir uns von der Wirklichkeit machen, erst dann auf, wenn wir uns trauen, nach Selbsterkenntnis zu streben – dieser Schatz ist nur inwendig zu heben, indem wir Kontakt zu unserem inneren Wesen suchen ... und am Ende finden wir hier: Liebe!

Vom Verurteilen zu einer gesunden Urteilskraft

In diesem Zusammenhang muss auch das Thema Urteilen/Bewerten noch einmal zur Sprache kommen.

Indem wir verurteilen, leugnen wir die grundsätzliche Gleichwertigkeit und Einheit allen Lebens, weil wir auf diese Weise Teilbereiche als minderwertig und ungenügend ausgrenzen. Hier greift das menschliche Bewusstsein wahrscheinlich viel zu kurz.

Eine der größten Herausforderungen auf dem Weg der Selbst-Entfaltung heißt: das ständige Verurteilen aufgeben – nein, halt, das trifft es auch nicht, das wäre schlichtweg eine Überforderung! Erst einmal sollten wir überhaupt erkennen, dass wir ununterbrochen be- bzw. verurteilen!

Die verbale und gedankliche, stille, permanente Selbst-Verurteilung wie auch das offene Urteilen über andere ist eine tiefsitzende, automatisierte Gewohnheit unseres Egos, in die wir alle mehr oder weniger involviert sind. Merkwürdig eigentlich, dass wir diesen Faktor ausblenden und ihn kaum zur Kenntnis nehmen wollen.

Verfolgen wir doch einmal bewusster unsere Gespräche und die unserer Mitmenschen. Am besten beginnen wir gleich heute. Wir werden mit Erstaunen bemerken müssen, welch großen Raum gerade die Ver- und Beurteilung anderer einnimmt. Ja, tatsächlich bieten wir uns in der Kommunikation untereinander häufig nicht viel mehr, als andere zu verurteilen – bestenfalls zu beurteilen. Vielen von uns, die sich aufgemacht haben und nach Erkenntnis streben, bedeutet diese Aufgabe eine der schwierigsten, unangenehmsten Hürden. Das gewohnheitsmäßige Abwerten anderer, um sich selbst aufzuwerten, ist ein suchtähnliches emotionales Muster, an das sich unser Ego mit aller Macht klammert. Es glaubt Bestätigung und Energie daraus ziehen zu können. Die tollsten spirituellen Thesen nützen uns wenig, solange unser Ego weiter hemmungslos seiner Verurteilungsleidenschaft nachgibt.

Es ist eben viel bequemer, eigene Schattenaspekte auf das Außen, das vermeintlich Andere zu schieben. Die notwendige Auseinandersetzung mit uns selbst wollen wir nicht riskieren, denn wer sich mit diesem Thema schon auseinandergesetzt hat, weiß, dass unsere Verurteilungen ja aus einer emotionalen Abwehrhaltung den eigenen Grauzonen gegenüber resultieren: Wir fürchten uns vor der Konfrontation mit Selbstanteilen, die verletzlich sind, die sich nicht geachtet oder geliebt fühlen, die sich übertroffen oder ausgebremst fühlen, denen etwas fremd oder furchterregend erscheint. Besonders fürchten wir uns vor Bereichen, wo wir glauben, Schuld auf uns geladen zu haben oder wo uns Gier, Neid oder Angst antreiben.

Sobald wir uns beim Verurteilen anderer ertappen, sollten wir uns im Klaren darüber sein, dass wir es im Grunde mit Selbstverurteilungen oder mit Widerständen in uns selbst zu tun haben.

Verurteilungen erweisen sich als Bumerang, denn vorschnelle Verurteilungen machen eine innere Wahrheitsfindung und damit eine unvoreingenommene Einschätzung von Situationen und Sachverhalten von vornherein unmöglich.

Es ist eine ständige, tagtägliche Herausforderung, uns zu beobachten: Wo greift der „Verurteilungsreflex" gewohnheitsmäßig? Innere Freiheit setzt voraus, eine größere Bewusstheit gegenüber eigenen stereotypen Reaktionsmustern zu entwickeln und sie mit unserer Aufmerksamkeit abzufangen! Nur so können wir uns nach und nach selbst zu einer umfassenden, wahrhaft menschlichen Sichtweise verhelfen – die im ersten Moment natürlich lästiger ist, als die vertrauten Raster von „gut" und „böse", „richtig" und „falsch" auf andere zu projizieren.

Das Ego in uns ist es also, das uns zum Ver-Urteilen anstiftet. Das Ego bezieht Energie, indem es andere herabsetzt. Es ist abhängig vom Urteil, weil es sich ständig messen, profilieren, sich rechtfertigen oder ins rechte Licht setzen muss. So kann es sich mächtiger und überlegener fühlen. Wenn es andere herabsetzt und sie als klein, unbedeutend oder nicht fähig abstempelt, glaubt es sich selbst dadurch aufwerten zu können. Dies ist natürlich nur eine trügerische, kurzfristige Befriedigung für unser Ego – die nicht lange anhält.

Wir setzen uns mit unseren Verurteilungen selbst die Maßstäbe, an denen wir unser Eigenwertgefühl festmachen. Verurteilungen demonstrieren, wo wir vor uns ausweichen, wo unser eigener Schattenbereich liegt, denn wir messen mit genau den Bewertungskriterien, von denen wir uns selbst abhängig fühlen. Es sind Bereiche, wo wir mit uns selbst nicht im Frieden sind, wo wir unseren Lebenswert nicht ausschließlich in der Tatsache unserer Existenz begründet sehen.

Wir stufen andere also herab, weil wir unbewusst unseren eigenen ‚Marktwert' damit anzuheben oder zu bestätigen glauben. Das Ego will sich seine Bedeutsamkeit sichern, indem es ihm bedrohlich Erscheinendes abwertet. Klatsch und Tratsch sind die harmloseren Formen des Urteilens; in der Summe der alltäglichen Gewohnheiten entpuppen sie sich allerdings als mächtige Maschinerie, durch die wir uns letztendlich selbst kleinhalten.

Polarisierenden Ansichten sind wir natürlich tagtäglich durch die mediale Berichterstattung ausgesetzt – eine zusätzliche, schleichende, ständige Selbstmanipulation, die wir uns auch noch freiwillig aufbürden!

Ist Toleranz also die Lösung? Sozusagen als Alternative zum Urteilen?

Toleranz resultiert aus der Erkenntnis, dass alles in allem angelegt ist, dass wir unsere Rollen hier auf Erden in wechselnden Besetzungen spielen. Je mehr Positionen wir selbst ausprobiert haben, desto vielgestaltiger ist unser Erfahrungsreservoir – und wenn wir aus einem großen Reservoir schöpfen können, entwickeln wir zwangsläufig mehr Verständnis für jede andere mögliche Position.

Toleranz kommt von *tolerare* – dulden, aber es ist noch mehr als das. Toleranz heißt weitherzig und versöhnlich sein. Und dies zunächst bei der Urteilungsbildung uns selbst gegenüber, eigenen Gefühlen der Schwäche, Hilflosigkeit, des Nichtgenügens etc. Nur auf dieser Grundlage der Selbst-Achtung schaffen wir die Voraussetzung für Toleranz untereinander.

Echte Toleranz ist niemals moralisierend. Vor allem genügt es nicht, sich auf eine verbal-intellektuelle Toleranz zu beschränken. Toleranz entspringt einer tief empfundenen Großherzigkeit und Offenheit den unterschiedlichsten Positionen gegenüber – nicht jedoch auf festgefügten Denkmodellen, aber auch nicht auf einer Standpunktlosigkeit oder Beliebigkeit!

Toleranz kann natürlich *nicht* meinen, Frieden zu spielen, wenn wir ihn innen nicht ehrlich empfinden, faule Kompromisse einzugehen oder künstlich Harmonie über schwelende Konfliktbereiche zu stülpen! Sie kann auch nicht bedeuten, sich von einem Stinkstiefel alles gefallen zu lassen, wenn uns das selbst schwächt oder überfordert! Damit helfen wir niemandem wirklich, sondern schaden allen Beteiligten.

Selbstliebe, Selbstachtung, in dem, was gerade in uns ist, ist die Grundlage für Toleranz – und die Voraussetzung für Liebe!

Toleranz heißt immer auch: eigene Anliegen und die eigene Belastbarkeitsgrenze zu respektieren, die Möglichkeiten, die uns im Augenblick zur Verfügung stehen, nicht zu überfordern, andernfalls würde dies eine Intoleranz und Ignoranz unserem Selbst gegenüber bedeuten, womit wir dem Ganzen aber in keiner Weise dienlich wären. Derzeit auch auf kollektiver Ebene ein ganz aktuelles, brisantes Thema – von immenser Tragweite.

Eine endgültige Objektivität, einen für alle gültigen Standpunkt gibt es nicht! Das bleibt eine Illusion in unserer dual ausgerichteten schwarz-weißen Ideenwelt! Was wir tun können, ist jedoch, uns statt der Urteile und Verurteilungen um eine klare Einschätzungsfähigkeit zu bemühen, um eine Einschätzungsfähigkeit, die nicht herabwürdigen will, um das Ego in uns zu erheben oder eigene, nicht kompensierte Schuld- oder Minderwertigkeitsgefühle zu überlagern. Eine von innen gestützte Einschätzung also, die uns unterscheiden lässt zwischen einer wahllosen Akzeptanz aller Möglichkeiten und einer gesunden Akzeptanz, die uns in die Lage versetzt, eine Auswahl zu treffen, um das eigene Selbst mit sinnhaften qualitätsbewussten Einflüssen zu versorgen – letztendlich die effektivste Möglichkeit, um uns selbst *und dem Ganzen* zu dienen!

Schuldzuweisungen, Feindbilder, Projektionen unserer eigenen Ohnmachtsgefühle

Noch einmal, etwas anders beleuchtet!
Solange wir uns aufs Anklagen und Schuldzuweisen beschränken, schaffen wir Fronten, solange wir daran glauben, das Böse vernichten zu können, indem wir es bei den anderen bekämpfen, erzeugen wir, ob gewollt oder nicht, Feindbilder.
Wir teilen, anstatt zu einen.

Feindbilder, vor allem, wenn sie emotional untermauert sind, stehen als ein äußeres Symbol für Schattenbereiche, die wir in uns selbst vermuten, denen wir uns jedoch nicht zu stellen wagen. Egal, ob in kriegerischen Auseinandersetzungen zwischen Nationen und Völkern, ob in der Parteipolitik, im Konkurrenzkampf mit Kollegen, im Streit mit dem Nachbarn, dem Partner oder mit der Behörde. Im Außen projizieren wir eine Szenerie für die unter der Oberfläche agierenden eigenen Ohnmachtsgefühle und ungeklärten Positionen.

Ob wir etwas tätlich oder verbal glauben bekämpfen zu müssen, das Prinzip und die Symptome sind die gleichen: unsere unbewältigten Anteile bekommen in Form eines Schuldigen, eines ‚bösen‘ Gegenübers eine Gestalt! Sehr trickreich vom Ego! Wir richten unsere Gefühle der Machtlosigkeit gegen etwas, was sich außerhalb von uns befindet! So können wir vor uns selbst und vor anderen die Maske der Unantastbarkeit weiter aufrechterhalten. Besonders abstrus ist das, wenn wir uns in Bereiche einmischen, die weit weg sind, die uns gar nicht unmittelbar betreffen, auch da bieten alle möglichen medialen Berichterstattungen unserem Ego reichlich Futter!

So stehen Gegner, Feinde für eigenes untergrabenes Macht- und Kraftpotential, das wir versäumt haben, selbst zu entfalten und konstruktiv zu nutzen. Oder wir haben es falsch kanalisiert, aus welchen Gründen, vor welchem biographischen Hintergrund auch immer. *Das, was wir dem anderen anlasten, ist etwas, was wir in uns selbst als Mangel empfinden, auf kollektiver wie auf persönlicher Ebene.*

Klüger wäre ein anderes Verhalten, nämlich: uns den Emotionen zu stellen, die persönliche Feindbilder in uns auslösen! Sie werden uns zu den Mangelthemen in uns führen. Besonders emotionale Abwehrreaktionen sind ein sicheres Indiz für eigene unreflektierte, negativ besetzte Bereiche – es sind alte, oft verkrustete

Gefühlsladungen, die sich nach Erlösung durch Anerkennung sehnen, sehr oft Ohnmachtsthemen.

Die Vorstellung vom Guten, der, um das Gute zu erreichen, gegen das Böse kämpfen muss, passt in das alte Weltbild, das von einem Getrenntsein, einer grundsätzlichen Zweiteilung ausgeht! Dieses Weltbild verschließt sich der Erkenntnis, dass beide Pole – gut/böse, schuldig/unschuldig – nur Vorder- und Rückseite ein und derselben Medaille sind, dass wir alle ständig in dem Spannungsfeld zwischen beiden Polen hin und her pendeln, ohne nur das eine oder nur das andere zu sein! Dass wir sogar Reibungsflächen und Gegner im Außen generieren, um sie als Lektion im Rahmen unserer Entwicklung zu nutzen. Definieren wir uns kompromisslos und ausschließlich über einen Pol, verbleiben wir in der Abspaltung, wir grenzen aus, wir verstehen die Abhängigkeit und Vernetzung aller Anteile untereinander nicht.

Wenn wir zu unserem eigenen Beobachter werden, wenn wir also unser Sein, unser Leben, unsere Lebensäußerungen, unsere Emotionen und Gedankengebäude von einer übergeordneten Ebene aus, nennen wir sie die Metaebene, betrachten können, versetzen wir uns in die Lage, die Zusammenhänge der Geschehnisse ganzheitlich einzuordnen.

Ein Pol bedingt den anderen, so auch der Freund den Feind, das Recht das Unrecht. Je besser wir verstehen, diese Erkenntnis in unsere Glaubenshaltung zu integrieren (in der Tat, das kann sich in der Lebenswirklichkeit als wirklicher Brocken, den wir zu knacken haben, zeigen), desto entscheidender tragen wir zu innerer Heilung und zur Heilung des Ganzen bei.

Feinde, Gegner sind Projektionen eigener ‚Grauzonen', sie berühren alte, an Mangelthemen gekoppelte emotionale Ladungen, die in irgendeiner Form mit Angst besetzt sind. Gegner im Außen zeugen aber nicht etwa von unserer Minderwertigkeit, sondern erweisen sich als geniale Möglichkeit für die Bearbeitung eigener Anteile, mit denen wir noch keinen Frieden geschlossen haben.

Wir können frei entscheiden, ob wir diesem Hinweis, dieser Möglichkeit folgen wollen oder nicht. Es lohnt sich allemal hinzuschauen – aber bitte: ohne uns sofort für das, was wir da in uns vorfinden, zu verurteilen!

Die Heilungsformel: dem inneren Widerstand in uns selbst Daseinsberechtigung zu gewähren! *Ihn ansehen und uns erlauben, ihn zu fühlen – das ist die Voraussetzung für Versöhnung, wir geben uns die Chance, uns mit uns selbst und infolgedessen mit unserem Nächsten zu versöhnen!* Wir versöhnen uns, wir erlösen, indem wir anerkennen und einbeziehen, anstatt abzuwehren oder zu ignorieren. Und dafür bietet die Beobachterposition uns selbst gegenüber den besten Blickwinkel. Wir können das Spiel quasi von höherer Warte aus betrachten! Allerdings: das will geübt sein!

Klar, auch dann können uns im äußeren Leben weiterhin Menschen begegnen, es werden sich auch weiterhin Konflikte auftun, die Widerstände in uns auslösen. Denn die Lebens- und Lernthemen sind ja vielschichtig und begegnen uns ebenso auf höheren Bewusstseinsebenen.

Und übrigens, dabei kann es sogar sein, dass es notwendig ist, eine klare Position zu beziehen, energische Worte oder Widerspruch zu wagen oder deutlich nein zu sagen, wenn uns etwas nicht stimmig erscheint oder uns etwas aufgebürdet wird, was wir nicht tragen möchten, bzw. können. Das entbindet uns jedoch nicht vom Hinsehen, auch nicht vom Anerkennen unseres eigenen inneren Zustands!

Versöhnen bedeutet: dem, was wir nicht ansehen wollen, Achtung gewähren, sich stellen – das Entscheidende ist: ohne zu richten!

„Liebet Eure Feinde" meint also: Anerkennung der polaren Widersprüche! Damit heben wir uns auf eine neue Stufe bewussten Seins! In dem Maße, in dem wir den ‚Feind' und den ‚Schatten' in uns selbst zu integrieren bereit sind und ihn annehmen können, wachsen wir über das Polarisierende, das Entzweiende hinaus. Die Versöhnung mit dem eigenen inneren Feind bringt

Frieden – und der Friede mit uns selbst, das ist die einzig wirkliche Chance für Aussöhnung untereinander.

Denn: Der Friede oder der Einklang mit unserem Inneren, das ist der notwendigste Beitrag, den wir in dieser Zeitenwende leisten müssen, wenn wir unsere Chance auf Überleben, auf Frieden nutzen wollen.

MASSGEBLICHE MERKMALE DES SPIRITUELLEN WEGES

Eigenverantwortlichkeit – zuständig sein für sich selbst

Ein spektakulärer Wendepunkt auf unserem Weg der Selbst-Entfaltung ist: uns der Tragweite und Auswirkungen des Themas Eigenverantwortlichkeit bewusst zu werden, diese Verantwortlichkeit anzunehmen und zu begrüßen.

Nun, was genau meint Selbstverantwortung?

Es meint, uns über eigene Motive und Emotionen bewusst zu werden, uns bewusst wahrzunehmen, es meint, bei uns selbst, innen zu beginnen und uns für unsere Befindlichkeiten zuständig zu fühlen. Achtung: zuständig – nicht etwa: minderwertig oder schuldig!

Maßgeblich dafür sind Wille und Rückgrat, weil die alte Angewohnheit, bei anderen die Ursache für eigene unangenehme Befindlichkeiten oder Zustände zu suchen oder von anderen zu erwarten, dass sie für unsere inneren Zustände verantwortlich sind, dass sie – und nicht wir – es sind, die für unser Glücklichsein sorgen sollen, so nicht haltbar ist! Wir müssen innere Zustände wie äußere Lebensumstände unverwandt anschauen können. Verantwortlich sein meint auch: uns selbst als Mit-Gestalter zu identifizieren – und zum besten Mitgestalter werden wir übrigens, indem wir uns bewusst entscheiden unseren Egoverstand mit Abstand zu betrachten und – mit unserem Göttlichen Selbst zu kooperieren. Wir können uns dem Göttlichen Selbst anvertrauen, indem wir es als höchst-, bestmöglichen Weisheitsspeicher, als lichtvolle, kraftvolle Führung und als clevere, das Ganze überblickende Unterstützung anerkennen, ansprechen und so im Sinne unseres Wohls für uns nutzen – sowie im Sinne des Ganzen! *Das gebräuchliche Denkmuster, dass wir ohnmächtig und abhängig sind und andere Macht über uns besitzen, erweist sich als Irrtum, oder sagen wir, als eine zu vordergründige Vorstellung!*

Tatsächlich ist diese Erkenntnis ein Befreiungsschlag! Denn mit dem intensiven Bezug zur inneren Weisheit und Führung können wir beginnen, uns nicht nur von unserer Schuldzuweisungsmentalität, sondern auch von unserer Autoritäts- und Abhängigkeitsgläubigkeit zu verabschieden! Autoritätsgläubigkeit ist ja auch nichts anderes als eine Art von Verantwortungsabgabe an andere.

In einem umfassenderen Sinn meint Autoritätsgläubigkeit aber nicht nur die Unterwerfung (unbewusst oder freiwillig) Führungspersönlichkeiten, Ideologien und Religionen gegenüber, es meint ebenso unsere alltägliche Orientierung an Methoden, auf oktroyierten Moden, an nichtigen und wichtigen Denkmodellen anderer und Vorgaben jeder Art, die wir oft sehr bereitwillig und naiv als Richtlinien übernehmen, ohne sie auf Sinnhaftigkeit für uns selbst zu überprüfen, ohne wirklich in uns hineinzuhorchen. Wir glauben den Urteilen anderer oftmals mehr als dem eigenen Empfinden, ganz besonders dann, wenn es sich um anerkannte gesellschaftliche Positionen handelt, z.B. von Wissenschaftlern, Ärzten, Journalisten, Fernsehberichterstattern, sogenannten Experten usw.

Uns von Ideen und Leistungen unserer Mitmenschen zu kreativem Denken und Tun anregen und inspirieren zu lassen, ist natürlich wunderbar und kann uns bereichern – solange wir dabei in Einklang mit den eigenen tiefen Empfindungen bleiben. Trauen wir uns jedoch nicht zu, unser eigenes Gespür zur Grundlage unserer Entscheidungen zu machen, kommen wir aus dem alten Dilemma der reflexartigen Verantwortungs- und Machtabgabe nicht heraus! Wir hoffen und überantworten es anderen ja nur zu gerne, dass sie uns, in welcher Form auch immer, emotional oder materiell, mit Meinungen, Unterstützung oder Zuwendung versorgen! Das erscheint uns risikoloser und vor allem unverfänglicher, als wach eigenen inneren Zuständen nachzuspüren, als Selbstfürsorge zu übernehmen oder nach authentischem Selbstausdruck zu streben. Fatalerweise autorisieren wir mit dieser Haltung andere – natürlich ohne es wirklich zu wollen –, über unser Leben bestimmen zu dürfen. Autoritätsabhängigkeit, auch gewohnheitsmäßige Schuldzuweisungen auf böse oder unfähige andere wurzeln im gleichen Boden und deuten darauf hin, dass wir noch nicht genau verstanden haben, was Verantwortlichkeit uns selbst gegenüber in aller Konsequenz ausmacht.

Also, als erstes fordert Eigenverantwortlichkeit von uns: unsere Bequemlichkeit an den Nagel zu hängen und uns für unseren Zustand zuständig zu fühlen. Es fordert uns auf, uns zu erlauben, uns unseren Gefühlen zu stellen und unsere Denkstrickmuster, Handlungen und Verhaltensstrickmuster klarer wahrzunehmen! Es meint nichts Geringeres als: wach gegenüber uns selbst zu sein! Wagen wir diesen Schritt in die Eigenverantwortlichkeit nicht, dann bleiben wir mehr oder weniger die Sklaven äußerer Umstände, die Sklaven derer, denen wir Kompetenz oder Macht zugestehen.

Erst wenn wir uns der Macht der gestalterischen Kräfte, unserer eigenen Gesinnungen, unseres Verhaltens und unserer Absichten sowie der wunderbaren Möglichkeiten der Kooperation mit unserem Göttlichen Selbst bewusst werden, sind wir in der Lage, Eigen-Macht im konstruktiven Sinne zu entwickeln.

Das eigene Machtpotential schöpfen die allermeisten Menschen jedoch bei weitem nicht aus! Wir meinen zwar, wir tun es, stehen dabei aber erst ganz am Anfang. Hier am Ball zu bleiben, lohnt sich, es ist der Schritt zu echtem Selbst-Wert-Bewusstsein! Denn

Wachheit legt ja nicht nur unangenehme Gefühlsfacetten und Verletzlichkeit in uns frei, sondern gleichzeitig auch ein gehöriges Maß an Kreativität, Kraft, Entscheidungsfreiheit, Eigenständigkeit!

Das Erstaunliche ist, damit erwerben wir zugleich die Fähigkeit, ein wahrhaftigeres, aber unsentimentales Verantwortungsgefühl für andere zu entwickeln – und kommen weg von einem moralisierenden, sentimentalen Mitgefühl, geboren aus den eigenen Abhängigkeitsmustern und unklaren Positionen in der Beziehung zu uns selbst. Verantwortlichkeit setzt ein hohes Einfühlungsvermögen und ein sicheres Einschätzungsvermögen voraus. Ein Thema, das nicht nur im Hinblick auf uns selbst, sondern auch auf globaler Ebene rasant an Bedeutung gewinnt.

Klar, bei anderen lässt sich immer viel leichter beobachten, wie sie ihre Verantwortlichkeit, gerade für die unangenehmen Befindlichkeiten und Dinge in ihrem Leben, ablehnen – in Form von Ausreden, fadenscheinigen Ein- und Vorwänden oder Schuldzuweisungen. Die Autorin schließt sich da nicht aus! Bei uns selbst fällt es uns schwerer, solche Selbst-Vernebelungstaktiken zu durchschauen.

Wir stehen jedoch auf verlorenem Posten, wir stoßen immer wieder an die gleichen Barrieren, solange wir die eigenen Vernebelungstaktiken nicht zu durchbrechen bereit sind. Nicht die Umstände zwingen uns – oft zwingen wir die Umstände herbei! Die Reflexion und gegebenenfalls eine Korrektur unserer eigenen Gesinnungen ist der Kernpunkt eines jeden ernsthaft anvisierten Wandlungsprozesses in unserem Leben.

Was wir im Außen bewirken wollen, müssen wir zunächst in uns selbst zum Keimen bringen. Das ist der Beitrag, den wir genötigt sind zu leisten, wenn wir im Kleinen wie im Großen etwas bewegen wollen. Jeder spirituelle Weg führt in eine Sackgasse, sofern Eigenverantwortlichkeit in diesem Sinne nicht in die Lebenspraxis integriert werden kann.

Verantwortlich sein bedeutet:
Unsere Aufmerksamkeit zu schärfen und der Impulse und der Qualität innerer Impulse und Zustände gewahr zu werden.

Verantwortlich sein bedeutet:
Uns zuständig (nicht schuldig) fühlen für das, was uns trifft und betrifft.

Verantwortlich sein bedeutet:
Die Möglichkeiten, die uns das Leben anbietet, anzunehmen.

Verantwortlich sein bedeutet:
Die uns gegebene Gestaltungskraft (in Form von Absicht und Entscheidung) zu gebrauchen.

Verantwortlich sein bedeutet:
Unsere Absichten mit den Intentionen unseres Göttlichen Selbst in Einklang zu bringen!

Verantwortlich sein bedeutet:
Uns selbst zu respektieren und ernst zu nehmen, indem wir herausfinden, was uns gut tut, was wir für uns akzeptieren können und was wir ablehnen müssen, weil es unserem Wesen, unserem Wohlsein, unserem Naturell oder unserer Würde nicht entspricht.

Verantwortlich sein bedeutet jedoch *nicht*:
Über unsere Mängel und Defizite zu richten, in Selbstkritik zu verharren, uns in Schuldgefühlen zu vergraben oder uns zu grämen, dass wir so sind, wie wir sind; es bedeutet schon gar nicht: alles in unserem Leben ‚im Griff‘ haben zu müssen oder: zu glauben, es zu können!

Es bedeutet: Selbstliebe zu üben, indem wir unsere Defizite als notwendige Antriebskräfte für unser inneres Wachstum akzeptieren.

Schmerzliches integrieren

Und da stecken wir schon mitten im nächsten Thema!

Wir tragen ein tiefes Misstrauen allen lebendigen Prozessen gegenüber in uns, wir misstrauen dem, was wir nicht steuern, nicht bezwingen, nicht festhalten können. Wir wollen am liebsten alles im Griff haben!

Es fällt uns schwer, das Wesen des Lebendigen so zu akzeptieren, wie es sich derzeit, auf dieser Realitätsebene, für uns darstellt, nämlich als ein Wechselspiel zwischen den beiden Polen, als Spannungsfeld zwischen Glück, Zugewinn und Freude auf der einen Seite und den Schattenaspekten, emotionalem oder physischem Schmerz und Verlust, als Gegenpol auf der anderen Seite.

Einen Großteil unserer Kraft investieren wir bzw. investiert unser Ego, um die Schattenaspekte, Verlust und Schmerz zu vermeiden – anstatt dem Schmerzlichen Daseinsberechtigung zu gewähren, gehen wir in den inneren Widerstand! Die Anerkennung, die Beachtung des Gegenpols ist jedoch Bedingung, wenn wir Blockaden nicht verstärken und keine neuen Widerstände aufbauen wollen. Aus Furcht vor der Konfrontation mit dem, was wir als Verlust empfinden, sowie mit physischem oder psychischem Schmerz legitimieren wir dasjenige, was Schmerzliches und Verlust auszuschalten verspricht. Unsere Furcht vor dem Schmerzlichen bestimmt alle Lebensbereiche, unsere moralischen, unsere ideellen und unsere politischen Zielsetzungen. Unser ganzes Streben zielt auf Verlustvermeidung, Vorbeugung oder Schmerzbetäubung ab – und nicht, dem lebendigen Prinzip entsprechend, auf die *Integration*. So wird unsere Glückssuche zu einer Suche nach immer raffinierteren Sicherungssystemen und Schmerzvermeidungsstrategien. Wir wollen dem Leben aufzwingen, was wert und was unwert ist – nur der positive Pol erscheint uns erlebenswürdig.

Es mangelt uns an Vertrauen in eine Sinnhaftigkeit unterschiedlicher Lebensäußerungen, den Schattenaspekten weisen wir eine lebensfeindliche Rolle zu. Eine tiefsitzende Lebensangst steckt dahinter! Wir wollen das Spiel spielen und gewinnen, ohne die geltenden dualen Spielregeln, unter denen wir hier angetreten sind, anzuerkennen!

Die Ausgrenzung und Leugnung des negativen Pols findet Konsens auf allen gesellschaftlichen Ebenen. Wir schaffen uns Maßstäbe, die eine rigorose Verurteilung all dessen rechtfertigen, was uns mit Unberechenbarkeit, mit unserem Schatten und mit Schmerzlichem konfrontieren könnte – für alles, was in Verdacht steht, uns mit Schmerzlichem in Berührung zu bringen, mühen wir uns redlich ab, um es auszusortieren, es auszugrenzen. In der Hoffnung, den Schatten damit beseitigen zu können!

Wie immer geht es ums Wahrnehmen, ums Fühlen, ums Hinhören, wir müssen uns, auf persönlicher und auf gesellschaftlicher Ebene, zunächst die Existenz unserer Schattenbereiche gestatten. Mehr noch, wir dürfen durchaus wagen, den Schmerz als freundschaftlichen Berater zu verstehen, der uns etwas zu sagen hat. Vielleicht haben wir etwas übersehen, vielleicht bedarf es einer Änderung in irgendeinem Lebensbereich oder einer Einstellungsänderung, vielleicht ist es an der Zeit, etwas loszulassen, woran wir hartnäckig festhalten. Vielleicht ist es an der Zeit, etwas zu fühlen, wovor wir uns lange gedrückt haben!
Das spontane Zulassen und Erleben von innerem Widerstand und Schmerz ist ein effektives Korrektiv, es will zum Innehalten, Anschauen und Integrieren anregen! Im Grunde werden wir auf die Suche geschickt nach dem Geschenk, das darunter liegt, nach etwas, was uns in irgendeinem Bereich besser entspricht oder uns bereichert.

Klug ist es vielleicht nicht, aber es ist natürlich aus Egosicht
verständlich, sich mit dem Ausschalten oder Entfernen schmerz-
licher oder schmerzverdächtiger Symptome zu befassen, nicht
nur in der Medizin. Wir übersehen, dass ein Symptom eben nur
ein Symptom ist und für ein Ungleichgewicht in irgendeinem Lebensbereich steht. Mitverursacht durch Widerstände irgendwo in
uns selbst. Wir reagieren sogar mit Widerstand gegen den inneren
Widerstand – und das erzeugt weiteren Schmerz!

Solange wir den Schmerz lediglich ausgrenzen oder betäuben,
blockieren wir seinen Durchfluss und erreichen damit genau das
Gegenteil dessen, was wir beabsichtigen, wir binden ihn an uns!
Je energischer wir uns auf das Abwehren konzentrieren, desto
stärker verhakt sich der Schmerz in uns, wir fordern ihn geradezu
dazu heraus, sich an uns zu klammern.

Was können wir tun? Das Verletzende, schmerzliche Gefühle
können wir unmittelbar in uns aufsteigen lassen, sie bewusst
wahrnehmen. Am besten ist, eine Beobachterposition einzunehmen. Damit begeben wir uns bereits auf eine erweiterte
Bewusstseinsebene, wir fühlen, nehmen wahr – ohne uns zu
identifizieren! Das will allerdings geübt sein! Das, was wir
sofort sehen und annehmen können, kann keine versteckten,
unberechenbaren Kräfte entwickeln, es muss sich nicht in den
Untergrund zurückziehen. Ein bewusst und direkt durchlebtes
emotionales Unwohlsein hat die geforderte Beachtung von uns
erhalten, infolgedessen kann es uns wieder verlassen, ohne weiter
nach Aufmerksamkeit zu verlangen.

Der physische Schmerz, den wir fühlen, wenn wir eine heiße
Herdplatte berühren, will spontan unsere Unachtsamkeit korrigieren; ebenso will es auch der emotionale Schmerz. Wenn
wir emotionalen Schmerz, Verletztsein, Kränkung, auch schon
leichtes Unbehagen unmittelbar zulassen, kann der Schmerz sich
nicht weiter verhärten.

Nicht verwechseln sollten wir allerdings die spontane Beachtung des Schmerzes mit der übermäßigen Fixierung darauf. Durch eine ausgiebige, einseitige Fokussierung halten wir den Schmerz ebenfalls fest.

In jedem Leben gibt es schmerzliche Situationen (zumindest im Kontext des alten Zeitalters – wie es in einer neuen Zeit ist, das weiß noch keiner so genau!). Wenn z.B. eine Richtungsänderung in unserem Leben ansteht, ein Wachstumsschritt vollzogen werden möchte, wenn endgültige Abschiede anstehen etc.! Unseren Lebens- und Wachstumsprozess können wir um vieles sanfter und effektiver gestalten, wenn wir bereit sind, sowohl Glück und Freude als auch Verlust und Schmerzliches als ein uns zugehöriges Lebensprinzip zu betrachten. Unser Lebensgefühl vertieft und intensiviert sich, sobald wir dieses Lebensprinzip verstehen und akzeptieren können.

Sind schmerzliche Gefühle durch hartnäckige Verdrängung zu einem wirklichen Leid angewachsen, kann dieses Leid uns drücken und attackieren, bis wir bereit sind, den Widerstand aufzugeben und uns ihm zu öffnen, – bis wir bereit sind, ihn wahrnehmen! Dann kann der Damm brechen, die angestaute Energie kann beginnen zu zirkulieren, und irgendwann kann der Schmerz nachlassen.

Schließlich: Im Zustand tiefer Freude wie auch im tiefen Leid sind wir offen und nach innen durchlässig. Beide Extreme machen uns widerstandslos! Denn in solchen Situationen lehnen wir uns nicht gegen die Bewegung des Lebens auf. Indem wir die Bewegungen des Lebendigen in uns mitvollziehen, entziehen wir dem inneren Widerstand den Nährboden.

Trotz zahlreicher glücksversprechender Literatur, toller Patentrezepte, die uns bei „richtiger Fokussierung" ein angenehmes, selbstverwirklichtes Leben versprechen: Inwieweit Tragik und

Leid tatsächlich beherrschbar oder überflüssig sind, bleibt für das menschliche Bewusstsein – zumindest zum derzeitigen Bewusstseinsstand – noch ein Geheimnis! Wir dürfen aber annehmen, dass der Lösungsprozess von Leid und Tragik sich in dem neuen Energiefeld der Erde zunehmend beschleunigt.

Tendenziell gilt jetzt aber: indem wir den Schmerz integrieren, kann er sich lösen, indem wir die Existenz von Verlust und Vergänglichkeit als Möglichkeit mit einbeziehen, können wir ein Stück von den ängstlich fixierten Standpunkten unseres Egos zurücktreten. Wir schaffen Distanz zu unserem vermeidungsbesessenen Ego. Wir schaffen eine Position, um den Schatten als Synthese zu begreifen, die uns zu einer neuen Bewusstseinsoktave verhilft.

Arthur Rubinstein, der große Pianist und Lebenskünstler des letzten Jahrhunderts, bezeichnet sich selbst mehrfach in seinen Memoiren als glücklichsten Menschen, den er kennt – mit der Begründung: er akzeptiert das Leben, so wie es ist, er akzeptiert Schwarz und Weiß!

Festzustellen ist also: Je klarer und unbefangener wir uns in unserer Gegensätzlichkeit wahrnehmen, desto mehr rücken wir vom ständig gegen irgendetwas kämpfenden Ego ab. Reaktive Emotionen sind vielleicht weiter da, aber durch die bewusste, widerstandslose Selbst-Wahrnehmung machen sie viel schneller Platz für Empfindungen, die aus einem ganzheitlichen Erfülltsein und essentieller Liebe hervorquellen. Und nicht vergessen: uns täglich in Dankbarkeit üben! Auch das führt uns über das Zwiespältige, Trennende, Schmerzende hinaus und verbindet uns mit den Ebenen der Einheit.

Unsere Sterblichkeit ist ein Ausdruck
des lebendigen Seins

Sein ist ewig! Sein drückt sich aus, durch ständiges Werden und Vergehen!

Da das Sein dieser grundsätzlichen, ständigen Wandelbarkeit unterliegt, erfährt auch unsere Seele sich durch sich verändernde, immer neue Wirklichkeiten. Die Seelenenergie sucht unablässig nach neuen Ausdrucksmöglichkeiten, sie geht neue Konstellationen ein oder verbindet sich neu, aber (jeder Physiker wird das bestätigen) Energie ist nicht ‚löschbar‘; Energie, Lebensenergie kann sich nicht in nichts auflösen. Nach diesem Verständnis ist jeder Auflösungsprozess, jedes Sterben, ein Wechsel von einer Form der Existenz in eine andere. Damit wäre der Tod ein Tor, eine Geburt in eine andere Form, in eine andere Daseins-Dimension hinein.

Letztendlich resultiert auch unsere Abwehr gegenüber unserer Sterblichkeit aus der Angst vor dem Unvorhersehbaren.

Jedes Sterben – vom Verlust oder der Verabschiedung im Alltäglichen bis hin zum physischen Tod – ist das Aufgeben einer alten Form, die ihren Zweck erfüllt hat. Die Karten sollen neu gemischt werden, es möchte sich etwas neu formieren! Wir müssen uns von etwas trennen, was überholt ist. So ist jedes Sterben, jedes Vergehen im Sinne der Evolutionsspirale unseres Bewusstseins ein natürlicher Wendepunkt. Es ist ein Platzmachen für etwas anderes, ein Platzmachen für andere Konstellationen, ein Bereitmachen für eine neue Form des Seins, die Gestalt annehmen möchte.

Leben ist eine ständige Wechselbewegung zwischen Loslassen und Auflösen einerseits und einem Neuentstehen andererseits. Dieser ewige Rhythmus der Erneuerung, der Veränderung ist der einzige Faktor in unserem Leben, dessen wir uns absolut sicher sein können! Eigentlich merkwürdig, dass wir uns mit der Anerkennung dieser Gesetzmäßigkeit für unser persönliches Leben so schwer tun. Alle Erscheinungsformen unserer irdisch-materiellen Welt unterliegen diesem großartigen Ein- und Ausatmen, dem Wachstum und der Sterblichkeit. Alle kleinen und großen Begebenheiten unseres Alltags, unsere Lebensabschnitte und wahrscheinlich unsere Erdenleben als solche unterliegen diesem Rhythmus. Wenn wir die Vergänglichkeit nicht akzeptieren, akzeptieren wir diese grundsätzlichen rhythmischen Zyklen, durch die sich alles Lebendige in der irdischen Welt ausdrückt, nicht. Damit aber negieren wir das Lebendigsein selbst!

Die Endlichkeit, besonders die Endlichkeit unserer irdischen Existenz, macht uns so viel Angst, dass wir kaum wagen, sie gedanklich zu berühren. Ein unangenehmes Thema für unseren auf Absicherung und Vorbeugung ausgerichteten Zeitgeist. Besonders bei dem, was das Ende unseres Lebens, den Tod berührt, vermeiden wir gerne hinzusehen, geschweige denn uns offen damit auseinanderzusetzen. Wir halten nur den für uns derzeit sichtbaren Teil der Schöpfung für erlebenswert! Unser Klammern an das Sichtbare, an unsere Körperlichkeit wird zu einem würdelosen Unterfangen, wenn wir die begrenzte Laufzeit unserer irdischen Lebensuhr nicht respektieren.

Unser Weltbild stammt aus einer Epoche, in der Wissenschaft und Technologie für Ersatzgötter gehalten wurden, durch die alles machbar, planbar erschien. In dieses Weltbild passt das Thema Tod schlecht hinein, weil Tod nicht kalkulierbar, nicht kontrollierbar ist. Wir fühlen uns mit dem Thema überfordert. Ja, wir empfinden unsere Sterblichkeit gar als Niederlage! Noch schlimmer, als Versagen!

Mit unserer Rationalität stehen wir diesem Phänomen hilflos gegenüber, unsere Angst vor der Tatsache, dass wir unseren Körper irgendwann einmal verlassen werden, lässt sich mit dem Verstand nicht beherrschen! Sowohl unsere eingleisige Bezogenheit auf unseren Willen und auf unseren Intellekt als auch unser Glaube an wissenschaftliche Allmacht und Beweisführung greifen an diesem Punkt zwangsläufig zu kurz, weil das Wesen des Lebens und des Sterbens auf diesen Wegen nicht wirklich erfassbar, nicht erfahrbar ist.

In unserem derzeitigen Weltbild zählt nur das Offensichtliche! Indem wir unser Vorstellungsvermögen auf das Offensichtliche beschränken, entkoppeln wir uns vom Wesentlichen.

Die Anzeichen dafür, dass ein neues Bewusstsein entsteht, mehren sich deutlich. Das alte Weltbild ist längst ins Wanken geraten, denn die Resultate kopflastiger oder egomanischer Überheblichkeit, unseres Machbarkeitswahns, der einseitige Materialismus, unser Glaube, alles sei rational erklärbar, erforschbar, womöglich erzwingbar oder verhandelbar, zeigen uns überdeutlich Grenzen auf!

Intuition, Inspiration, Vertrauen in das universelle Prinzip Liebe und eine natürliche Entfaltung schöpferischer Prozesse, Mit-Verantwortung – das sind die Werte, die in der neuen Zeit an Gewicht gewinnen müssen! Noch aber fällt es unserem Ego schwer, natürlichen Lebensäußerungen wie dem Wachstum und der Vergänglichkeit wieder eine übergeordnete Sinnhaftigkeit zuzugestehen. Wir hadern mächtig mit der Ungewissheit darüber, wohin der Tod uns führen wird – wir wollen uns keinen Mechanismen ausgesetzt fühlen, die für unser menschliches Ego nicht direkt einsehbar sind. Dass hinter den äußeren Erscheinungsformen höhere geistige Antriebskräfte und Gesetzmäßigkeiten wirksam sein könnten, die sich der gebräuchlichen Logik unseres Verstandes entziehen, erscheint uns zu vage, das Ego will die Regeln und die sinngebenden Kriterien selbst bestimmen – wohin das führt, zeigt uns auf nahezu allen Ebenen der momentane Zustand der Erde, bzw. der menschlichen Kulturen.

Was dem „modernen" Menschen weitgehend abhanden gekommen ist, das ist die Hingabe an das *Wunder Leben*, ist der

Respekt und die Achtung vor dem phantastischen Ausdruckswillen, das Staunen vor dem gigantischen Mechanismus Schöpfung, vor dem Ineinandergreifen und der Verwobenheit allen Seins. Erst mit kindlichem Staunen und mit tiefer Demut vor der Allmacht und der Schönheit der Schöpfungen Gottes kann unsere wahre menschliche Würde wieder erwachen. Dieser Würde liegt eine tiefe Akzeptanz unserer irdischen Vergänglichkeit als Bestandteil des Schöpfungsaktes zugrunde. Staunen können bedeutet, mit offenem Herzen zu sehen, uns dabei unserer All-Verbundenheit bewusst zu sein und die Vollkommenheit und Sinnhaftigkeit schöpferischer Prozesse zu erspüren. Gleichgültig ist dabei, ob und in welcher Form und wie wir das Göttliche benennen und ob wir uns der Spiritualität verschrieben haben, an Reinkarnation glauben oder nicht. Ausschlaggebend ist die Bereitschaft, uns für den ewigen Aspekt unserer Seele zu öffnen.

Unserem menschlichen Verstand ist es nicht möglich, die Hintergründe der Schöpfungslogizität vollständig aufzuschlüsseln. Hier liegt wohl auch nicht seine Aufgabe. Wir gehen über den vom Ego gesteuerten Verstand hinaus, indem wir eine Verbindung zum Ewigen in uns herstellen, indem wir bereit sind, Vertrauen in die Schöpferkraft als solche zu entwickeln! Vertrauen ist der tiefwurzelnde Glaube an einen sinnhaften Hintergrund unseres Existierens und es ist die Basis, um uns sowohl in unserem Lebendigsein als auch in unserer Sterblichkeit angenommen, geborgen und eingebettet in den Kreislauf des lebendigen Seins zu wissen – besser: eingebettet zu *fühlen*, und das ist mehr als das, was das Ego unter Sicherheit und Vertrauen versteht.

Wir beschränken unsere Lebensintensität um ein Vielfaches, weil unser Ego sich ständig gezwungen fühlt, aus der Angst vor unserer eigenen Vergänglichkeit heraus unser Leben gestalten und kontrollieren zu müssen. So machen wir unser Leben zu einer gierigen Bemühung, um etwas für uns zu erhaschen, um – nach Meinung des Egos – nicht zu kurz zu kommen oder gar die Vergänglichkeit zu verhindern! Wir streben einseitig nach Quantität und nach Erfüllung im Außen. So wird das Leben jedoch zu einem mehr oder weniger qualvollen Kampf um bessere äußere Gegebenheiten und zu einem Wettlauf mit der Zeit, weil wir das Altern und das Sterben als bitteres Ende des Ganzen begreifen.

Dem Leben das Recht auf Sterblichkeit streitig zu machen, hat zwangsläufig eine armselige, angstvolle Lebenseinstellung zur Folge, denn überall dort, wo wir uns nicht auf Vergänglichkeit, so auch das Altern, einlassen können, geraten wir in Abhängigkeit zu veräußerlichten, willkürlichen Kriterien.

Erst wenn wir uns trauen, unsere angstvolle Abwehrhaltung aller Vergänglichkeit gegenüber anzusehen, erst wenn wir Vergänglichkeit mit einbeziehen, können wir uns allmählich von unserer Kontrollsucht und unserer Suche nach Ersatz im Außen lösen. Uns zu erlauben, unser Wachsen und Werden wie auch unsere Sterblichkeit als Ausdruck eines sinnhaften Wirkens der göttlichen Kräfte in uns zu begreifen, macht uns bereit und wahrhaft fähig, unser Leben tiefgehend zu lieben!

Wahrheit
Entscheiden – im Sinne
unserer ureigenen Wahrheit

Wahrheit ist keine feststehende Größe, kein absoluter Wert, kein allgemeingültiger ideeller Leitfaden. Wahrheit ist kein moralisches Rezept, das wir bei Bedarf hervorholen können. Es gibt keine Wahrheit mit stabilem, dauerhaftem Anspruch auf Korrektheit.

Wahrheit ist ein Aspekt der Liebe, auf diesen Nenner müssen wir Wahrheit herunterdividieren, wenn wir das Wesen der Wahrheit verstehen wollen!

Von Entscheidung zu Entscheidung, von Situation zu Situation, von Leben zu Leben präsentiert die Wahrheit sich in einem anderen Gewand, sie ist individuell, variabel – doch es gibt einen grundsätzlichen gemeinsamen Berührungspunkt, nämlich: erwartungsfreie Liebe.

Wahrheit ist immer die sinnhafteste Möglichkeit, es ist die Möglichkeit, die uns zu mehr führt, zu dem nämlich, was wir wesentlich sind. Es ist die Möglichkeit, die im Einklang mit unserem Göttlichen Selbst steht. Sofern wir uns in diesem Sinne ausrichten, in diesem Sinne agieren und entscheiden, agieren und entscheiden wir zu unserem Wohl. Entscheidungen im Kontext innerer Wahrheit gehen eben nicht immer konform mit dem, was uns moralisch oder offensichtlich als das „Richtige" erscheint. Alle kleinen und größeren Entscheidungssituationen sind Aufforderungen, uns unserer eigenen Wahrheit zu öffnen, ihr nachzuspüren, hier finden wir die effektivsten Lösungen für alle Alltagsangelegenheiten wie für den Prozess unserer Entfaltung. Unser Leben besteht im Grunde aus einer ununterbrochenen Abfolge solcher Entscheidungs- und Ausrichtungsmöglichkeiten. Jeder Moment stellt uns erneut vor die Wahl, etwas Bestimmtes zu tun, etwas anderes zu unterlassen. Wir können jederzeit wählen, ob wir unserer eigenen Wahrheit auf die Spur kommen wollen oder nicht. Das ist es, was Freiheit bedeutet – unsere Entscheidungsfreiheit!

So gibt das Leben uns ununterbrochen Gelegenheiten, Wahrheit – also das Beste für uns *und* für andere – zu wählen, besser, uns ihr anzunähern! Und manchmal kommt dabei heraus, uns für ein Stück Weg zu entscheiden, das aller gängigen Logik widerspricht.

Vielen Menschen fällt es heute schwer, den wunderbaren überlieferten Schätzen, wie dem Wissen der Schamanen oder den Aussagen Jesu, eine aktuelle Bedeutsamkeit abzugewinnen. Grundsätzlich haben sie an Gültigkeit und Aussagekraft keineswegs etwas eingebüßt. Für viele Menschen sind Frische und Lebensnähe der alten Botschaften durch die jahrhundertelange Beanspruchung jedoch verloren gegangen, da diese ungenau oder falsch interpretiert werden oder zumindest angestaubt wirken. Diese Botschaften werden oft nur noch als leere Formeln wahrgenommen. Außerdem haben kirchliche und weltliche Machthaber spirituelle Wahrheiten häufig als moralisches Druckmittel missbraucht und sie zu Ge- und Verboten umfunktioniert. Eigentlich schade, denn wir können uns von diesen zeitlosen Botschaften inspirieren lassen, wir brauchen sie ja nicht als vorgefertigte Rezeptur, sondern können sie als flexible Größe, als Anregung begreifen. Als Anregung, um unser eigenes Wahrheitsempfinden zu erwecken und zu schulen. In diesem Sinne können wir unseren Zugang und unser Verständnis für alte spirituelle Weisheiten neu beleben, immer gepaart mit der Blickrichtung nach innen.

Solange wir jedoch religiöse oder auch populäre moralische Standpunkte für die Wahrheit als solche halten, veräußerlichen wir den Wahrheitsbegriff. Wir vergeben die Chance, aus unserer eigenen Zentriertheit heraus agieren zu können, denn eine für uns bindend gültige Wahrheit muss unser Herz und unsere innere Stimme einbeziehen, aktuell angepasst sein. Kurz: es geht darum, authentisch zu denken, zu fühlen, zu handeln!

In diesem Zusammenhang möchte ich auch dringend dazu raten, sogenannten aufgestiegenen Meistern, Gurus oder anderen geistigen Führern nicht blind zu vertrauen, sie über die eigene innere Wahrheit zu stellen. Niemand außer uns selbst kann den Maßstab für unsere Entscheidungen setzen. Nichts außerhalb von uns kann uns von unserer Eigenverantwortlichkeit entbinden – das ist der Preis für unsere Entscheidungsfreiheit.

Wie finden wir die Wahrheit? Gibt es eine Orientierungshilfe?

Ein guter Draht nach „Oben" und ein besonders großes Maß an Vertrauen in unsere Intuition (oder auch: die Bezugnahme auf unsere innere Stimme oder Führung) ist also notwendig. Je unvoreingenommener wir lernen, in uns hineinzuhorchen, desto klarer werden die Impulse sein, die wir innen erhalten, von einem weisen Selbst, das mit der all-einigen Weisheit verbunden ist. Wahrheitssuche bedeutet, sich um diesen Kontakt nach innen zu bemühen, ihn aufzubauen und auszubauen!

Meditation, Kontemplation, das innige, aufrichtige Gebet oder die Zwiesprache mit dem Göttlichen in der Stille kann uns durchaus dafür sensibilisieren.

Unser Zugang zu unserer ureigenen Wahrheit, die Sicherheit im Umgang mit dieser Wahrheit wächst parallel zu dieser Bereitschaft, nach innen zu lauschen und das, was wir dort als Impuls wahrnehmen, ernst zu nehmen, diese Wahrheit jeglicher Konventionalität überzuordnen und uns ihr anzuvertrauen – das Entscheidende ist, solche Impulse sind nicht mit den Begehrlichkeiten und Standpunkten des Egos zu verwechseln.

Nach und nach kann sich unser Wahrheitsempfinden stabilisieren – und es wird uns immer eindeutiger in Richtung Liebe verweisen.

Wie gesagt, eine endgültige Stabilität gibt es nicht! Die Wahrheit liegt in diesem, in jedem Augenblick verborgen und kann uns nur so lange ein Wegweiser sein, bis wir auf die nächste Wegkreuzung stoßen.

Unsere tiefsten Wünsche sind Hinweise auf unsere Entfaltungsmöglichkeiten

Jedes menschliche Leben bietet dem Stand unseres Bewusstseins entsprechend angemessene Entfaltungs- und Erfahrungsmöglichkeiten. Jedem menschlichen Leben liegt vermutlich eine Matrix mit einem mehr oder weniger großen Spielraum zugrunde. Und es scheint so, dass wir diesem Entwurf nicht grundsätzlich ausweichen können! Denn mit unserer Geburt werden wir in ein bestimmtes soziales, familiäres und kulturelles Umfeld hinein-katapultiert, an das wir in den ersten Lebensjahren gebunden sind. Wir finden bestimmte Startbedingungen vor, sozusagen als Grundkapital, von dem aus wir den Lebens- und Entfaltungspro-zess dann durchwandern und gestalten können. Vielleicht, um die Ausdrucksformen und Möglichkeiten für uns zu er-finden, die der schönsten, höchsten schöpferischen Idee unseres Wesens entsprechen! Allerdings: dabei ist das, was für uns das Schönste, Höchste, Wertvollste, Sinnhafteste ist, nicht unbedingt kompa-tibel mit dem, was unser Ego vordergründig darunter versteht!

Spätestens ab dem Erwachsenenalter haben wir dann die Frei-heit zu experimentieren, die einzelnen Lebenskapitel mitzugestal-ten, denn: wir können uns für oder gegen etwas entscheiden, abso-lut gesehen, für oder gegen das Schönste, Wertvollste, Sinnhafteste!

Wir befinden uns in diesem Leben in einem ständigen Ab-wägen unterschiedlicher Möglichkeiten. Entscheiden wir uns im Sinne innerer Wahrheit und Liebe, wählen wir das Optimale für unser inneres Gleichgewicht. Entscheiden wir uns dagegen, verlieren wir an innerer Stabilität – natürlich gibt es viele Mög-lichkeiten dazwischen.

So gesehen sind Verlusterfahrungen auch keine wirklichen Rückschritte, wir holen nur aus, um den Schritt nach vorne (oder oben) vollziehen zu können. Jede Erfahrung ist im Endeffekt eine Öffnung, eine Erkundung von Neuland, ein Niederreißen alter Begrenzungen.

Wenn wir begreifen, dass wir in diesem Leben ständig mit schöpferischen Impulsen und Ideen experimentieren, und lernen wollen, sie bestmöglich für uns zu nutzen, ändert sich unsere Einstellung zu den Anforderungen des Lebens. Unsere alte, anklagende, misstrauische Haltung kann sich wandeln in ein neugieriges, freudiges Gespanntsein auf das, was das Leben uns anbietet, um unser Mitschöpfertum und unsere Potentiale best-möglich entfalten zu können.

Wir bringen unsere spezielle Mentalität, bestimmte Begabungen und Veranlagungen mit. Vielleicht sind wir nicht ganz zufrieden mit unserer Mentalität oder mit unseren Begabungen. Vielleicht wünschen wir uns, extrovertiert zu sein, während unser Naturell eher dem introvertierten Typus entspricht, vielleicht wollen wir beweglicher sein, während wir ein geruhsameres Naturell besitzen – erscheint uns doch gerade das, was wir nicht haben, meistens besonders reizvoll.

Aber jede Eigenart hat ihre Schönheit, ihren besonderen Wert, mit jeder Veranlagung können wir sowohl Positives als auch Negatives bewirken, je nachdem, wie wir es verstehen, unsere spezifischen Eigenarten und Möglichkeiten auszuschöpfen. Jede Eigenart birgt ihr ganz individuelles schöpferisches Potential in sich.

Wir sollten also nicht hadern mit unserer Mentalität, stattdessen sollten wir uns freuen, die uns mitgegebenen Veranlagungen offenzulegen, zu bejahen und zu nutzen. Jeder Einzelne besitzt Anlagen, die förderungswürdig sind, die darauf warten, zur Geltung kommen zu dürfen. Unsere Veranlagungen und Begabungen sind Geschenke, die wir in die Hände gelegt bekommen haben, um unser Leben in einer angemessenen Weise gestalten zu können.

Versuche, unsere Grundmentalität umzukrempeln, sind dagegen ziemlich sinnlos, wir können unsere Eigenart nicht dauerhaft und nicht unbeschadet negieren. Unsere Chance liegt gerade darin, uns in unserer Grundmentalität zu akzeptieren, ja, sie lieben zu lernen! Erst dadurch schaffen wir uns die Basis, um das Wunderbare, Individuelle, eben das ganz Einzigartige an uns auszuloten und es zum Leuchten zu bringen.

Wir können davon ausgehen, dass unsere tiefsten Wünsche und Sehnsüchte es sind, durch die wir auf bestimmte Aufgaben verwiesen werden, um uns Erfahrungsneuland zu erschließen, oder um unsere Potentiale zum Erblühen zu bringen. Wünsche sind Bilder, die aus der Zukunft zu uns sprechen. Wir können sie als richtungsangebende Hinweise annehmen, sie wollen uns zu bestimmten Schritten ermuntern. Es ist also nicht nur unser Recht, unsere Wünsche zu respektieren – wenn wir uns selbst ernst nehmen wollen, ist es geradezu unsere Pflicht, unseren Wünschen Beachtung zu schenken.

Kulturell-religiöse Vorprägungen machen es uns oft schwer, unsere tiefsten Wünsche und Sehnsüchte für moralisch relevant zu halten, an sie zu glauben, sie uns wirklich zu gestatten! Vielen, ganz besonders der älteren Generation, wurde in vielerlei Hinsicht, statt Fülle und Erfüllung, Beschränkung und Verzicht als moralisch akzeptables Konzept vermittelt. Wir sind von versteckten, meist unreflektierten Glaubenssystemen durchdrungen, die uns zurückpfeifen, uns bremsen oder Schuldgefühle in uns auslösen, sobald wir nach etwas greifen, was uns wirklich bedeutsam oder kostbar erscheint! Das Verzwickte ist, dass solche Glaubenskonzepte sehr oft unterhalb der bewussten Wahrnehmung liegen! Obwohl wir sie selbst kaum kennen, üben sie doch erheblichen Einfluss auf uns aus! Von frühester Kindheit an tragen wir beschränkende Überzeugungen mit uns herum, z.B., nur dann etwas wirklich zu verdienen, wenn wir den offen geforderten oder unausgesprochenen Ansprüchen unserer Familie und den Denkkonzepten unseres Umfeldes gerecht werden können. Wir trauen uns in vielen Lebensbereichen nicht zu, das zu sein, das zu leben, was in uns selbst zutiefst nach Ausdruck verlangt. Diese zur Gewohnheit gewordenen selbstbeschränkenden Haltungen machen es uns schwer, uns bestimmte Wünsche zuzugestehen, sie als realistische Ziele zu betrachten, sie anzuerkennen und selbstwertbewusst anzusteuern.

Aber unsere Mission besteht ja gerade in der Überwindung hemmender Glaubenssysteme, wir sind aufgefordert, diese Denkmuster aufzustöbern, um uns von ihnen zu lösen und sie zu durchbrechen. Man könnte sagen, unsere Wünsche wollen uns geradezu animieren, diesen Lösungsprozess zu vollziehen. Es ist also nicht nur spannend, sondern von höchster Bedeutsamkeit, uns mit unseren Wünschen und Sehnsüchten auseinanderzusetzen.

Es ist sehr aufschlussreich, uns einmal ehrlich, also ohne *Wenn* und *Aber*, die Frage zu beantworten, was wir am liebsten und dringendsten in unserem Leben zum Ausdruck bringen möchten. Wir sollten den Mut besitzen, solche Wunschvorstellungen als klare Ziele zu definieren – vorausgesetzt natürlich, sie halten einer Prüfung auf innere Wahrhaftigkeit stand.

Die meisten modernen Industriegesellschaften suggerieren allerdings Wunschvorstellungen, die auf eine schnelle Befriedigung oberflächlicher, konsumorientierter Bedürfnisse (nicht nur materieller Art) ausgerichtet sind, die unser Ego bedienen und wenig mit echten Seelenwünschen gemein haben! Das macht es uns nicht gerade leichter, Wünsche in ihrer ursprünglichen Bedeutung im Sinne einer authentischen Lebensführung zu erfassen. Es ist tatsächlich nicht so leicht, zu unterscheiden zwischen echten, sinngebenden Wünschen und Zielen und den Begierden, Ablenkungen und künstlich erweckten Bedürfnissen unserer Egowelt. Sinngebende Wünsche haben eine Orientierungsfunktion, sie lösen echte Glücksgefühle aus, sie lassen uns mit Freude kreativ werden und setzen machtvolle Energien frei.

Ego-Begierden basieren dagegen auf oberflächlichen Illusionen vom Glück – gleichzeitig auf Überzeugungen eigener Bedürftigkeit. Sie bleiben flüchtige Reize, ohne das Wesentliche in uns zu berühren. Damit weichen wir uns selbst aus, statt uns uns selbst zu nähern! Im Endeffekt werden sie uns nicht wirklich ausfüllen können, da wir lediglich übertünchen, statt die wahren Schätze in uns zu heben! Letztendlich werden wir enttäuscht zurückbleiben, denn um diese Begierden zufriedenzustellen, benötigen wir immer aufdringlichere Reize, es wachsen immer schneller Ansprüche nach, die uns dann wenigstens kurzfristig das Gefühl des Erfülltseins vermitteln sollen. Die gebetsmühlenartige Verheißung eines unentwegten Wirtschaftswachstums ist schon aus diesem Grunde mehr als zweifelhaft.

Ego-Begierden zwangsläufig mit Wünschen materieller Art gleichzusetzen, wäre allerdings auch zu kurz gefasst. Wir leben und lernen in der materiellen Dimension, so können materielle Aspekte – wie ein schönes Kleidungsstück oder eine Wohnung, in der wir uns wohlfühlen – für unser Leben eine Bereicherung sein, manchmal einfach darum, weil sie echte Freude bereiten – wunderbar! Aus dem Herzen empfundene Freude macht immer Sinn, ist Lebensqualität pur! Nur, wir unterscheiden zu wenig zwischen Freude und Gier, zwischen Freude und kurzfristiger Reizbefriedigung! Auch hier die Frage nach der Motivation, die sich hinter unseren Wünschen verbirgt, denn das ist der qualitätsentscheidende Faktor.

Wahre Wünsche und Ziele entsprechen unserer ureigenen Wahrheit, wahre Wünsche wollen uns verlocken, unsere bisherigen Grenzen zu überschreiten, zum Zweck der Erweiterung, der Bereicherung unseres Wesens.

Wünsche und Ziele sind niemals unumstößliche, endgültige Fixierungen, auch sie unterliegen dem Prinzip der Beweglichkeit. Manchmal kommt es gar nicht zu einer realen Umsetzung unserer Wünsche und Ziele, sie haben uns ‚nur' eine Zeitlang als wegweisender Leitstern ihren Dienst erwiesen. Wenn alte Wünsche und Ziele für uns ihre Anziehungskraft verlieren, wenn Neues erkennbar wird, hat sich in uns selbst eine Veränderung, eine Richtungskorrektur vollzogen.

Vom Umgang mit Visualisation, Affirmation

Wenn wir also davon ausgehen, dass unseren wahren Wünschen eine tiefe, richtungweisende Bedeutsamkeit zugrunde liegt, dann sollte es unser hohes Ziel sein, diese Wünsche in unserem Leben zu verwirklichen, sie zu materialisieren. Selbst-Vertrauen, eine Klärung unserer Vorstellungen, das Bewusstwerden tiefer Bestrebungen in uns sind die Voraussetzung, um sie in unser Leben zu holen. Methodische Ansatzpunkte, die durchaus genutzt werden dürfen, bieten das Visualisieren und die Affirmation. Durch sie fokussieren wir unsere gestalterischen Kräfte, die uns – richtig verstanden und sinnvoll eingesetzt – zur inneren Klärung, zur Bündelung unserer Ziele, letztendlich zu einem reicheren, erfüllteren Leben verhelfen können.

Beim Visualisieren arbeiten wir mit der bewussten Projektion von inneren Bildern, indem wir das, was wir anstreben, in unserer Vorstellung entstehen lassen! Wichtig dabei ist, dass wir dabei entspannt und gelöst, also ohne inneren Widerstand vorgehen. Der Zustand innerer *Gelassenheit* dem Wunsch/Ziel gegenüber ist die Ausgangsbasis. Jedes emotionale Drängen, jedes Erzwingenwollen, das unbedingte Haben-wollen vereitelt unsere Absicht von vornherein. Unsere Wunschbilder sollten wir dann mit freudigen Emotionen aufladen, wir können sie dem göttlichen Licht (Engel, Gott, das, was für uns relevant ist) übergeben und anschließend mit unserem Energiefeld verschmelzen lassen. Durch Wiederholung des Vorgangs erzeugen wir ein Kraftfeld wie das eines Magneten. Unsere ausgesandten Bilder suchen ihre Entsprechung in der ungeformten Wirklichkeit, in der alles, was ist, koexistiert. So können Wünsche und Ziele je nach Intensität und Eindeutigkeit des aufgebauten Kraftfeldes in unser Leben hineingezogen werden – das ist die gängige Erklärung. Für wahrscheinlicher halte ich … die Bilder suchen uns! Wir empfangen sie als Wunsch, als Inspiration, sie erreichen uns aus höheren Seinsebenen. Indem wir sie bewusst aufgreifen, ziehen wir sie in unser Leben hinein. So oder so, wichtig ist: mit Freude aufgeladene Bilder kooperieren mit Liebe, in der reinen Freude liegt die eigentliche Kraft, höchste Magie! Die alten magischen Rituale beruhen auf diesem Prinzip.

Im Grunde gestalten wir, etwas vereinfacht gesagt, unser Leben ununterbrochen nach diesem Prinzip mit, indem wir ständig Bilder und Gedanken generieren und sie mit bestimmten Emotionen unterfüttern, die sich irgendwann in oben beschriebener Art und Weise formgebend auswirken. Allerdings geschieht das bei den meisten Menschen eher unbewusst! Ein methodisches Vorgehen ist schon darum sinnvoll, weil es uns zu einer Selbst-Reflexion bezüglich unserer eigenen Zielsetzungen zwingt. Es tut sich hiermit eine Möglichkeit auf, uns Klarheit über das zu verschaffen, was wir wirklich, was wir zutiefst wollen und wünschen, was uns inspiriert, begeistert, elektrisiert.

Überraschungen tun sich nicht selten erst dann auf, wenn wir unseren Wünschen ernsthaft, in der Tiefe unserer Psyche nachspüren. Vielleicht wagen wir auf diese Weise überhaupt zum ersten Mal, uns etwas Spezielles oder Ungewöhnliches zuzugestehen und konkrete, bestimmte Wunschbilder aufzugreifen. Manchmal müssen wir aber auch erkennen, dass Wünsche, an denen wir schon lange hängen, eigentlich gar nicht so richtig zu uns passen, dass wir die Konsequenzen, die sich in unserer Lebenspraxis aus dem Wunsch ergeben würden, im Grunde nicht zu akzeptieren bereit sind!

Nicht nur Intensität und Klarheit der ausgesandten Informationen sind für eine erfolgreiche Manifestation ausschlaggebend, sondern eine entscheidende Rolle spielt auch die Qualität des Nährbodens, auf dem das Wunschbild gedeihen soll. Und dieser

Nährboden wird von den zu unseren Bildern oder Worten in Beziehung stehenden Überzeugungen und Emotionen gebildet.

Wenn wir also unsere Visionen real werden lassen wollen, dürfen wir nicht vergessen, diesen Nährboden zu bearbeiten, ihn zu hegen und zu pflegen, indem wir prüfen, ob offensichtliche oder versteckte Emotionen und Glaubenssätze im Widerspruch zu unserem Wunschbild stehen. Das sind dann massive Hindernisse, die eine verzerrte Realisation des Bildes zur Folge haben oder es ganz blockieren. Wir können einen schlechten Nährboden nicht aus dem Wege räumen, indem wir das Neue einfach über die alten verworrenen inneren Überzeugungen stülpen. So kann das Neue keine solide Tragfähigkeit entwickeln. Einen gesunden, gedeihlichen Boden für das, was wir entstehen lassen wollen, schaffen wir uns, indem wir hemmende Überzeugungen mit den anhängenden Emotionen offen anzuschauen bereit sind. Konsequente, ehrliche Selbstreflexion setzt zwangsläufig ein Läuterungsverfahren in Gang.

Wahre Wünsche haben nicht selten eine Nebenwirkung: sie regen Heilungsprozesse oder stoßen Änderungsphasen in unserem Leben an. Und gerade dies ist ein Prozess, den unser Ego gern überspringen möchte, auf den es sich ungern einlässt, denn es ahnt natürlich, dass eine solche Phase mitunter sogar Schmerzliches ans Tageslicht befördern kann. Genau an diesem Punkt entpuppt sich das sogenannte Positive Denken als Falle, jedenfalls, sofern es innere und äußere Klärungsprozesse abwehrt.

Positives Denken, richtig verstanden, erfordert also zunächst, unsere eigenen routinemäßigen, destruktiven Denkschemata zu durchleuchten, sie überhaupt zu erkennen, um sie links liegen zu lassen und dann umzustellen! Es kann ja nicht bedeuten, Destruktives in uns zu unterdrücken oder einfach zu übertünchen.

(Damit ist allerdings nicht gemeint, uns in negativen alten Mustern zu vergraben – negative Muster zur Kenntnis zu nehmen oder uns in sie zu vergraben, ist zweierlei!)

Manchmal lassen sich durch Visualisieren, Affirmationen auch auf schlechtem Nährboden und mit unlauteren Absichten kurzfristige Erfolge erzielen, unter Umständen bläht sich anhand dieser Methode das Ego in uns sogar übermäßig auf. Kann es unser Ziel sein, das Ego in uns zu puschen oder der Eitelkeit und Bequemlichkeit des Egos in uns zu dienen?

Na, wir wollen da nicht zu streng mit unserem Ego sein, es darf sich natürlich gerne wichtig, besonders oder toll fühlen – sofern wir uns dessen bewusst sind, sofern wir fair bleiben, gehört das selbstverständlich dazu! Das Ego will und soll sich behaupten und bestätigen dürfen.

Langfristig entpuppt sich sowieso all das, was auf unfairem, eigensüchtigem oder unredlichem Fundament gewachsen ist, als ‚Eigentor', als Irrtum oder bestenfalls als Seifenblase.

Auf diesem Gebiet gibt es sicherlich gravierende Missverständnisse, unterstützt durch zahlreiche einschlägige Literatur. Viele Menschen glauben, durch Gedankenkraft oder das Visualisieren ‚Trick siebzehn' gefunden zu haben, um endlich das zu erzwingen, was das Ego glaubt besitzen oder was es glaubt darstellen zu müssen – wie gesagt, das Ego! Es ist Selbstbetrug, wenn wir der populistischen Idee folgen, dass wir unser Leben bedenkenlos und unbeschadet je nach Ego-Laune manipulieren, es in eine x-beliebige Form pressen können. Die Wünsche unseres Egos zielen ja oftmals gerade darauf ab, Verantwortung und Entfaltungsprozesse zu meiden oder zu umgehen, weil es die aufrichtige Selbst-Reflexion überhaupt nicht liebt. Die Kunst liegt in der klaren Differenzierung zwischen dem Verlangen unseres Egos und wahren Wünschen, die der Entfaltung unseres Selbst dienen, immer im Kontext oder in Anlehnung an universelle Liebe! Wir müssen uns darüber im Klaren sein, dass wir es mit einem Schöpfungsvorgang zu tun haben, dessen Folgen und weiterführende Konsequenzen nicht im vollen Umfang abschätzbar sind.

Wünsche, die in Übereinstimmung mit dem Göttlichen Selbst und dem Prinzip universeller Liebe stehen, werden uns langfristig gesehen bereichern und einen fördernden, hebenden Einfluss auf unser Leben nehmen – dabei braucht das Ego nicht zu darben, weder Entbehrung noch Strenge sind angebracht, es darf sich sogar zeigen, sich darstellen und sich bedienen.

Wir haben die Freiheit, eine Aktionsrichtung zu wählen, wir können in unserem eigenen Interesse klug mit dieser Freiheit umgehen, damit das, was wir anstoßen, tatsächlich für und nicht gegen uns arbeitet. Goethes Zauberlehrling führt uns die Gefahren eines fahrlässigen Umgangs mit unserer Freiheit von Absicht und Entscheidung eindrucksvoll vor Augen.

Wie oben bereits angedeutet, erfordert es gutes Unterscheidungsvermögen, die Qualität und Hintergrundmotivation unserer eigenen Wünsche zu erkennen – und das ist nicht gerade die leichteste Übung. Nicht jeder Wunsch ist geeignet, realisiert zu werden, nicht jeder Wunsch ist unserer Bestimmung entsprechend ein Ziel, das uns die ersehnte Erfüllung bringt. Überprüfen wir unsere Wünsche doch einmal ernsthafter: haben wir es mit Wünschen zu tun, die uns fördern, vielleicht auch fordern, oder laufen wir lediglich den trügerischen Begierden unseres Egos nach? Wenn wir das Leben überlisten wollen, um durchzusetzen, wonach unser Ego verlangt, stehen wir unserer Kraft und Entfaltung im Wege.

Auch ein von Fehlentscheidungen geprägter oder beschwerlicher Lebensweg führt uns letztendlich in eine Aufwärtsbewegung hinein. Meistens folgen wir so lange den trügerischen Bedürfnissen des Egos, bis wir uns in derart missliche Umstände hineinmanövriert haben, dass Einsicht und Umkehr uns noch als einzige Bewegungsmöglichkeit zur Verfügung stehen.

Mit der Auswahl unserer Wunschbilder setzen wir entscheidende Qualitätsmaßstäbe für unseren Lebensweg. Wir haben die

Wahl, welcher Stimme aus unserem Inneren wir folgen wollen. Und wir haben jederzeit die Wahl und die Möglichkeit, uns an unserem Göttlichen Selbst, das in der Einheit lebt, zu orientieren! Es mit einzubeziehen! Uns darauf auszurichten! Wir haben auch jederzeit die Möglichkeit, um optimale Lösungen und Zielsetzungen oder um Einsicht zu bitten, welche Vision wir kultivieren sollten!

Ein Leitfaden dafür: all das, was aus einer emotionalen Begierde oder einem ‚Unbedingt-haben-müssen' heraus gewünscht wird, ist zwar meist die drängendere, offensichtlichere Stimme in uns, wahrscheinlich aber auch eine ungünstige Fährte. Vielleicht gibt es etwas Besseres! Dabei hilft auch diese Frage: Was ist eigentlich die genaue Motivation, die unseren Wunsch auslöst – wünschen wir uns mehr Kontrolle, richtet sich unser Fokus einseitig aufs Haben, auf bestimmte Sachverhalte oder Dinge, auf Status, auf recht behalten oder haben unsere Wünsche etwas mit Unabhängigkeit, Öffnung, Transformation, Liebe und Heilung zu tun?

Am besten, wir gehen dafür einmal bewusst in die Energie unserer Worte und Wunschbilder hinein und spüren nach, was sie in uns auslösen – ob sie unser Herz tatsächlich öffnen, ob wir ein Gefühl des befreiten, wohltuenden Energieflusses wahrnehmen oder ob diese Wunschbilder uns in Wahrheit doch irgendwo drücken, ob sie evtl. Anspannung oder vage Gefühle des Unwohlseins verursachen. Ebenso gibt es zu bedenken, dass es, besonders bei den großen Lebenswünschen, nicht nur das Endergebnis gibt, sondern auch und vor allem einen Weg und entsprechende Begleitumstände, die uns dahin führen. Mit beidem müssen wir in der Lebenspraxis umgehen, denn gerade der Weg und die Begleitumstände sind es ja, die unser Leben tagtäglich ausmachen. Am Beispiel eines populären Wunsches wird das vielleicht klar: ein erfolgreicher Sänger oder Musiker zu sein, ist viel mehr als vordergründiger Erfolg und Glamour, sondern bedeutet harte Arbeit, Selbstkritikfähigkeit, oft Einsamkeit, ständig unter Beobachtung anderer sein, weniger Privatsphäre und vieles mehr. Auch das gehört dazu.

Noch ein weiterer wichtiger Gesichtspunkt, den wir beim Wünschen berücksichtigen müssen, ist: die Loyalität unserer Umwelt gegenüber! Geraten wir in Versuchung, mit unseren Wünschen Kompetenzbereiche anderer anzutasten? Mischen wir uns mit unseren Wunschbildern in fremde Hoheitsgebiete? Verletzen wir andere, indem wir etwas wollen, was zum Nachteil unseres Nächsten geraten könnte oder was unsere Entscheidungskompetenz überschreitet?

Das Tolle ist: Wünsche, die der schöpferischen Idee universeller Liebe entsprechen, schaden niemandem, im Gegenteil, sie heben uns und unser Umfeld in gleicher Weise. Außerdem wissen wir ja bereits, dass wir mit jeder Attacke gegen andere letztendlich uns selbst verletzen.

Hier noch eine Übung für „Fortgeschrittene": in einem meditativen Zustand können wir Bilder passiv entstehen lassen, indem wir unser Göttliches Selbst bitten, uns etwas vor Augen zu führen, das Lebenszielen entspricht, die uns heben, uns weiter machen. In einem entspannten, empfangsbereiten Zustand können wir uns selbst mit dieser Methode alle möglichen Fragen von „Oben" beantworten lassen, auf diese Weise öffnen wir uns unserem höheren Wissen, wir kommen in Kontakt mit unserer schöpferischen Intuition. Das ist eine Form, um unsere intuitiven Fähigkeiten zu mobilisieren: Bilder, Impulse und Antworten bekommen wir tatsächlich, vorausgesetzt – wir sind ernsthaft gewillt, eine Antwort zu bekommen! Dies ist eine lukrative Form des meditativen Visualisierens, weil wir den rational arbeitenden Verstand umgehen. Es können so intelligente Lösungen und Möglichkeiten sichtbar gemacht werden, die wir zuvor nicht in Erwägung gezogen haben.

Visualisieren ist eine hervorragende Methode, durch die wir unserer Phantasie Flügel wachsen lassen können, die uns Mut machen kann, etwas Neues in Bewegung zu setzen. Wir können brachliegendes Potential zum Leben erwecken oder neue Perspektiven für die Einschätzung der Dinge, die uns beschäftigen, erwerben. In diesem Sinne ist das Liebevollste, Schönste, Angenehmste, Beste das Passende – denn nichts ist zu schade für uns.

Wille – Hingabe

In der Vergangenheit war Willensstärke oft gekoppelt an die rigorose Durchsetzung bestimmter äußerer Ziele, besonders, wenn es um Erfolg, Macht und Autorität ging. Diese einseitig verstandene Willensstärke ist ein Attribut unseres Egos. Denn das Ego glaubt an Kampf, die Demonstration von Stärke und Macht, es glaubt an Rechthaben, Konkurrenz, es glaubt, seinen Eigenwert durch bestimmte Positionen bestätigen zu müssen. Wenn wir unseren Willen in diesem Sinne einsetzen, ist dies immer auch Kontrolle, ein Sichern egoistischer Interessen – das im Grunde aus der Angst vor Unwert, Mangel und Getrenntsein erwächst!

Die neue Zeitqualität verlangt von uns, den Willen in einem tieferen Zusammenhang zu begreifen und zu nutzen: wir können unseren Willen vermählen mit einer Hingabebereitschaft an die Intentionen unseres Göttlichen Selbst. Denn wir loten unsere Kreativität und unsere Kraft in dem Maße aus, in dem wir das Wollen zum Diener des uns innewohnenden, höheren schöpferischen Ausdruckswillens machen!

Der Wille unseres Egos will seine Position verteidigen, seine Wertigkeit unter Beweis stellen. Gut – so ist unser Ego nun mal gestrickt! Aber schlauer ist, uns nach innen zu wenden und den Ego-Willen mit dem göttlichen Wollen korrespondieren zu lassen! Wir können ihn als Helfer einsetzen, um die höheren schöpferischen Impulse in Realitäten zu verwandeln. Der Wille im alten

Sinne ist ein Tyrann, er will Herr sein über das, was ihm Schmerz und Angst bereitet, er will das Lebendige beherrschen, er will manipulieren und hinbiegen, was das Ego für erstrebenswert oder wichtig hält, er stellt sich in den Dienst äußerer Wertigkeiten.

Um den höheren Willen einzusetzen, bedarf es keines forcierten Kraftaktes, weil der höhere Wille ausschließlich die Funktion übernimmt, etwas zu erlauben, etwas auf den Weg zu bringen, was sowieso das Beste für uns ist! Er gibt lediglich die Richtung an, um etwas in Bewegung zu setzen, was aus der eigenen Tiefe heraus in Erscheinung treten möchte. Ist das nicht herrlich? Wer allerdings glaubt, dass es immer sanftmütig und reibungslos zugehen muss, der irrt! Denn in der Praxis ist mitunter schon Gradlinigkeit und Konsequenz von uns gefordert!

Es macht einfach keinen Sinn und tut nicht gut, unseren Willen einzusetzen, um uns in etwas hineinzuzwingen, was uns widerstrebt, oder um uns in eine genormte Passform zu pressen – wir können uns ganz dem hingeben, was sich durch uns formulieren möchte. Nicht gleichzusetzen ist das mit Passivität oder Fatalismus, sondern es bedeutet, *unsere Aufmerksamkeit bewusster nach innen zu richten.* Wir müssen lernen zu lauschen, uns zu sensibilisieren und dem Hilfestellung zu gewähren, was sich aus der Tiefe unseres Seins heraus gestalten will. Die höhere Dimension des Wollens ist, uns das zu erlauben, zu gönnen, uns das zuzutrauen und es gegebenenfalls tatsächlich mit Standhaftigkeit und Ausdauer zu unterstützen, was aus unserem innersten Zentrum hervorsprudelt – ohne uns irritieren zu lassen von dem, was wir einmal über richtig/falsch, gut/böse gelernt haben.

Unser Verstand steuert gerne dagegen, denn unsere Angst hat uns lange genug eingeflüstert, dieses oder jenes tun zu *müssen,* diesem oder jenem genügen zu *müssen,* dieses oder jenes leisten zu *müssen.* Der Verstand sagt uns sogar, dass es gefährlich sei, den Intentionen unseres innersten Wesens zu trauen, denn damit könnten wir ja allgemeinen, populären Einschätzungen widersprechen, wir könnten ausgeschlossen oder bestraft werden!

Es ist nun dran, diese Schichten von Angst und Selbstverleugnung zu durchdringen. Womit? Mit Bewusstheit unseren eigenen Intentionen gegenüber! Indem wir uns auf diese Dimensionen des Wollens einlassen, kommen wir mit dem zentralen schöpferischen Willen in Berührung, wir erwecken unser kreativstes Potential und können es ans Tageslicht befördern! Entgegen der Befürchtungen unseres Egos kann unser Leben kraftvoller und müheloser werden und an Leichtigkeit gewinnen, weil wir nicht gegen uns selbst ankämpfen, nichts beweisen, nichts mit Gewalt durchsetzen müssen. Wenn wir uns als Kanal für den göttlichen Willen begreifen, schöpfen wir direkt aus unserer Quelle, wir gestatten uns den schöpferischen Ausdruckswillen, wir gestatten ihm, Form anzunehmen – und das ist immer die für uns derzeit beste Form, die wir wählen können, denn hier sind wir mit Liebe in Verbindung!

Dein Wille geschehe heißt nichts anderes als: Ich lasse Deinen Willen durch mich geschehen!

Sobald wir uns dem göttlichen Willen hingeben, gibt es keine Diskrepanz zwischen dem, was wir wollen, und dem, was gerade geschieht, weil wir den Wind *für* unsere Segel zu nutzen wissen – statt gegen den Wind anzukämpfen und damit viel Kraft an den falschen Stellen zu investieren und zu verlieren.

Spirituelle Wege und Sackgassen

Für alle Menschen dieser Zeit heißt die größte Herausforderung, den Sprung zu wagen, den Transformationsprozess mitzuvollziehen, uns an einer neuen Daseinsqualität zu orientieren.

Dazu gehören:

- Selbst-Liebe, liebevolle Selbst-Reflexionsbereitschaft, liebevolle Be-Achtung eigener Grenzen, liebevolles Erkennen und Anerkennen eigener Schattenbereiche.
- Achtung und Respekt gegenüber den Mitgeschöpfen, der Natur und dem Planeten Erde als eigenständigem Lebewesen.
- Erkennen der Wirksamkeit von Absicht und Vorstellung!
- Anbindung an das „Göttliche Selbst", Denken und Handeln im Sinne inwendiger Wahrheit, also Abnabelung von der einseitigen Bezogenheit auf Funktionalität, Profit und kollektive veräußerlichte Wertesysteme, Unabhängigkeit von kollektiven Denkgewohnheiten – Vertrauen in die eigene Vision.
- Universelle Liebe als größte schöpferische Macht und Magie erkennen. Unterscheidung zwischen Liebe und Ersatz.
- Verfeinerung der Wahrnehmung, innere Transparenz und nonverbale Kommunikation.

Durch das Eintauchen unserer Erde in die viel zitierte höhere Schwingungsebene sind wir gefordert, uns diesen neuen Parametern zu stellen, schließlich, um sie zu integrieren. Für diejenigen, die an den alten Strukturen klammern, könnte es zukünftig ungemütlicher werden.

Die momentanen ökologischen, politischen und sozialen Zustände unserer Erde sind Ausdruck eines tiefgreifenden Wandels. Welchen Bereich man sich auch anschaut, mannigfaltige Konflikte schwelen – aber darunter zeigen sich bereits überall Inseln eines neuen, spirituellen, ganzheitlicheren Bewusstseins. Während sich die Intrigen korrupter Eliten nach und nach offenbaren und wir täglich mit Botschaften vom Elend dieser Welt überschüttet werden, hat sich relativ unbemerkt ein beachtliches Potential an spirituellem Bewusstsein angesammelt. Diese Kraft gewinnt mehr und mehr an Einfluss. Das geschieht ‚auf leisen Sohlen', noch weitgehend unbeachtet von einer größeren Öffentlichkeit, aber gleich einer Lawine, mit stetig wachsender Tendenz. Oft auch, ohne es überhaupt spirituell zu nennen, ohne den Titel: Spiritualität! Es ist einfach ein Aufwachen, eine andere Bewusstseinsqualität, die sich etabliert! Wenn wir genau hinschauen, können wir feststellen, dass es bereits spürbar und sichtbar ist unter all dem Chaos und Schmerzlichen dieser Erde.

Noch ist dieses Aufwachen unterschwellig, noch stößt ein neues, spirituell orientiertes Weltverständnis in breiten Bevölkerungsschichten auf Argwohn, es herrschen diesbezüglich vielerlei Vorurteile und Missverständnisse, meistens als Folge von diktierter Fehlinformation, Unwissenheit, Fehleinschätzung, oder die Ursache des Argwohns beruht auf schlechten Erfahrungen mit religiösen Institutionen und deren Protagonisten. Manchmal stößt Spiritualität auch auf Intoleranz und Angst, da sie sich jenseits der einseitigen Bezogenheit auf Wissenschaft, Äußerlichkeit und Materialismus bewegt und im gängigen Sinne nicht beweisbar ist.

Und tatsächlich, der Begriff *Esoterik* ist heute ein eher diffuser Sammelbegriff, mit dem die unterschiedlichsten Wege, Versuche und Fehlversuche im Bemühen um Spiritualität bezeichnet werden. Dabei ist Esoterik keine neue Lehre, keine Religion, sie ist im ursprünglichen Sinne nicht sektiererisch, noch ist es eine neue Ideologie, esoterisches Denken hat erst einmal weder mit Spiritismus, Okkultismus, Hexerei noch mit Magie zu tun. Hierbei handelt es sich um Abwege, sekundäre oder begleitende Phänomene. Ursprünglich gemeint ist: der Weg nach innen, um die innere Verbindung mit der universellen Quelle in uns zu identifizieren! Oder: der Weg der Selbst-Erkenntnis!

Die banalisierte, verfälschte Interpretation wäre: Sensation, Nervenkitzel, Außergewöhnliches oder das Nachbeten von wohlklingenden Thesen. Sofern sich das Interesse auf das Äußere, Sensationelle, Gutklingende beschränkt oder auf die Patentrezepte fragwürdiger Lehren, die Leidvermeidung und Leidbefreiung versprechen, hat dies natürlich nicht viel gemein mit einer ernsthaften spirituellen Orientierung, der die Sehnsucht nach der Entfaltung bzw. der Wiederentdeckung unserer ureigenen Identität zugrunde liegt. Ein ernsthafter Umgang mit Spiritualität ist immer mit einem Selbstfindungsprozess verbunden. Es ist ein Weg, der nach innen führt, der uns auf uns selbst zurückwirft, der uns mit Stille und Verantwortlichkeit, mit dem inneren Wesen und also auch mit unseren eigenen Grauzonen konfrontiert!

Ob wir alten oder neuen Pfaden der Selbsterkenntnis und Selbstfindung folgen wollen, wir finden in den Weisheitslehren aller Kulturen, den Einsichten der Mystiker, Schamanen und den Botschaften großer Religionen zeitlose, wunderbare Schätze des Wissens um die universellen Gesetzmäßigkeiten, die gleichermaßen in uns wie auch im Kosmos wirksam sind! Uns mit der schöpferischen Ordnung zu beschäftigen, sie durch Erkenntnis zu integrieren, ist ein spannendes, lohnendes Unterfangen! Wenn nicht das Hauptanliegen und der Königsweg menschlicher Lernprozesse überhaupt!

Spiritualität beruht auf der Grundannahme der essentiellen Gemeinsamkeit jeglichen Lebens, Sie beruht auf der Annahme einer alles verbindenden, vereinenden Kraft der Liebe und der Erkenntnis, dass alles, was existiert, miteinander im Zusammenhang steht, dass jeder und jedes ein besonderer Aspekt des gemeinsamen Ganzen ist – der auf individuelle Weise Erfahrungen macht.

Unsere Aufgabe könnte lauten, dieses uralte Wissen neu zu beleben – und das Besondere ist heutzutage, ohne uns dabei vom äußeren weltlichen Geschehen zurückzuziehen. Das ist in der Tat eine große Herausforderung, denn es bedeutet, spirituelles Wissen in die persönliche Lebenspraxis zu integrieren.

Es werden überall Kurse, Therapien, Seminare veranstaltet, es gibt unzählige neue und reaktivierte Praktiken, die sich in unterschiedlichster Weise mit alternativen Heilverfahren befassen. All dies sind Angebote und Werkzeuge, die uns bei der Transformation in ein erweitertes Bewusstsein unterstützen, Dabei wird die geistig-energetische Ebene einbezogen, weil sich sowohl Bewusstseinsdefizite als auch die Ursachen von Problemen eben nicht unbedingt mit der Beseitigung materieller Symptome beheben lassen, sie liegen ja oft in einer brachliegenden Selbst-Bewusstheit. Es wird angeboten, mit Aufstellungen, Releasing, Tanz oder Farben und Klängen zu arbeiten – um nur einiges zu nennen –, aber auch Tai-Chi, Yoga, Meditation und andere traditionelle Therapieformen können uns wertvolle Unterstützung bieten. Das Angebot ist groß, keine der angeführten Möglichkeiten ist besser oder schlechter als eine andere, jeder, der sucht, wird etwas finden, was seinem momentanen Stand und seiner Individualität entspricht. *Das gemeinsame Ziel heißt, in die Ganzheitlichkeit und die spirituelle Meisterschaft hineinzuwachsen, aufzuwachen, Liebe zuzulassen, vor allem Visionen in diesem Sinne für die neue Zeit zu kultivieren.*

Zu berücksichtigen ist selbstverständlich, dass es auch bei spirituell Lehrenden, Heilern, Heilpraktikern große qualitative Unterschiede gibt, alles ist vertreten, vom erstaunlichsten Phänomen, vom kompetentesten Weisheitslehrer bis zum Scharlatan, wie in jedem anderen Bereich eben auch – unser Ego nehmen wir vorerst alle noch mit! Wer uns in kürzester Zeit Erleuchtung, das Erreichen all dessen, was wir uns wünschen, oder Harmonie in jedem Lebensbereich verspricht, wer uns glauben machen will, den einzigen oder besten Weg der Wahrheitsfindung zu kennen, ist in jedem Fall mit Skepsis zu betrachten. Tatsächlich müssen wir besonders wachsam sein, auch hier sind wir aufgefordert, selbstverantwortlich zu denken, zu handeln und in uns selbst hineinzuspüren! Leider muss man feststellen, dass auf einschlägigen esoterischen Veranstaltungen nicht selten ein Publikum anzutreffen ist, das allzu bereitwillig und völlig unkritisch an den Lippen der Protagonisten und deren Lehren hängt! Auch hier haben wir es nicht selten mit globalen Manipulationsstrukturen zu tun!

Welche Hilfsmittel und Wege wir für uns wählen, ist letzten Endes zweitrangig. Das *Wie* ist nur Mittel zum Zweck, eine Frage der individuellen Affinitäten. Das, was zählt, was uns wirklich vorantreibt, ist unsere ehrliche, unbedingte Absicht, aus inneren und äußeren Abhängigkeiten, aus der medialen Dauerverschleierung, aus allem, was uns im unbewussten Trott festhält, aufzuwachen! Dies ist die Grundvoraussetzung, sofern wir es wirklich ernst meinen mit dem Aufbruch zu neuen Ufern bewussten Seins. Und: Konsequenz ist angesagt! Die Zeit drängt, globale Entwicklungen spitzen sich zu!

Es gibt viele Menschen, die sich in der Hoffnung, eine Lösung für ihre persönlichen Probleme zu finden, dem Zeitgeist entsprechend dem Spirituellen zuwenden und esoterische Konzepte oder Therapieformen konsumieren – ohne sich selbst wirklich einzubringen, ohne die Einsicht, dass innere Selbst-Beteiligung notwendig ist! Was bedeutet: eigene Problembereiche nicht so genau anschauen, sondern Probleme per Eso-Rezept lösen, bzw. Ego-Begierden auf diese Weise stillen zu wollen! Wenn wir aber Therapien und spirituelle Ideen wie gehabt benutzen, gleich einem Medikament, d.h., wenn wir passiv bleiben, ohne wirkliche Bereitschaft, Heilung aktiv von innen her zu stützen, kratzen wir höchstens an der Oberfläche, wir bewirken keine wesentliche Veränderung. Im Gegenteil, das Ego bläht sich weiter auf, oft hält es sich sogar für etwas „Besseres" – weil es sich dabei ja spirituell findet!

Die Therapie darf also nicht mit dem eigentlichen Prozess, der unsere ganz persönliche Angelegenheit ist und bleibt, verwechselt werden. Tolle neue Methoden und Therapien können den Transformationsprozess ins Rollen bringen oder helfen, etwas Entscheidendes für uns einsichtig zu machen – aber sie nehmen uns die notwendige Selbstverantwortung nicht ab. Wenn wir uns wie eh und je einfach bedienen wollen, haben wir das Wesen der Spiritualität nicht verstanden. Das Ego tauscht lediglich seine Methoden aus!

Um spirituelle Weisheit für uns lebendig werden zu lassen, sind Askese oder strenge Riten aber gar nicht unbedingt erforderlich! Leichtigkeit darf sein! Es ist nicht notwendig, uns mit strenger Disziplin in Arbeits-Modelle hineinzuzwingen, sofern wir das innerlich nicht nachvollziehen können oder sie unserem Wesen nicht entsprechen. Selbstverständlich können wir uns von guten Beispielen oder von Lehrenden/Therapeuten/Weisheitslehrern inspirieren lassen, es ist auch wunderbar und in dieser Zeit ganz wichtig, uns in Gruppen gegenseitig zu unterstützen. Unumgänglich bleibt jedoch die Offenheit nach Innen sowie die Ausrichtung nach „Oben" – beides setzt eine fortwährende Wachheit uns selbst gegenüber voraus!

Das Ego in uns will nicht nur enttarnt, sondern liebevoll integriert werden! Und, ob wir es glauben oder nicht, jeder Transformationsprozess steht und fällt mit unserer Integrationswilligkeit.

Ein Vorschlag, um eingefahrene Muster unseres Ego für uns durchschaubarer zu machen, ist: uns täglich – am besten vor dem Schlafengehen – ein paar Minuten Zeit zu nehmen, um das Tagesgeschehen Revue passieren zu lassen. Was hat uns heute bewegt? Waren unsere Gedanken und Absichten klar, stimmig? Oder von Egobegierden oder Vermeidung gesteuert? Wo waren wir authentisch? Wo haben wir uns verdreht? Wo waren wir in Übereinstimmung mit Selbstliebe? Besonders sollten wir unsere emotionalen Befindlichkeiten beachten und die Gefühle, die mit den Erfahrungen verbunden waren, spüren, sie uns erlauben! Sofern wir in der Lage sind zu reflektieren, erkennen wir auch unstimmige, fremdbestimmte und angstbesetzte Motivationen, die uns antreiben, bzw. die uns angetrieben haben! Ohne innere Transparenz lässt sich nichts bewegen! Jedenfalls dann nicht, wenn wir wachsen, uns ernst- und annehmen wollen, wenn Liebe von innen zum Fließen kommen soll! Es geht darum, unser Ego

bei seinen ständigen Schummel- und Verschleierungsversuchen
zu erwischen, es geht um das Erkennen von Gedankengängen und
besonders um das Zulassen emotionaler Befindlichkeiten, denn
davor weichen wir besonders gerne aus, meistens reflexartig.

Durch eine bewusste Ausrichtung nach „Oben" verbinden wir uns
mit dem inneren Leuchtfeuer, mit den Ebenen unseres höheren
Verstandes oder – mit unserem Göttlichen Selbst. Um Kontakt
zu diesen Ebenen aufzunehmen, sind Rückzug und Stille die
beste Basis.

Sofern wir Hilfe brauchen, dürfen wir jederzeit um Führung
und Klärung bitten. Besser ist, einfordern! Denn damit vertreten
wir uns selbstbewusster! Wir werden – meist umgehend – Antworten erhalten. Antworten können wir auf direktem Wege,
durch Worte oder Bilder erhalten. Mitunter werden wir wie durch
Zauberei mit Träumen, Menschen, Gesprächspartnern, Büchern,
YouTube-Videos konfrontiert, die genau das thematisieren oder
genau das vermitteln, was wir als Information benötigen. Führung
kann auf vielfältige Weise geschehen, es gibt auch hier keine
festen Regeln. Unsere Antennen und Sensoren müssen dafür
verfeinert bzw. geschärft werden, jeder darf für sich probieren
und abwägen.

Ganz entscheidend ist, dass wir keine bestimmte Antwort
erwarten, eine neutrale innere Haltung ist wichtig.

*Das bedeutet auch: Wir müssen nicht nur lernen, nach innen zu
horchen und dem zu vertrauen, was wir wahrnehmen, sondern
lernen zu erkennen, in welcher Qualität wir wahrnehmen!*

Mit mehr Erfahrung – und Erfahrung sammeln wir durch
Übung, durch Praktizieren, durch die Bereitschaft zu innerer
Hellhörigkeit – lässt sich immer deutlicher erkennen, dass wir
mit weiser, liebevoller Übersicht begleitet sind. Ein herrlicher
Moment, wenn wir dies zum ersten Mal wirklich verstehen!

Mit Vorsicht zu betrachten – und nicht unbedingt gleichzusetzen mit Führung – sind die Durchgaben medial veranlagter Menschen. Auch medial begabte Menschen sind vom Ego geprägt und nicht jedes Medium ist jederzeit in Kontakt mit den höchsten Seinsaspekten! Nicht alles, was medial empfangen wird, hat zwangsläufig hohe spirituelle Qualität, mögen uns Begegnungen dieser Art zunächst auch spannend erscheinen – und mitunter bieten sie tatsächlich tolle Hilfestellungen und Anregungen! Schlussendlich werden wir immer zu der Einsicht gelangen, dass das Wahrnehmen und Entscheiden unserem eigenen Verantwortungsbereich obliegt. Nicht nur das, hier liegt unser wahrer Trumpf, unsere Schöpferkraft!

Haben wir erst einmal Vertrauen in die uns innewohnende Stimme entwickelt, können wir mehr und mehr auf unsere Potentiale und die uns innewohnenden Kräfte zurückgreifen. Wir erfahren, dass *wir* Mitschöpfende sind, dass wir unsere Kompetenzen erweitern dürfen. Dafür ist immer eine aufrichtige und klare Absicht der entscheidende Schritt. Ohne eine von innen gestützte, klare Absicht bliebe Spiritualität ein hohles Gedankengebäude, Esoterik eine exotische Spielerei!

Und eines möchte ich an dieser Stelle anmerken: Unser eigenes Licht erkennen, es zutage fördern, ist wunderbar! Das andere in dieser Zeit so wichtige ist: aufzuwachen! Was wird uns da vorgespielt, medial und politisch? Wir sind dringend aufgefordert zu erkennen, wie wir an der Nase herumgeführt werden – mittlerweile in gigantischem Ausmaß! Auch auf praktischer Ebene gilt es aktiv zu werden, zu intervenieren. Jeder auf seine Weise – und sei es endlich, die Meinung frei zu äußern! Wir sind gefordert, Stellung zu beziehen, gegenüber den Machenschaften der „Eliten", die mittlerweile in jeden Lebensbereich hineinreichen!

.

Die Stille als Kraftquelle

Die Stille ist ein magischer Ort.

Es ist der Ort, an dem wir mit dem Wertvollsten unseres Selbst in Kontakt kommen können: mit dem Sein, mit unserem inneren Wesen, unserer göttlichen Essenz!

Wenn wir die Stille aufsuchen, oder: *sie zulassen,* können wir uns am direktesten mit essentieller Liebe verbinden, sie ist von hier aus am unmittelbarsten für uns zugänglich. Hier verliert der Raum-/Zeitrahmen seine Bedeutsamkeit, denn in der Stille verlassen wir die lineare Erfahrungsstruktur unseres Egos. Wir kommen mit den hinter der Oberfläche liegenden Dimensionen des Daseins in Kontakt.

Durch die extreme Veräußerlichung unserer modernen Lebensweise fällt es uns jedoch äußerst schwer, Stille überhaupt zu wollen, sie auszuhalten! Wir sind dermaßen an äußere Reize und Ablenkungen gewöhnt (selbst in jedem Restaurant und auf öffentlichen Toiletten läuft Musik und die Möglichkeiten der Unterhaltungselektronik sind verlockend), dass wir es häufig als beängstigend oder gar als bedrückend erleben, nur mit uns selbst zu sein, uns zu erleben – damit zu sein, wie es gerade ist, was gerade ist! Oberflächlich betrachtet, bringt das Vertiefen in die Stille keine messbaren Vorteile oder Erfolge, im Gegenteil, unser Ego befürchtet, wir könnten in der Stille etwas versäumen oder mit Bereichen unseres Selbst konfrontiert werden, die wir gar nicht wünschen wahrzunehmen.

Darum ist Stille zunächst fordernd, denn sie erlaubt keine Täuschungen, keine Selbst-Täuschungen! Sie ist an unsere Bereitschaft zu innerer Durchlässigkeit gekoppelt. Sofern wir ständig bemüht sind, vor uns selbst ausweichen, und nicht wagen, uns in die Stille hineinzubegeben, erleben wir sie eher als qualvoll,

beengend, mindestens als langweilig – damit bleibt allerdings
auch die Erfahrung essentiellen Seins und die Wahrnehmung für
die Flamme der Liebe, die beständig in der Tiefe unseres Wesens
lodert, für uns verschlossen!

Für diejenigen jedoch, deren Sehnsucht es ist, sehend und
hörend zu werden, die sich aufgemacht haben, hinter die Dinge
zu schauen, mit dem Essentiellen in Berührung zu kommen, ist
die Erfahrung und das Zulassen von Stille nicht nur hohe Lebensqualität, sondern ein kostbarer Zustand, eine Kraftquelle,
eine Notwendigkeit!

Die Stille ist ein Ort für die Einkehr bei uns selbst. Erst hier
wird es möglich, in die Tiefen unseres Wesens vorzudringen und
uns mit dem Göttlichen zu verbinden. Stille zuzulassen, ist die
Ausgangsposition jeder Innenschau, des Gebets und des Zwie-
gesprächs mit unserem inneren Wesen.

Die Stille ist ein heiliger Ort, zu dem wir uns nur dann Zutritt
verschaffen können, wenn wir uns trauen, bewusst innezuhalten,
uns wahrzunehmen und uns Hingabe an unser So-sein zu gestatten. Das Erleben von Stille ist umso reicher, je mehr wir uns
trauen, uns in das Auge des Sturms zu begeben, über den äußeren
Lärm und den inneren Lärm des ewig kommentierenden Verstandes hinweg oder wenigstens unbeeindruckt von ihm.

Die bekannteste, gebräuchlichste Form, uns auf Stille einzulassen, ist die Meditation. Es ist eine hingebungsvolle Versenkung
oder eine Beobachtung dessen, was ist – ohne gegen das, was
wir dort vorfinden, zu rebellieren oder Widerstand zu leisten,
einschließlich des ununterbrochen plappernden Verstandes und
der auftauchenden Gefühle. Jede Anstrengung ist überflüssig. Alles darf sein, wir können es einfach beobachten und durchziehen
lassen, wie Wolkenfelder am Himmel – und zuschauen! Sobald
sich die Wolken lichten, wird der Einblick in innere Räume frei,
das Heilige in uns kann zum Vorschein kommen. Hier beginnt die

Stille zu pulsieren. Wir begreifen, dass die Stille ein Tor ist – ein Tor, durch das wir schreiten können, um sowohl dem Essentiellen als auch der Vieldimensionalität in uns zu begegnen.

In der Stille sind wir aufnahmefähiger für das, was sich hinter den Worten und Bildern verbirgt. Wir erfahren die Köstlichkeit der Stille, die uns mit Liebe und tieferer Erkenntnis in Berührung bringt. Das ist die göttliche Kraft, das Einende. Ja, es ist die Quelle allumfassender Liebe.

Wir können uns direkt aus dieser Kraftquelle nähren. Mit dem regelmäßigen Einlassen auf die Stille wird der Zugang leichter. Es wächst unsere Zentriertheit, unser inneres Gleichgewicht stabilisiert sich, gleichzeitig entwickeln wir ein erhöhtes Maß an wacher Aufmerksamkeit für uns selbst, unsere Sinne sensibilisieren und schärfen sich und wir schließen uns für zeitlose Wahrheiten auf. Einerseits werden wir unabhängiger von äußeren Einflüssen, andererseits wird die Verbundenheit allen Seins in der Einheit für uns erfahrbar.

Je intensiver die Erfahrung von Stille, desto teurer wird uns der Ort der Stille in unserem Leben sein. Wir können uns alltäglich Inseln der Stille schaffen. Hier ist unser Platz der Stärkung, des Erblühens des inneren Lichts! Der Lebenskraft und Freude! Hier können wir auftanken!

Der Prozess des Loslösens

Jeder spirituelle Weg ist letztendlich ein Weg der Einkehr, der Rückkehr zu unserer wahren Identität. Jeder Weg ist ein ganz individueller Weg, es gibt keinerlei Zwänge oder Bedingungen, es gibt allerdings ein gemeinsames Ziel. Dieses Ziel heißt: allumfassende/universelle Liebe durch uns lebendig werden zu lassen.

Und: jeder Weg führt zum Ziel – weil essentielle Liebe in uns wohnt!

In dem Augenblick, wo wir begreifen, dass wir selbst Zügel in den Händen halten, dass wir selbst mitsteuern können, indem wir uns ständig für oder gegen etwas entscheiden – und damit für oder gegen uns selbst –, beginnt ein bewusster spiritueller Weg. Denn in jedem Moment haben wir die Wahl, auf der Basis der Angst oder der Liebe zu entscheiden. Indem wir Liebe wählen, lassen sich Begrenzungen öffnen, nur durch das Zulassen von Liebe können wir wachsen!

Liebe meint jedoch nicht: Friede, Freude, Eierkuchen oder eine beliebige Akzeptanz mit allen und allem anzustreben! Es ist auch nicht das häufig in einschlägigen Seminaren demonstrierte: „Wir haben uns alle lieb". Es meint zunächst, uns der Liebe in uns selbst zu öffnen, ihr zu trauen! Und das kann uns durchaus vorerst mit inneren und äußeren Widerständen konfrontieren.

Haben wir erst einmal erkannt, welche phantastischen inneren Räume in uns brachliegen und uns durch unsere spirituelle Ausrichtung offenbart werden können, dann sind gerade wir westlichen Menschen voller Tatendrang: wir glauben jetzt alles klar machen zu können. Voller Euphorie wollen wir von den neu gewonnenen Erkenntnissen und Methoden Gebrauch machen. Wir denken nun, unser Leben besser in den Griff zu bekommen, indem wir anhand der neuen Möglichkeiten unsere Vorstellungen vom Glück zu verwirklichen beabsichtigen – wohlgemerkt, unsere begrenzten, alten Vorstellungen vom Glück! Wir berücksichtigen meistens nicht, dass unsere sämtlichen Sinne noch mit unserem Ego verhaftet sind – dass wir Glück allzu leicht mit der Begierde oder dem Kontrollbedürfnis des Egos vertauschen. Wir verstehen nicht, dass unser menschliches Ego nicht unbedingt die besten Möglichkeiten erkennt, schon lange nicht die gleichen Zielsetzungen verfolgt wie unser Göttliches Selbst! Es neigt sogar dazu, spirituelles Gedankengut zu missbrauchen, es bedient sich spiritueller Thesen gerne, um sich damit zu schmücken oder aufzuwerten.

Die Motivationen unseres Egos sind erst einmal *selbstsüchtig und kurzsichtig*, daran sollten wir uns erinnern. Das sind natürlich die ganz normalen, verständlichen menschlichen Angst-Reaktionsmuster! Die Motive unseres Göttlichen Selbst basieren dagegen auf wahrer Selbst-Achtung, auf Selbst-Akzeptanz. Und das ist etwas grundlegend anderes, als den Begierden und Verlangen unseres Egos nachzugeben, das seine Bedürftigkeitslöcher irgendwie zu stopfen versucht! Nochmal zurück: mit unseren neu gewonnenen spirituellen Impulsen stiften wir – meist neben anfänglichen „Erfolgserlebnissen" – oftmals mehr Unausgewogenheit und Unruhe in unserem Leben als zuvor. Es passiert, weil wir spirituelle Einsichten irrtümlicherweise – aus alter Gewohnheit und ohne es zunächst zu bemerken – in den Dienst der Eigennützigkeit, der Eigensucht des Egos stellen.

Diese innere Diskrepanz kann uns reichlich zu schaffen machen. Oft kommen auch noch Schuldgefühle hinzu, da wir uns gleichzeitig unserer schöpferischen Kräfte und unserer Eigenverantwortung ja immer bewusster werden, wir fühlen uns erst recht unfähig, blockiert oder: wir verschließen die Augen noch mehr vor dem, was tatsächlich in uns vorgeht und überlagern das Unangenehme stattdessen mit spirituellen Plattitüden.

Es kann Phasen geben, wo sich alles von unten nach oben verkehrt, denn um alte Muster über Bord zu werfen, um sie neu einzuordnen, müssen sie zunächst ans Licht gezogen werden. Vieles, was uns zuvor Sicherheit gegeben hat, was eindeutig und selbstverständlich erschien, muss neu definiert werden. Dieser Prozess erfordert unsere volle Aufmerksamkeit, liebevolle Geduld, liebevolle Nachsicht mit uns selbst. Wir müssen ja erst lernen, uns absolut ehrlich und humorvoll zu beobachten, uns authentisch wahrzunehmen, damit sich alte Emotionen und Glaubensmuster befreien können!

Gerade mit authentischer Selbstwahrnehmung hat unsere Ego-Persönlichkeit die allergrößten Probleme, sie hat ja lange genug daran gearbeitet, Unangenehmes zu deckeln!

Andererseits wissen wir bereits, dass es mehr gibt, dass Liebe reichlich in uns sprudelt. Wir sehnen uns nach einer bereichernden, hebenden Spiritualität, die wir in die Alltagspraxis übernehmen können. Erkenntnisse und Einsichten sind natürlich zuerst da, sie sind immer schneller. Festgefahrene Gewohnheiten im Denken und Handeln, emotionale Muster, beschränkende Denkmodelle, die uns seit ewigen Zeiten in den Fängen halten, sind dagegen zäher. Nur im Lichte des Bewusstseins können alte Prägungen aufweichen, dann bekommt das Neue die Chance, sich durchzusetzen und Beständigkeit zu entwickeln.

Weiter vorne haben wir bereits festgestellt, wie wichtig es ist, zu differenzieren zwischen dem, was uns mit unserem Ego verbindet, und dem, was der höheren Wahrheit, dem höheren Willen und erwartungsfreier Liebe entspricht. Beide Anteile wohnen in uns und mischen sich vielgestaltig. Darum müssen wir die Bastionen unseres Egos aufklären und enttarnen, um sie aufgeben zu können. Wir werden immer und immer wieder mit dem konfrontiert, woran unser Ego sich klammern will. Und oft klammert es hartnäckig, es ist widerspenstig und sieht nicht ein, warum es etwas, woran es sich bisher festhalten konnte, aufgeben soll. Verständlich, denn das Gewohnte fühlt sich ja auch viel vertrauter an. Das Ego in uns bäumt sich auf, es will uns immer wieder verlocken, auf die gewohnten Muster zurückzugreifen, es will weiterhin kontrollieren, kalkulieren, taktieren, manipulieren, ganz besonders hängt es an seiner alten Opferrolle und spielt sie gerne aus.

Unser Verstand hilft uns dabei, das, was wir wahrnehmen, einzuordnen und zu strukturieren. Belassen wir unser Streben nach Klarheit allerdings auf der Verstandesebene, so unterlaufen wir eine Auseinandersetzung mit den uns unterschwellig steuernden emotionalen Schichten unserer Persönlichkeit. Das, was an Emotionalem in uns eingeschlossen war, will erspürt, will gefühlt werden. Wir müssen Gefühlen erlauben, sich in ihrer vollen Intensität zu zeigen, sie müssen aus dem Untergrund aufsteigen dürfen und an die Oberfläche unserer Wahrnehmung, sonst können sie sich nicht befreien. Trauer, Wut, Frust, Druck, Ängste wollen bewusst gefühlt, die eingesperrten Emotionen uneingeschränkt zugelassen werden, ansonsten arbeiten sie unter der Schwelle unserer Wahrnehmung gegen uns, in Form zwanghafter Muster!

Das ist nur möglich, wenn wir uns *Verletzlichkeit* zugestehen, wenn wir liebevoll mit unserer Verletzlichkeit umgehen und die Fassade, die wir vor uns selbst aufrechterhalten, zu durchbrechen bereit sind. Eine fortwährende Herausforderung – und nichts für Feiglinge! Denn unser Ego zeigt sich von seiner übelsten Seite, wenn es um das Ankratzen seiner mühselig vor sich selbst errichteten Fassaden geht! Das bereitet dem Ego regelrecht Schmerzen!

Phasen des Schmerzes können sich mit intensiven Zuständen des Einverständnisses und der Verbundenheit mit dem Leben, so wie es ist, ablösen. Diese Phase können wir nicht umgehen, wenn wir nicht nur theoretisieren, sondern Spiritualität er-leben wollen. Wirklich wichtig ist, uns selbst dabei mit so viel Wärme wie möglich zu begleiten. Wir sollten uns nicht verurteilen für das, was sich plötzlich im Tageslicht zeigt, auch wenn wir überrascht oder schockiert darüber sind, was wir von uns selbst zu Gesicht bekommen. Wir sind richtig so, wie wir sind, auch mit unseren Schattenbereichen, auch mit der hässlichen Seite in uns. *Je besser wir uns in unserer scheinbaren Unvollkommenheit bejahen können, desto weniger Reibung erzeugen wir.* Denn nur der innere Widerstand dagegen verhindert die Loslösung und den Fluss der Liebe.

Wir sind an der Regie unseres Lebensweges beteiligt. Inwieweit wir ganz genau Einfluss nehmen können, bleibt der menschlichen

Erkenntnis verschlossen. Klar ist aber, es ist an uns, die besten Möglichkeiten herauszufiltern und die Angebote zu nutzen, die uns das Leben als Aufgabe anbietet. Und: das Leben bietet uns immer etwas an, woran wir uns emporranken können, woran wir uns entwickeln können. Es liegt an unserem Blickwinkel, diese Angebote aufzugreifen!

Ist es nicht eine superspannende Aufgabe, unseren individuellen Beitrag ausfindig zu machen? In jedem Fall ist es ein Beitrag, der uns reicher macht, durch den wir uns selbst *und* dem „Ganzen" dienen können! Wunderbar, wenn dann sichtbar wird, was sinngebend für uns ist, wie wir unserem authentischen Selbstausdruck näher kommen, wo ein guter Platz für uns ist.

Dabei dürfen wir unserer Phantasie freien Lauf lassen, um die schönsten und kühnsten Möglichkeiten zunächst mit dem Herzen zu prüfen. Wir müssen regelrecht üben, das Beste für möglich zu halten, es uns im tiefsten Inneren zu gönnen, uns das zu erlauben, was uns gut tut, die Menschen, Aufgaben und Orte aufzusuchen, die zu uns passen. Dies ist eine unserer wichtigsten Missionen, denn unser Ego sucht zwar ebenso nach diesen Möglichkeiten – allerdings ist es auf der falschen Fährte, es lässt sich blenden und täuschen, es agiert aus seinem inneren Mangelsyndrom heraus und verrennt sich!

Wir können uns auf etwas ganz Neues, etwas Unspektakuläres oder etwas Ausgefallenes ausrichten, auf etwas, was wir in der Stille tun oder an der Öffentlichkeit betreiben. Wenn wir uns konsequent für das entscheiden, was uns am Herzen liegt, wird sich alles Weitere für uns eröffnen.

Unsere Suche nach Erfüllung lässt sich auf ein zentrales Bestreben reduzieren – nämlich: *das* leben zu dürfen, *den* Beitrag leisten zu können, der mit höheren Seinsebenen, dem Göttlichen Selbst in Einklang steht. Alles andere entpuppt sich früher oder später als unbefriedigend. Unsere Potentiale bleiben latent, solange wir dem Ego erlauben, sich durch seinen Mangelglauben und seine

einseitige Außenorientierung zu stimulieren, und solange es uns
unverfänglicher erscheint, uns mit Ablenkungen, Pflichtübungen,
Verurteilungen und Schuldzuweisungen zu beschäftigen, anstatt
uns in aller Konsequenz um die Erschließung der eigenen Res-
sourcen zu kümmern.

Dem Sogverhalten unseres Egos können wir uns entziehen, indem
wir uns selbst und anderen unsere Unvollkommenheit nachsehen,
nennen wir es: vergeben. Wir müssen das Unvollkommene als
das erkennen, was es tatsächlich ist, nämlich als Treibstoff, der
katalysiert wird, um den Prozess der Bewusstwerdung durchlau-
fen zu können. Wie heißt es doch: das Vollkommene schließt die
Unvollkommenheit nicht aus – sondern ein!

*In Wahrheit sind und waren wir immer ein Aspekt einer in sich
vollkommenen Schöpfung*, unsere Unvollkommenheit ist allein
das Ergebnis unserer minimalisierten, verzerrten Wahrnehmung
und der Schwarz-weiß-Kategorisierungen unserer Erfahrungen –
eine Folge des Vergessens des Einsseins. Unser wahres Wesen ist
im Großen, Ganzen integriert, eins mit der Schöpfung. Es ist anzunehmen, dass die Schöpfung nicht in gute und böse Schöpfungsaspekte, in gute und böse Erfahrungen, in entwickelt oder nicht
entwickelt einteilt! Sie urteilt nicht über ihre eigenen Variablen!
Die Schöpfung erfährt sich selbst über ihre Variablen, sie drückt
sich über ihre Variablen aus! Sie spielt mit ihren Möglichkeiten!

Unsere einseitige Identifikation mit dualen Positionen ist es,
die uns an das Unvollkommene bindet, an das, was wir zum Mangel deklarieren. Diesen begrenzten Blickwinkel dürfen wir jetzt
verlassen! Wir haben die Chance aufzubrechen, um das Heilige,
das Einende wiederzuentdecken! Und dem geben wir umso mehr
Spielraum, je weniger wir uns für das ablehnen, was wir hier auf
Erden scheinbar gerade sind: nämlich unvollkommen!

Das Einende, das Heilige ist Licht und Liebe. Segnen wir das
Unvollkommene mit Licht und Liebe, damit lösen wir die Wi-

derstände, die wir gegen das Unvollkommene in uns aufgebaut haben. Wir müssen dem, was wir als unvollkommen in uns betrachten, erlauben, da zu sein, auch den Widerständen in uns. Oft wissen wir gar nicht, dass wir alle Emotionen und Gedanken haben dürfen und sie ans Tageslicht ziehen können.

Darüber hinaus ist es immer sinnvoll, die Gegenwart zu nutzen und uns so oft wie möglich, am besten, in diesem Moment, den hohen, lichten, einenden Frequenzen anzuschließen. Es ist wichtig, uns „jetzt" der Präsenz der göttlichen, lichtvollen, einenden Kräfte bewusst zu sein. Wir können uns jederzeit auf sie beziehen, uns an sie wenden, uns von ihnen leiten und durchdringen lassen. Mit der wachsenden Präsenz des Lichts und der Liebe verliert das Ego seine starren Konturen, wir können entspannen und uns beobachten, statt uns damit zu beschäftigen, Widerstand gegen uns selbst zu leisten.

Und noch ein Hinweis: Leichtigkeit darf sein! Freude darf sein! Transformation ist nichts, worum wir kämpfen müssen, auch nichts Heiliges, das irgendwo in der Zukunft liegt. Sie ist ein Sichtbarmachen unserer wahren Identität, ein Vereinen, ein Aufgeben – besser noch, ein *Annehmen* der aus der Trennungsangst geborenen Widerstände gegen das, was wir sind!

Letztendlich steht „nur" unsere Angst zwischen dem, was wir zu sein glauben, und dem, was wir eigentlich sind – unserem Göttlichen Sein. Indem wir lernen, uns in der Gegenwart auf das Göttliche, auf Licht und Liebe in uns auszurichten, stärken wir das Heilige in uns – wir heilen.

GEBEN UND NEHMEN

Der Fluss der Energien

Geben und Nehmen sind Vorder- und Rückseite eines Aspekts, denn beides, Aufnahme und Abgabe, sind Tore, die uns mit dem ewigen schöpferischen Energiekreislauf verbinden.

Die Schleuse, durch die wir diese Tore öffnen können, um uns an diesen allumfassenden Energiestrom anzuschließen, ist unser Bewusstsein. Dabei ist Quantität und Qualität dessen, was wir aus dem universellen Energiestrom in unser Leben hineinziehen, sowohl abhängig von unseren Bewusstseinsinhalten, unseren Glaubenssätzen, von unseren Absichten als auch von unserer Wahrnehmungsfähigkeit. Was und wie wir wahrnehmen und das Leben interpretieren, ist die Blaupause dafür, was wir nach Außen abgeben können, was wir in die Welt hinauszuschicken vermögen, was wir verströmen, auch ohne Worte.

An den Punkten, wo unsere Wahrnehmungen und Glaubenssysteme mit universeller Liebe und dem Schöpfungswillen in Übereinstimmung stehen, also dort, wo wir unser Leben bewusst im Kontext universeller Liebe ausrichten, öffnen wir uns für die uns eigene Kraft, Intensität und Fülle und kanalisieren Lebensenergie zum Wohle aller. Denn wir sind in Verbindung mit dem ewigen, reichen Lebensstrom. Hier können wir gleichermaßen ohne Vorbehalte und reinen Herzens empfangen und abgeben.

Geben und nehmen ist bei den meisten Menschen im Ungleichgewicht. Der Anschluss an den allumfassenden Energiestrom ist gestört. Wo wir misstrauisch etwas festhalten oder abwehren wollen, weil wir in Sorge sind, das Leben biete nicht genug oder nicht das Richtige für uns, hemmen wir den natürlichen Austausch mit universeller Lebensenergie. Wir reagieren dann bewusst oder unbewusst aus dem Mangelsyndrom heraus, aus mangelndem Vertrauen, anders gesagt, wir verstehen die göttlichen Prinzipien nicht, bzw. haben sie noch nicht integriert! So verstopfen unsere Kanäle in beiden Richtungen, Aufnahme und Abgabe blockieren.

In unserer Angst, zu kurz zu kommen, halten wir fest, grenzen aus oder meinen, uns verstellen oder gegen unser Gefühl anpassen zu müssen. Damit aber erreichen wir genau das Gegenteil dessen, was wir beabsichtigen – wir bremsen den Zufluss der Lebensenergie aus, der Energieaustausch stagniert. Anstatt die Leitungen freizulegen, trennen wir uns von dem ursprünglich alles versorgenden, reich spendenden, lebendigen Lebensenergiefluss. *Jeder Mangelglaube ist so genommen eine energetische Blockade, die uns in irgendeinem Aspekt schwächt. Letztendlich beruht sie auf Angst.*

Wir können uns nicht unbeschadet gegen die Gesetzmäßigkeiten des universellen Energieflusses stellen – und der steht immer im Zusammenhang mit universeller Liebe –, sie außer Kraft setzen oder verdrehen. Auch wenn dies aus Unwissenheit und Angst geschieht.

Dort also, wo wir in irgendeiner Form festsitzen, sind wir aufgefordert, unsere Wahrnehmung, unsere Einstellung zu korrigieren, denn genau an dieser Stelle sind wir in Disharmonie mit dem universellen Grundsatz Liebe – hier haben wir versäumt, dem Prinzip Liebe zu glauben, uns ihm anzuvertrauen.

Indem wir universelle Liebe als höchstes schöpferisches Prinzip erkennen und anerkennen, respektieren und in unsere Gedanken und Gefühle integrieren, schaffen wir uns Zugang zu dem, was uns versorgt und erfüllt. Aus der Erkenntnis heraus, dass alles, was wir benötigen, potentiell im Überfluss vorhanden ist, dass uns im Grunde nichts vorenthalten wird, solange unsere Intentionen im Sinne der universellen Grundsätze Liebe und Wahrheit stehen, öffnen sich die Schleusen, das Empfangen und Annehmen-können, ebenso das Geben, Abgeben, Weitergeben wird zur Freude, zur Selbstverständlichkeit! Damit werden sowohl das ständige Bestätigungsbedürfnis als auch Gier und Bedürftigkeit hinfällig. Verfolgen wir diesen Gedanken weiter, führt er irgendwann zur völligen Bedürfnislosigkeit als höchster Seinsform – weil wir dann in der tiefen Überzeugung leben, dass uns nichts vorenthalten wird, da alles für uns da ist.

Naja ... ganz so schnell geht das nicht! Nun, zur Beruhigung, wir sprechen hier über ein universelles Prinzip! In diesem Bewusstsein leben derzeit die allerwenigsten Menschen. Wichtig für uns ist, dieses Prinzip zu verstehen! Nehmen wir diesen Gedanken als Wegweiser und als ständigen, allerbesten Lebensberater!

Dann kann die Intensität unseres Lebensgefühls erheblich zunehmen, wir steigern unsere Ausdruckskraft, unsere Integrität, wir bereichern und fördern unser Umfeld – und das hat nicht unbedingt etwas mit materieller Fülle zu tun, es geht weit darüber hinaus! Alles, was wir in diesem Sinne *wahrhaftig* abgeben können, sei es Zuwendung, Freude, Lebendigkeit, Anteilnahme, praktische Hilfe, bringt der Kreislauf irgendwann reichhaltig zu uns zurück. Und wir sind offen, um reich und in Dankbarkeit zu empfangen! Freiheit bedeutet demzufolge eben nicht, uns wahllos oder verantwortungslos bedienen und, wie wir lustig sind, Einfluss auf den Lebensenergiestrom nehmen zu können, sondern Freiheit bedeutet, die Dynamik der Liebe zu begreifen. Uns diesem Prinzip anzunähern, ist eine primäre, nicht endende Aufgabe.

An dieser Stelle möchte ich noch einmal daran erinnern: Liebe ist hier wie im Eingangskapitel beschrieben zu verstehen – als höchstes universelles Prinzip. Allen Gesetzmäßigkeiten liegt dieses Prinzip zugrunde. Sie entspringt der Wahrnehmung des Einsseins.

Mit der Anbindung an Liebe in diesem Sinne bleiben wir im Lebensfluss und verbinden uns mit ihm. Geben und Nehmen werden eins!

Hilfeleistungen, soziales Verständnis

Wenn wir aus wahrem Herzen Hilfe leisten, drücken wir auf diese Weise mitfühlende Achtung vor dem Nächsten aus und damit unsere Achtung vor dem Leben an sich.

Wenn wir aus wahrem Herzen Hilfe leisten, tun wir es in dem Wissen um die Verbundenheit allen Lebens, wir unterstützen das Lebendige in seinem Streben nach Wachstum, nach Licht und Liebe.

Wenn wir aus wahrem Herzen Hilfe leisten – also ohne Rückanspruch, Selbstgefälligkeit, ohne moralische Attitüde, ohne Schuldgefühle kompensieren zu wollen –, stoßen wir Heilungsprozesse an.

Hilfe aus wahrem Herzen basiert weder auf moralischen, religiösen, politischen oder ideologischen Konzepten des Verstandes noch auf Selbstaufopferung, schon gar nicht auf Selbstverleugnung - sondern auf innerer Einsicht, Selbstliebe und Selbstachtung. Denn Achtung vor dem Leben eines anderen und Nächstenliebe werden erst mit einer aufrichtigen Beteiligung des Herzens möglich. Das gilt für das private, soziale Engagement des einzelnen Menschen wie auch für organisierte und staatliche Hilfeleistungen. Helfen ist eine Form des Gebens; nur das, was wir gerne, in ehrlicher Zuwendung, also frei von Rückansprüchen, heimlichen Erwartungen und Verpflichtungsgefühlen geben können, ist eine echte Hilfe, die nährt und damit einen sinnvollen Beitrag dem Ganzen gegenüber leistet.

Leider gibt es in unserer modernen westlichen Welt kaum
einen Lebensbereich, der dermaßen mit Halbwahrheiten, Schuld-
konzepten, Sentimentalität und persönlicher Eitelkeit besetzt
ist wie das soziale Verständnis. Nicht zuletzt ist es geprägt von
einem missverstandenen, im Laufe der Zeit banalisierten christ-
lichen Gedankengut. Nicht die Herzenergie, sondern eine trivi-
alisierte Moral bestimmt heute weitgehend unsere kollektiven
Denkschemata.

Eine wesentlich differenziertere Betrachtungsweise des Themas
wäre dringend nötig.

Denn derjenige, der Hilfe leistet, der gibt, begeht nicht
zwangsläufig eine gute Tat, und derjenige, der Hilfe unterlässt,
nicht zwangsläufig eine schlechte. Das ist eine allzu verfälschen-
de Wertung, die mit der wahren Natur eines gesunden sozialen
Verständnisses nichts zu tun hat. Diese naive Vorstellung aber,
dass wir dann gut – also wert – sind, wenn wir uns mitleidig
zeigen und helfen, und dass wir böse – also unwert – sind, wenn
wir Hilfe unterlassen, sitzt tief verankert in unseren Glaubenssystemen. Wir haben nicht gelernt, genauer hinzusehen und zu
unterscheiden.

Dazu kommt die Beeinflussung durch mannigfaltige mediale
Betroffenheitsberichterstattungen, mit pauschalisierten Täter-
Opfer-Darstellungen. Und es ist keine leichte Aufgabe, wenn wir
uns in aller Konsequenz von diesem unseligen Schema zu lösen
beabsichtigen und zu mehr Echtheit und Klarheit finden wollen.

*Beides, Hilfe zu leisten und Hilfe zu verwehren, kann ebenso
sinnvoll wie unsinnig sein, denn durch beides lässt sich sowohl
Konstruktives als auch Destruktives bewegen.*

Entscheidend ist, dass wir lernen – über kollektive moralische
Dogmen hinaus – abzuwägen, ob und an welcher Stelle das eine
oder das andere im Sinne einer inneren Integrität angebracht ist.
Wir müssen verstehen, dass eine Hilfeleistung als solche nicht
schon eine sinnvolle Aktion ist. Entscheidend sind die tieferen

Beweggründe, es ist das, was uns dazu veranlasst, Hilfe zu gewähren oder eben nicht. Im Übrigen sind wir natürlich in gleicher Weise aufgefordert, unsere Beweggründe zu prüfen, wenn wir diejenigen sind, die Hilfe erwarten!

Wie in allen anderen Lebensbereichen sollte auch auf dem Gebiet der Hilfeleistung der maßgebliche Faktor unser Wahrheitsempfinden, unsere innere Stimme, sein. Wir müssen uns der Motivation bewusst sein, aus der heraus wir handeln. Nur indem wir unseren eigenen inneren „Wahrheitsfinder" aktivieren und zu Rate ziehen – das schließt ein, unsere eigenen Belastungsgrenzen zu respektieren –, respektieren wir die Wahrheit an sich! Wir stärken uns und andere – auch wenn die Konsequenzen daraus uns nach unseren gängigen Vorstellungen befremdlich oder unpopulär erscheinen mögen.

Unsere Intention kann nicht heißen, irgendeinem veräußerlichten, trivial-moralischen Anspruch zu genügen oder meistens: genügen zu müssen, den unser Verstand uns einflüstert, mit dem uns unser Verstand unter Druck setzt. So dienen wir uns und dem Ganzen nicht! Denn: stehen unsere Taten nicht im Einklang mit der inneren Wahrheit unseres Herzens, tragen auch die reichlichsten Gaben oder die am selbstlosesten erscheinenden Taten auf Dauer keine guten Früchte – für uns nicht und auch nicht für den anderen.

Klar, uns innere Integrität unter den Schichten unserer oftmals moralinsauren Überzeugungen zuzugestehen, das erfordert schon Mut, eine gute Selbst-Kenntnis – und Übung! Die Umsetzung dann nochmal eine gehörige Portion Courage und: Selbst-Achtung!

Anstatt uns wegen vermeintlich gutgemeinter Taten – ob Spenden, Hilfsaktionen oder gut klingende Worte – in Selbstgefälligkeit zu sonnen, sollten wir uns ehrlich die Frage beantworten: Spenden wir, mischen wir uns ein, helfen wir oder geben wir etwas, weil wir uns wert und gut beurteilt oder als auf der richtigen Seite stehend fühlen wollen? Weil unser Verstand ein ideologisches Konzept vertritt? Weil wir im Gegenzug – wenn auch nur unterschwellig – etwas erwarten? Oder vielleicht selbst etwas damit erreichen wollen? Weil unser Ego sich etwas Positives auf die Fahnen schreiben will? Weil wir ge- oder beachtet sein wollen, weil wir Schuldgefühle ausgleichen oder nach außen hin gut dastehen wollen? Weil unser Ego sich wichtigmachen möchte? Oder leisten wir Hilfe aus einer wahrhaftigen, liebevollen, absichtslosen Intention heraus?

Jede soziale Leistung, auch verbales Parteiergreifen – übrigens gilt das besonders für Politiker, für Medienmacher, die allzu gern durch verbales Parteiergreifen ihr untadeliges Image beweisen wollen –, sogar jede Freundlichkeit, die unterschwellig durch Berechnung motiviert ist, hat im eigentlichen Sinne weder mit Nächstenliebe noch mit Verständnis zu tun, sondern kommt vom Ego! Denken wir in diesem Zusammenhang mal an den inflationär verwendeten Begriff der sozialen Gerechtigkeit. Politiker aller politischen Richtungen bedienen sich aus eigennützigen, populistischen Gründen solcher Begriffe und degradieren sie damit leider zu leeren Worthülsen!

Eine Hilfeleistung ist nicht immer eine tatsächliche Hilfe! Egal, ob es sich dabei um etwas Materielles oder um persönliche Zuwendung handelt. Es reicht auch nicht aus, uns von rührseligem Mitleid leiten zu lassen, sofern wir beabsichtigen, konstruktive Hilfe zu leisten. Manchmal ist Hilfe zur Selbsthilfe oder das Verweisen auf Eigenverantwortlichkeit ein wesentlich effektiveres Hilfsangebot. Leisten wir an der falschen Stelle Hilfe, dann unterstützen wir den anderen in seinen Schwächen. Wir bestärken ihn in seinen Irrtümern und nehmen ihm auf diese Weise die Chance zu mehr Einsicht, Verantwortung und Wandlung. Damit aber verstärken und verlängern wir unnützerweise Leid. Eine wie auch immer geartete soziale Leistung sollte nicht die

Bedürftigkeitsgefühle im anderen bestätigen oder sie gar weiter aufbauen, sie sollte Eigenständigkeit und Eigenmächtigkeit im anderen Menschen fördern sowie Selbstheilungs- und Regenerationskräfte anregen.

Das kann sowohl für Bereiche wie Partnerschaft, freundschaftlicher oder nachbarschaftlicher Dienst oder Erziehung gelten als auch für die Hilfeleistungen auf sozialpolitischer Ebene, wie beispielsweise Hilfeleistungen an die Länder der sogenannten Dritten Welt, oftmals geboren aus vordergründigen oder eigennützigen Motiven, die damit mehr zum Unheil, zur Ausbeutung und zur Unselbständigkeit als zum Heil beigetragen haben. Beim Thema Dritte Welt ist das längst in vielen Bereichen offensichtlich.

Im zwischenmenschlichen Rahmen wie auch in diesen großen Zusammenhängen gibt es ein weiteres destruktives Motiv für die Hilfeleistung – das Missionierenwollen. *Nicht alles, was für uns gilt und gut ist, ist auch für andere passend.* Jede Hilfeleistung erfordert zu prüfen: Ist unsere persönliche und gleichzeitig die Wahlfreiheit des anderen in vollem Umfang geachtet? Alles Aufgezwungene oder alles ungebetene „Sich-einmischen", jedes Besserwissen, was richtig oder „gut" für einen anderen ist, ist kaum eine Hilfe im konstruktiven Sinn.

Andererseits: wenn wir Unrecht hinnehmen und faule Zugeständnisse machen, weil wir uns nicht trauen, zu uns zu stehen, klare Ansagen zu machen, eine Absage zu erteilen oder unbequeme Konsequenzen zu ziehen, zieht diese Inkonsequenz – die wir natürlich vor uns selbst dann gerne als gute Tat verkaufen – in ebensolcher Weise destruktive Folgen nach sich. Auch in diesem Falle sind wir nicht mit unserer Wahrheit verbunden. Bekanntlich können wir es nicht jedem recht machen, und das ist sicherlich auch nicht der Weg, der uns zu mehr Nächstenliebe und aufrichtigem sozialem Verständnis führt.

So paradox es auf den ersten Blick erscheinen mag: Wie bei jedem anderen Tun, das nicht mit der höheren Wahrheit des Herzens übereinstimmt, tun wir niemandem mit einer unter solchen Vorzeichen geleisteten Hilfe etwas Gutes. Mehr Selbstbeobachtung täte also gut. Prüfen wir doch einfach mal genauer bei uns selbst, innen, warum bieten wir Hilfe an? Weil wir uns einem moralischen Druck ausgesetzt fühlen, weil wir unserer Eitelkeit schmeicheln wollen, andere Menschen an uns binden möchten oder weil wir uns vielleicht nicht trauen, die Erwartungshaltungen anderer zu enttäuschen? Nur wenn wir geben und helfen können, ohne offen oder versteckt Vorteile daraus ziehen zu wollen, also ohne Berechnung, setzt Geben segensreiche Energieströme frei. Und das für alle Beteiligten.

Selbstverständlich kommt es auch nicht auf den Umfang einer Gabe an, sondern vielmehr darauf, dass wir mit weitem Herzen und mit Freude geben können. Wir müssen immer bedenken, dass nicht die Taten und die Worte zählen, sondern dass die Energie, die hinter den Taten und Worten steht, maßgeblich ist für die qualitative Beschaffenheit jeder sozialen Interaktion.

So verschleiert eine pauschalisierte, nicht hinterfragte Mitleidsmoral in hohem Maße unsere klare Wahrnehmung, sie lässt uns vorschnell Partei ergreifen, lässt uns andere Menschen einseitig als Opfer und als Täter abstempeln.

Für eine ehrliche Hilfeleistung benötigen wir ein ungetrübtes Urteilsvermögen, und dies können wir nur erwerben, indem wir uns um einen möglichst unparteiischen Standpunkt bemühen. Denn nur von dieser Position aus haben wir Zugang zu einer Wahrheit, die immer alle Aspekte erfasst, die dem Wohl des Ganzen dienlich ist und damit naturgemäß das Wohl des Einzelnen mit einschließt.

Für wahres Mitgefühl brauchen wir Verständnis, Einfühlungsvermögen und Mitempfinden für die persönlichen Herausforderungen, die ein jeder von uns zu bewältigen hat, für Problematiken, die das Leben mit sich bringen kann und dafür, dass wir diese Schritte mal mehr, mal weniger erfolgreich zu durchwandern in der Lage sind. Verständnis heißt nicht, sich auf eine Seite zu schlagen und sich über die andere Seite zu empören, es heißt auch nicht, die eine Seite unter Ausschluss der anderen für wert zu befinden! Das ist eine alte dual ausgerichtete Sichtweise, die Konfliktsituationen verhärtet und letztendlich Kriege nach sich zieht!

Verständnis erwerben wir, wenn wir verstehen, dass beide Seiten sich gegenseitig ein Szenario bieten, um sich mit einer Lernaufgabe auseinanderzusetzen.

Echtes Mitgefühl und Verständnis setzen voraus, um diese Zusammenhänge, um gemeinsame Lektionen und die manchmal schwierigen Geburtswehen, die damit einhergehen, zu wissen – und sie nicht nur uns selbst, sondern auch dem anderen zuzugestehen.

Indem wir dieses Verständnis paaren mit Respekt und Güte, schaffen wir das Klima, um Hilfe im Sinne unserer höheren Wahrheit, also im Sinne des Wachsens und des Reifens zu leisten. Geben, Hilfeleistung in dieser Form, bedeutet Segen, es beglückt den Gebenden und den Nehmenden.

Naja, und wenn wir gerade beim Lesen bemerkt haben, dass wir selbst unklar mit diesem Thema sind, Allgemeinplätze bedienen oder die Motive unserer Hilfeleistungen gar nicht so edel sind, wie wir bisher glauben wollten – was dann? Primär geht es auch hier erstmal darum, uns dieser Zusammenhänge und unseres Verhaltens bewusst zu werden und uns selbst zu achten, auch dann, wenn wir zum x-ten Mal den Täuschungsmanövern unseres Egos auf den Leim gegangen sind. Es geht darum, diese Selbsttäuschungen zu entlarven, uns authentisch wahrzunehmen und uns dort abzuholen, wo wir gerade stehen!

Erlösen durch Vergeben

Wenn wir vergeben, vereinen wir die polaren Widersprüche, wir lösen uns von starren polarisierenden Fixierungen.

Wenn wir vergeben, schließen wir Frieden, denn wir überwinden das Trennende. Vergeben ist Erlösung durch Aussöhnung!

Wir überwinden Gegensätzliches, indem wir unsere einseitige Konditionierung aufgeben, indem wir das scheinbar Widersprüchliche integrieren. Wenn wir vergeben, rücken wir ab von einer fixierten, einseitigen Sichtweise. Wir durchschauen die Relativität jeder Position; gleichzeitig verstehen wir die *Notwendigkeit* differierender Positionen: sie sind das Grundprinzip des polaren Erfahrungsrahmens, in dem wir uns bewegen.

Durch Vergebung wechseln wir sozusagen auf eine übergeordnete Wahrnehmungsebene, wir erkennen, dass gegensätzliche Positionen in einer Konfliktsituation sich von dieser Ebene aus bedingen. Wir betrachten das Spielfeld von einer höheren Warte aus. So nähern wir uns einer ganzheitlichen Perspektive, die Einzelaspekte werden zu Facetten des vollen Spektrums. Aus dieser Perspektive beginnen wir nahezu zwangsläufig, uns von unserer Überidentifikation mit starren Dispositionen abzunabeln. Es wird uns bewusst, dass differierende, konkurrierende Standpunkte gegenseitig aufeinander bezogen sind und nur in Abhängigkeit zueinander bestehen können! Wir dürfen erkennen, dass in Konfliktsituationen *beide* Seiten naturgemäß defizitär sind und wir diese Defizite nur ausgleichen können, sofern wir die einseitige Fixierung aufzugeben bereit sind und *die andere Seite als Möglichkeit mit einbeziehen.*

Die Anspannung, die einen Konflikt ausmacht und trägt, beruht ja auf dem Zerren an zwei unterschiedlichen Positionen: Jeder hält auf seiner Seite fest. Die Spannung lockert sich, oft unmittelbar wenn einer von seinem einseitigen Standpunkt abrückt – jeder hat das schon erlebt, dass ein Konfliktthema, mit wem auch immer, sich plötzlich entspannt. Wenn eine Seite loslässt, kann die andere Seite diese Spannung nicht alleine aufrechterhalten. Die Anspannung, die den Konflikt am Leben erhält, löst sich auf.

Vergebung meint jedoch nicht: dass wir Konflikten aus dem Wege gehen sollten! Oder völlige Freiheit von unterschiedlichen Standpunkten und Positionen. Im Gegenteil, in dieser Erfahrungswelt werden wir oftmals vor die Wahl gestellt, uns für die eine oder andere Position zu entscheiden, einen bestimmten Standpunkt deutlich zu vertreten.

Gemeint ist eine innere Grundhaltung, die auf einer tieferen Einsicht gewachsen ist, sie gewährt den unterschiedlichen Facetten Daseinsberechtigung und schließt sie in die Betrachtungen ein, statt aus!

Zwischenmenschliche Konflikte sind Attribut des Menschseins. Wir alle sind Betroffene, wir alle haben die Chance, durch unsere Konflikte bewusster zu werden, zu lernen. Sie sind es, die unseren Entwicklungsprozess in Gang halten. Dabei führt jeder den Entwicklungsprozess auf einzigartige Weise, letztendlich geht es aber immer um Akzeptanz, Annahme, Versöhnung, vor allem mit uns selbst. Denn unter der Oberfläche äußerer Konfliktsituationen sind wir uns selbst gegenüber unversöhnlich, wir gehen mit uns selbst am härtesten ins Gericht! Der bedeutendste Schritt zur Vergebung ist also: Selbst-Vergebung!

Besonders die östlichen spirituellen Richtungen gehen davon aus, dass wir die Positionen im Laufe vieler Leben untereinander oftmals austauschen, um uns mit den Folgen unseres Handelns und mit Aspekten schöpferischer Prozesse vertraut machen zu können. Keiner ist demnach auf eine Position festgelegt. Es ist eine Illusion, grundsätzlich einzuteilen in Schuldige und Unschuldige, in Opfer und Täter, denn beide Positionen bedingen einander, beide sind im Ungleichgewicht, beide sind nur Vorder-

und Rückseite auf Abspaltung beruhender, dual ausgerichteter Glaubenssysteme.

Insofern dürfen wir auch das, was wir unter Recht und Unrecht verstehen, in einem neuen, umfassenderen Zusammenhang begreifen. Aber halt! Unsere Irrtümer, Fehler, Schwächen sollen damit keinesfalls banalisiert werden und unrechtes Handeln ist in unserem Erfahrungskontext selbstverständlich weder akzeptabel noch hinnehmbar – aber auf irgendeine Weise verständlich und menschlich.

Die Botschaft: wir lernen zu vergeben, wenn wir uns selbst unsere Defizite, Irrtümer, Fehler ansehen und sie uns nachsehen, wenn wir sie verstehen – ohne sie zu beschwichtigen. Selbst-Vergebung ist ein notwendiger Schritt, um das Trennende zusammenzufügen, denn das Trennende verursacht das Schmerzende.

Das ist im Übrigen keine reine Verstandesleistung! Unser Verstand allein ist damit überfordert, denn besonders an lange währenden Konflikten hängen Emotionen! Wir müssen auch *emotional* in der Lage sein loszulassen. Und, erinnern wir uns, loslassen ist dasselbe wie zulassen: nämlich eigene angestaute Gefühle zulassen und fühlen! Und das braucht manchmal einfach Zeit!

Wenn wir bereit sind, bewusst zu vergeben, verlassen wir die ausgetretenen Pfade, die uns an notorische Reaktionsmuster wie Abwehr oder Angriff binden – und uns keine Wahlfreiheit lassen!

Vergeben bedeutet, die ausgegrenzten Aspekte durch Anerkennung zu befreien, sich mit den eigenen dunklen Bereichen und mit denen anderer auszusöhnen. Es bedeutet, Frieden zu schließen, es bedeutet, den anderen so sein zu lassen, wie er ist! Davon abzulassen, ihn nach unseren Maßstäben formen zu wollen.

Wichtig bleibt aber: zu unterscheiden! Denn Vergebung ist etwas anderes als wahlloses Akzeptieren aller Möglichkeiten, oder das Unrecht anderer gutzuheißen, es ist auch etwas anderes, als nur noch sanftmütig, gütig und verständnisvoll zu sein oder künftig mit rosaroter Brille durchs Leben zu gehen! Klar Stellung zu beziehen und Unversöhnlichkeit sind zweierlei.

Wenn wir vergeben, verwandeln wir disharmonische in harmonische Energie, durch Erkennen und Anerkennen! Wir erkennen, dass sich hinter den polaren Spannungsfeldern, in die wir alle eingebunden sind, das All-Einige, das Verbindende, das Vollkommene verbirgt.
Und gerade das wollen wir sichtbar werden lassen!

Jede unserer Beziehungen hat Bedeutung

Jede unserer Beziehungen hat Bedeutung! Ob flüchtige Bekanntschaften, langjährige Freundschaften, ganz besonders natürlich die Eltern, Kinder und unsere Partner, Kontakte zu anderen Menschen ergeben sich über bestimmte Facetten unserer Persönlichkeit. Dabei bieten die problematischen Kontakte und schwierigen Beziehungen immer auch gleichzeitig die effektivsten Möglichkeiten, um etwas Entscheidendes über uns zu erfahren. Sie zeigen auf, in welchen Aspekten unserer Wahrnehmung eine Änderung des Blickwinkels erforderlich ist, wo es einer Neuorientierung bedarf.
Jeder zwischenmenschlichen Beziehung liegen eigene, charakteristische Muster zugrunde, die ein ganz spezielles Wachstumspotential in sich bergen. Dieses Potential offenbart sich häufig durch das, was sich reibt, also durch *Konfliktzonen*. Über eine lange Strecke unseres Entwicklungsweges sind es tatsächlich die Konfliktzonen, die uns im Sinne unserer Evolutionsspirale vorwärts bringen. Konflikte sind zunächst der entscheidende, vorantreibende Motor, denn erst durch Konflikte fühlen wir uns veranlasst, Änderungen herbeizuführen, unsere Einstellungen zu korrigieren. Wir entfalten Bewusstheit!

Um Konfliktsituationen erfolgreich bewältigen zu können, stellt sich als erstes die Frage nach der emotionalen Ladung in uns, die den Konflikt trägt und am Kochen hält! Diese Ladung will unbedingt zugelassen und wahrgenommen werden! Die nächste Frage gilt dem eigenen inneren Standpunkt. Wir selbst müssen uns Klarheit darüber verschaffen, was wir wahrhaftig wollen, aber auch darüber, was wir *nicht* wollen. Nur wenn wir unsere eigene Position und vor allem die Motive, die uns bewegen, kennen, können wir unser Anliegen aufrichtig und selbstbewusst vertreten. Solange wir uns jedoch gar nicht im Klaren über eigene Beweggründe sind, solange wir unsere Standpunkte weder wirklich einschätzen noch konsequent vertreten können oder die emotionalen Ladungen dahinter nicht fühlen wollen, übernehmen alte, automatisierte Reaktionsschemata die Regentschaft. Sie erschweren oder unterlaufen die Konfliktbewältigung dann immer wieder, besser, ein Hinauswachsen über den Konflikt!

Zu einem solchen Hinauswachsen über den Konflikt zählt auch das Abchecken der Gegenposition, es gilt festzustellen, welche Position vertritt der andere und inwieweit ist diese Position mit unserer eigenen kompatibel. Wichtig ist, *beide* Positionen zu respektieren.

Hier wieder das Aber: denn falsch verstandene Toleranz, falsch verstandener Edelmut, falsch verstandene Kompromissbereitschaft führen im Endeffekt zu nichts Gutem, genauso wenig wie das Festhalten an Vorurteilen, am Verurteilen. Sofern wir meinen, uns für andere verdrehen, uns verleugnen zu müssen oder wenn wir uns zu etwas verleiten lassen, was wir im Grunde ablehnen, liegen wir falsch, wir agieren außerhalb der Liebe. Das gilt natürlich auch, wenn wir einen *anderen* zu etwas verleiten wollen, was ihm eigentlich nicht entspricht.

Toleranz und Vergebung heißt ja nicht, nachzugeben, weil wir Angst haben, konsequent zu unserem eigenen Standpunkt zu stehen. Toleranz heißt, beide Positionen zu achten, gegebenenfalls

 Denn in
der materiellen Realität müssen wir Entscheidungen treffen, hier
kann Trennung durchaus ein Akt gegenseitiger Achtung und Liebe sein. Manchmal ist Trennung ein aufrichtigerer Liebesbeweis
als ein halbherziger Schulterschluss.

Hinter all unseren Beziehungsmustern, hinter den äußeren Konflikten und Dramen wartet letztendlich die Liebe darauf, wieder-
entdeckt zu werden. Wenn wir davon ausgehen, dass wir uns in
diesem Leben gegenseitig Chancen für Erfahrung und Wachstum
anbieten, könnte man durchaus annehmen, dass ein Konflikt ein
Zusammenwirken ist, das von einer Verabredung, vielleicht von
einem tiefen Einverständnis unserer Seelen zeugt. Unsere Dramen entpuppen sich als Illusion, sobald wir erkennen, dass es sich
um Inszenierungen handelt, durch die wir uns mit den Prinzipien
schöpferischer Vorgänge vertraut machen können.

Das erlaubt uns, unsere Beziehungen in einem ganz neuen
Kontext zu verstehen. An die Stelle von emotionaler und formaler
Abhängigkeit, von Gebundenheit, von Feindschaft, von bloßer
Pflichterfüllung können emotionale und formale Eigenständig-
keit treten, mehr Toleranz sowie Achtung und eine tiefgehende,
wesentlichere Intimität – manchmal eben auch ein bewusstes
Distanznehmen!

Wir selbst haben die Inszenierung wahrscheinlich im Vorfeld
unseres Lebens mitentworfen und vielleicht bezieht das Spiel
auch Trennung und Schmerz mit ein – aus einer umfassenderen
Perspektive heraus jedoch immer vor dem Hintergrund der Liebe. Und diese Liebe hinter all unseren Beziehungsmustern zum
Vorschein zu bringen, das ist doch ein wunderbares Ziel!

Im Übrigen stellen unsere Eltern-Kind-, Kind-Eltern-Be-
ziehungskonstellationen die wichtigsten Herausforderungen.
Beziehungsmuster innerhalb der Familie bieten ja eine Ausgangs-

position, der wir in den ersten Lebensjahren nicht ausweichen können. Mit dem prägenden Einfluss des familiären Umfelds, in das wir hineingeboren werden, entstehen zwangsläufig spezielle Thematiken, mit denen wir lebenslang, im Positiven wie im Negativen zu tun haben, wir dürfen daran wachsen! Die Familienkonstellationen stehen also immer in direktem Zusammenhang mit unserem Selbst-Entfaltungsprozess.

Spätestens ab dem Erwachsenenalter sind wir aufgefordert, selbstverantwortlich mit diesem Erbe umzugehen, unsere Lebensführung liegt dann in unserem Zuständigkeitsbereich in Form bewusster Entscheidungen.

Solange wir Verantwortung delegieren und uns übermäßig damit aufhalten, bei den Eltern, den familiären Verhältnissen, den Umständen nach Schuld und Schuldigen für unser eigenes Schicksal zu suchen, behindern wir uns massiv selbst in unserer Entfaltung – weil wir am falschen Ende ansetzen.

Allerdings, dagegen ist es zunächst häufig notwendig, die prägenden Einbindungsmuster des Rollengefüges unserer Herkunftsfamilie aufzuschlüsseln. Denn wir müssen hinderliche stereotype Muster, die wir früh und unreflektiert übernommen haben, überhaupt erst einmal *erkennen,* sofern wir sie auf Nützlichkeit überprüfen oder uns von ihnen lösen wollen. Schuldzuweisungen lenken uns nur davon ab, was es in uns selbst zu befreien gibt.

Kinder können unser Leben auf einzigartige Weise bereichern, sie sind in der Lage, ganz neue Aspekte aus uns herauszulocken. Von ihrer Unbefangenheit, Spontanität und Offenheit, von ihrem *im-Jetzt-sein* können wir sehr viel lernen.

Wir dürfen sie für die ersten Jahre ihres Lebensweges begleiten, nach bestem Wissen und mit einem größtmöglichen Maß an Verantwortlichkeit. Aber Kinder gehören uns nicht, Kinder brauchen uns, um sich eine entsprechende Basis für diesen Lebensweg zu schaffen. Es ist leicht gesagt und nicht immer leicht getan, die kindliche Persönlichkeit zu respektieren, sie nicht mit – eigenen unerfüllten – Wunschvorstellungen unter Druck zu setzen, sie nicht durch eigene Wertmaßstäbe in etwas für sie Unpassendes hineinzudrängen.

Dagegen fallen wir in ein anderes Extrem, wenn unsere Angst übergroß ist, unserem Kind Grenzen zu setzen oder es in irgendeiner Weise zu fordern. Die Angst ist kein guter Berater. Im Idealfall würden Freiraum-lassen und sinnvolles Grenzensetzen im Gleichgewicht stehen. Achten wir z.B. unsere eigenen Belastungsgrenzen nicht, schaden wir uns und unseren Kindern zugleich. Wir ziehen kleine Tyrannen heran, die später nicht in der Lage sind, Bedürfnisse und Hoheitsgebiete anderer zu respektieren.

Diese Form von Toleranzverständnis hat nichts mit wirklicher Liebe zu tun, sie basiert auf der Unsicherheit der Position der Eltern, auf ungeklärten Vorstellungen von dem, was Liebe und Toleranz, was Geben und Nehmen eigentlich bedeuten. Vor allem auch auf der Unkenntnis der eigenen Handlungsmotive!

Ein relativ junges Phänomen ist die übertriebene Kontrollsucht und das ständige Überwachen und Lancieren der Kinder, ganz besonders, was Bildung, Freizeitangebote und berufliche Orientierung betrifft. Diese Eltern identifizieren sich häufig über die Kinder, sie kreisen ständig um das Wohl und die Förderung der Kinder und richten ihre Lebensführung nahezu ausschließlich auf die Kinder aus, sie wollen alles „richtig" machen und alles Unangenehme von den Kindern fernhalten – „Helikoptereltern" ist tatsächlich ein sehr passender Begriff dafür!

Elternliebe heißt nicht zwangsläufig Entbindung vom Recht und von der Pflicht eigener Entfaltung. Eine allzu ausschließliche Konzentration auf ein Kind wird von diesen Eltern mit Liebe verwechselt. Dabei zeugt eine Überfütterung mit materiellen Dingen wie auch eine übersteigerte Fürsorglichkeit eher von einer mangelnden Liebesfähigkeit oder fehlender geistiger Eigenständigkeit der Eltern, die auf diese Weise kompensiert werden muss. Kindern tut diese Überversorgung nicht gut, sie werden erdrückt, sowohl mit einer übermäßigen Zuwendung als auch mit einer übermäßigen unterschwelligen Erwartung, die solche Eltern zwangsläufig in die Kinder setzen. Denn wenn Kinder zum uneingeschränkten Mittelpunkt des Lebens erklärt werden, ist damit fast immer eine hohe Erwartungshaltung verbunden. Eigene nicht gelebte Träume, leere, fehlende eigene Inhalte sollen hier ausgeglichen, oft auch die Eitelkeiten der Eltern bedient werden. Für manche Eltern sollen Kinder den eigenen Status aufwerten, sie müssen dann alles ersetzen oder sollen für die Mütter und Väter etwas verkörpern und leben, was diese in sich selbst nicht zur Entfaltung gebracht haben. Kinder benötigen unbedingt Phasen und Räume für sich, um sich gesund entwickeln zu können. Sie müssen anders sein dürfen und Bereiche für sich haben. Beide, Kinder *und* Eltern dürfen lernen!

Auch eine dogmatische Ausrichtung auf zeitgeistige Erziehungsideale ist ein Attribut der Angst, der Angst, Fehler zu machen – aber gerade dadurch machen wir den größten Fehler! Eine gesündere Vorbildfunktion nehmen wir ein, wenn wir uns authentisch, in unserer Menschlichkeit vor unseren Kindern offenbaren – und das schließt immer Unvollkommenheit mit ein. Dabei ist es – sofern wir verantwortlich erziehen wollen – selbstverständlich wichtig, offen der kindlichen Seele gegenüber, lernfähig und uns selbst gegenüber kritikfähig zu bleiben. Kein Erziehungsideal, keine überbetonte Fixierung auf ein Kind ersetzt die Natürlichkeit, eine vorgelebte Authentizität der Eltern, gepaart mit der Weisheit des Herzens.

Liebe gedeiht allein auf dieser Grundlage – und Liebe ist das Wesentlichste, was wir unseren Kindern mitgeben können.

Lebenspartner

Unsere Sehnsüchte nach Liebe, nach dauerhaftem Glück projizieren wir ganz besonders auf unsere Partnerschaften. Überhaupt verbinden viele Menschen das Thema Liebe in erster Linie mit dem Thema Lebenspartner. Eine Vorstellung, die letztendlich auf dem Glauben an ein grundsätzliches Getrenntsein und einem damit verbundenen Gefühl des inneren Mangels beruht.

Eine intakte Beziehung ist natürlich nicht nur eine wunderbare Form der Lebensgestaltung, sondern sicher eine Ursehnsucht des Menschen nach Gemeinsamkeit, Vereinigung, nach Yin-Yang-Ausgleich! Leider ist das, was wir uns gemeinhin unter einer intakten, erfüllenden Beziehung vorstellen, oftmals vollkommen irrational. Irrational deswegen, weil *unser Partnerschaftsbild bereits mit einer immensen und sehr enggefassten Erwartungshaltung vorbelastet* ist. Der Partner soll uns nicht nur den Halt geben, den wir uns selbst zu geben außerstande fühlen, er soll uns gleichzeitig auch noch all das erfüllen, was wir uns vom Leben erträumen. Wir glauben, mit dem ‚richtigen' Lebenspartner Lebensinhalte und Lebensqualitäten wie Geborgenheit, Liebe, Sicherheit, Intensität, Anerkennung oder gesellschaftlichen Status sozusagen umsonst mitgeliefert zu bekommen. Auf diese Weise sollen eigene Defizite, nicht entwickelte eigene Anteile mehr oder weniger unbewusst ausgeglichen werden. Über den Partner wollen wir etwas realisieren, was wir im Inneren oder im Äußeren vermissen. Anstatt uns selbst an das heranzuwagen, in uns selbst ausfindig zu machen, wonach wir uns sehnen, klammern wir uns an ein Partnerschaftsbild, überfrachtet mit veräußerlichten Klischees – in der heimlichen Erwartung, dass es uns das Fehlende ersetzt. Tief in uns wohnt nach wie vor die Illusion von einer partnerschaftlichen Idylle, von ewig währender, statischer Liebe, die ein anderer für uns empfindet, vom Ritter oder der Prinzessin und einer Lovestory à la Hollywood. Bei all unserer sonstigen Rationalität hegen wir nämlich ganz verschämt die Erwartung, dass dieses Klischee Wirklichkeit wird – ja, wenn uns nur der ‚richtige‘ Partner begegnen würde ...! Das heißt aber: Die Erfüllbarkeit unserer Sehnsüchte und unseres Verlangens nach Vollständigkeit überantworten wir verhängnisvollerweise einem anderen! Natürlich baut diese Hoffnung auf Sand und geht an der tieferen Bedeutung dessen, was Partnerschaft tatsächlich meint, vorbei.

Solange wir darauf fixiert sind, Träume auf dem silbernen Tablett serviert, Glück und Erfüllung durch einen Partner quasi umsonst mitgeliefert zu bekommen, unterliegen wir einer folgenschweren Fehleinschätzung, denn im Endeffekt können nur wir selbst den Boden bereiten, auf dem Glück und Liebe gedeihen. *Glück und Liebe sind uns insoweit zugänglich, wie wir den Grundstein dafür in uns selbst gelegt haben!* Beides, Glück und Liebe, sind nicht dauerhaft ersetzbar, nicht von anderen ‚machbar‘, nicht von außen übertragbar, sofern wir den Schatz nicht in uns selbst zu heben bereit sind!

Wir alle sehnen uns nach Ganzheit, Vollständigkeit, egal, wie wir diese Sehnsucht benennen! Wir suchen nach einem Weggefährten, nach einem Gegenpol. Diese Sehnsucht, das Streben danach liegt tief verankert in unserer menschlichen Natur!

Mit Vorliebe suchen wir uns solche Lebenspartner aus, die für uns den anderen Pol, ein Gegengewicht verkörpern. Wenn wir – aus welchen biographischen Gründen auch immer – bestimmte Konditionierungen und Rollenverhalten angenommen haben, soll der andere für uns einen ergänzenden Part übernehmen. Es finden sozusagen unausgesprochene Abkommen, mindestens unausgesprochene Erwartungen zwischen beiden statt, nach dem Motto: Du gibst mir etwas, dafür gebe ich dir – vielleicht – etwas anderes! Es gibt unzählige Variationsmöglichkeiten, in tragenden und nebensächlichen Aspekten.

Eigentlich ja nichts Verwerfliches.

Es wird immer dann problematisch, wenn der Partner uns mit einer Qualität (materiell, vom gesellschaftlichen Status her oder emotional) versorgen soll, an der es uns selbst mangelt und wenn die unausgesprochenen Erwartungen und Abkommen vom anderen nicht eingelöst werden können oder wollen. Vor allem, wenn einer der Partner unbeweglich bleibt, der andere sich weiterbewegt und nicht mehr an diesem Deal interessiert ist!

Für das, was wir vermissen oder als Mangel in uns selbst empfinden, kann ein Lebenspartner nicht die Verantwortung übernehmen und soll es auch nicht. Wir selbst müssen die Verantwortung für das, was wir vermissen, übernehmen. Wenigstens: es erkennen und dazu stehen! Im besten Fall, es in uns selbst entfalten. Das ist die einzig echte Chance, um Unabhängigkeit zu erwerben. Es ist gleichzeitig die Voraussetzung für eine Partnerschaft, die nicht auf gegenseitigen Abhängigkeitsstrukturen basiert, sondern auf einer erwachsenen, erwartungsfreien Grundhaltung – und für Liebe!

Jede Beziehung, die nach dem unterschwelligen Motto gelebt wird „Durch dich möchte ich ausgleichen, was ich in mir vermisse", muss zwangsläufig Enttäuschungen nach sich ziehen. Ein einfaches, plakatives Beispiel ist die Verbindung einer attraktiven jungen Frau mit wenig Persönlichkeitsprofil mit einem älteren betuchten oder prominenten Herrn. Was der eine vermisst (Jugendlichkeit, Vitalität/Frische auf der einen Seite und Macht, Status, materielle Versorgung, Erfolg auf der anderen), sucht er durch den/die Partner-In zu ersetzen!

Oft finden wir gerade das begehrenswert, was wir selbst nicht zu haben glauben! Mit Liebe hat das dann allerdings erst einmal wenig zu tun.

Denn spätestens, wenn wir feststellen, dass kein Partner unser inneres Defizit dauerhaft ausgleichen und dass somit auch kein Partner unseren Erwartungen längerfristig standhalten kann, stellen wir dem anderen unser „Nichterfülltsein" in Rechnung, wir wälzen unseren Unmut, unsere Enttäuschung auf den Partner ab – anstatt uns selbst zu stärken.

Allerdings – und das ist der springende Punkt – findet all dies meistens ja nicht so offensichtlich wie in unserem Beispiel, sondern im Regelfall auf viel subtileren Ebenen statt – hinter gut getarnten Mechanismen des Egos!

Mit unseren Lebenspartnern ziehen wir jedenfalls Menschen in unser Leben hinein, mit denen wir aufgrund fein abgestimmter energetischer Konstellationen wichtige Aufgaben teilen.

Die Lernaufgabe im oben genannten Fall könnte lauten, dass der Mann sich dem Altern irgendwann bewusst stellt, seinen Alterungsprozess akzeptiert. Die Frau könnte eigene Wege suchen, um ihr Leben selbst bunt und kreativ zu gestalten! Um Missverständnissen vorzubeugen, in dieser Konstellation, junge Frau, älterer Mann, sind sicher auch ausgewogene Partnerschaften möglich!

So oder so, wir begegnen nicht zufällig irgendeinem Partner, wir fühlen uns von jemandem angezogen, wenn unsere Persönlichkeitsstrukturen auf ganz spezielle Weise ineinandergreifen, so dass beide Partner die bestmögliche Voraussetzung vorfinden, um wichtige, anstehende Themenkomplexe „bearbeiten" oder einfach gemeinsam bestimmte Erfahrungen machen zu können. Im Prinzip schlummern in all unseren Beziehungen großartige Erfahrungs- und Entwicklungspotentiale. Dabei nimmt die Beziehung mit dem Lebenspartner einen besonders bedeutsamen Stellenwert ein. Hier haben wir die Möglichkeit, Lernschritte zu vollziehen, die mit Sicherheit auf unser inneres Wachstum abzielen. Diese Aufgabe können wir annehmen oder auch nicht. Und wenn wir sie annehmen, kann es ein wunderbares Miteinander in Liebe, Respekt, in Neugier, Staunen, mit Entwicklungsbereitschaft sein.

Wenn wir nun glauben, ohne einen bestimmten Partner nicht leben zu können, zeugt das nicht unbedingt von großer Liebe, sondern häufig von einer Gebundenheit, die auf eigenen Ohnmachts- und Abhängigkeitsgefühlen basiert. Treue, Rückhalt, Beständigkeit, Wärme, Sicherheit, Fürsorge, Beachtung sind selbstverständlich erstrebenswerte, wunderbare Werte für jede Lebensgemeinschaft! Allerdings müssen sie zunächst in unserem Selbst-Verständnis und unserem Selbst-Empfinden präsent sein, damit sie sich vor dem Hintergrund der Liebe und nicht der Angst, in gegenseitiger Achtung und nicht aus verdeckten Anspruchshaltungen heraus ergeben.

Eine Partnerschaft hat nicht die Aufgabe, eigene Ansprüche und Erwartungen durch den anderen gewährleisten zu lassen. Eine gute Partnerschaft ist keine Versorgungsinstitution, kein Privileg, kein statisches Konzept, auch kein in sich geschlossenes System. Wenn wir wagen, uns ernsthaft auf das Prinzip Partnerschaft einzulassen, ist dies ein sich ständig weiterbewegender, äußerst kreativer, fordernder tagtäglicher Prozess, für den von beiden Seiten Verantwortung übernommen werden darf. Durch die gemeinsamen Berührungspunkte und Reibungsflächen bekommen wir Gelegenheit, mehr über uns selbst, über unser eigenes Wesen zu erfahren.

Gleichzeitig können wir es als Geschenk betrachten, das nachzuvollziehen und erfassen zu dürfen, was die Schönheit, Besonderheit des Wesens des anderen ausmacht. Letztendlich, Liebe gemeinsam zu er-leben, uns in Liebe verbunden zu fühlen!

Solange wir einem veräußerlichten Verständnis von Partnerschaft hinterherlaufen und uns nur bedienen, statt uns selbst einbringen und uns gemeinsam entfalten zu wollen, bleibt Liebe verborgen – wir verwechseln Liebe mit dem Klischeebild, das wir uns von der Liebe machen! Damit haften wir im Formellen – und das bedeutet immer auch Reduktion der Kommunikations- und Berührungsintensität auf ein Minimum! Im Grunde begnügen wir uns mit der anspruchslosen Variante, wir verbauen uns den Zugang zu dem, was hinter der Oberfläche spürbar wird und was Liebe eigentlich ausmacht.

Es erweist sich in jeder Hinsicht als befreiend, wenn wir verstehen, dass wir letztendlich selbst in der Lage sind, uns unsere Sehnsüchte zu erfüllen, unsere Kräfte und unsere Kreativität zu mobilisieren. Zunächst müssen wir uns also von Glaubenssätzen trennen, die uns formale oder emotionale Abhängigkeit von einem Partner oder einer Partnerschaft suggerieren. Naja, erst einmal müssen diese Glaubenssätze überhaupt von uns registriert werden, wir müssen sie sehen *wollen!*

Eine gute Partnerschaft ist ohne Zweifel eine wunderbare Lebensform. Wichtig zu begreifen ist aber, dass unser Glück nicht von einer Partnerschaft oder von einem bestimmten Partner abhängt. Erst auf dieser Basis können wir reif werden, um eine Partnerschaft im erweiterten, transformierten Sinne zu führen! Nur dann, wenn wir Vertrauen in die eigene schöpferische Potenz entwickeln, kann eine Partnerschaft entstehen, die auf Liebe und nicht auf Abhängigkeiten basiert. Dabei dürfen unsere und die individuellen Anlagen und Vorlieben der Partner selbstverständlich variabel gewichtet und einbezogen werden, bzw. je nach Bedarf in unterschiedlicher Gewichtung zum Tragen kommen. Das macht die Sache ja gerade lebendig!

Und was genau steht für innere Unabhängigkeit?
- Abhängigkeitsgefühle als Ängste zu enttarnen, Angst als Grundantriebsmotiv unseres Egos zu erkennen – und zu akzeptieren
- eigene Wünsche, Bedürfnisse, Sehnsüchte bewusst herauszufiltern, zu formulieren und uns zuzutrauen, ihnen ins Leben zu verhelfen
- uns dem zu stellen und uns auf das einzulassen, als was wir uns zutiefst empfinden
- den Wunsch nach emotionalem und materiellem Versorgtsein nicht zwangsläufig mit einer Partnerschaft in Verbindung zu bringen

- bereit zu sein, uns auf einen andauernden, freudvollen, lebenslangen Prozess der Selbsterkenntnis und Entwicklung einzulassen – mit und ohne Partner

Für unsere Integrität gegenüber einem Partner benötigen wir eine gute Portion *innere Unabhängigkeit*! Mit dieser Unabhängigkeit steht und fällt die Fähigkeit für jeden wahrhaftigen liebevollen zwischenmenschlichen Austausch.

Und dann, auf dieser Basis, können wir uns tatsächlich unbeschadet auch einmal in zeitweise äußere Abhängigkeitstrukturen begeben! Denn mit dem tiefen inneren Wissen um unsere primäre Eigenständigkeit lassen sich äußere und innere Unabhängigkeit bei Bedarf ja jederzeit wiederbeleben oder weiterentwickeln.

Mehr noch, je unabhängiger wir uns fühlen, desto kreativer können wir auch mit den Kontroversen und Widersprüchen umgehen, die letztendlich jede Partnerschaft mit sich bringt.

Unser Partner ist also nicht verantwortlich für das Fehlende oder für die Verwirklichung unserer Sehnsüchte. Der Partner ist auch nicht schuldig, wenn wir uns nicht glücklich, nicht vollständig fühlen. Kontroversen mit dem Partner sind die Symptome dafür, dass sich etwas *in uns selbst* entfalten möchte. Es ist daher zwecklos, sich ausgiebig mit den Mängeln des Partners zu befassen, ihn ändern, bekehren oder gar in eine bestimmte Rolle zwingen zu wollen, es ist zwecklos, dem Partner zu verübeln, dass er so ist, wie er ist. Zugegeben – das machen wir ja alle erstmal gerne, wenn es zu Konflikten kommt

Jede Partnerschaft bringt Konfliktstoff mit sich, es liegt an uns, ob und in wieweit wir bereit sind, besonders die hartnäckigen, sich wiederholenden Kontroversen und Reibungspunkte als Anreiz zu betrachten für den *eigenen* Erkenntnisprozess. Entscheidend ist, dass wir uns nicht gegenseitig für unsere Defizite verantwortlich machen. Vielleicht finden wir einen Konsens, vielleicht nicht! Vielleicht bewegen wir uns auseinander und einer kann die Entwicklung des anderen nicht mitvollziehen;

dann ist Trennung die intelligenteste Möglichkeit – und die
liebevollste.

Wenn wir jemanden verlassen, bedeutet das von einer höheren
Warte aus nicht gleichzeitig auch das Ende der Liebe. Aus spiritueller Sicht bleiben und sind unsere Seelen verbunden, vielleicht
werden sie sich zu einem anderen Zeitpunkt unter neuen formalen
Gegebenheiten wiederbegegnen. Der gemeinsame Entschluss,
über verschiedene Leben hinweg voneinander, miteinander zu
lernen, ist von dieser Warte aus ein Akt des tiefen Vertrauens, er
zeugt von der grundsätzlichen Affinität unserer Seelen.

Noch etwas zum Thema Partner! In unserer Vorstellung vermischt
Liebe sich mit einem verklärten Bild romantischer Verliebtheit.
Sich zu verlieben, ist natürlich immer eine wunderschöne Sache,
durch die unsere Seelen tief berührt werden – diese erste Euphorie ist leider in keiner Weise Garant für eine dauerhafte glück-
liche Beziehung. Es ist vielmehr der energetische Sog, der uns
auf diesem Wege zusammenführt, ein aufregender, aufrührender
Sog – kein Wunder also, dass wir uns immer wieder neu verlieben möchten, dass wir immer wieder in dieses Stadium zurück
möchten! Das Verlieben animiert uns dazu, dass wir eine Strecke
unseres Weges bereit sind, gemeinsam zu gehen! Das, was uns
so fasziniert, hängt vielleicht mit dem Wiedererkennen unserer
Seelen zusammen, mit der Gleichgestimmtheit. Auf jeden Fall ist
das Verlieben ein herrlicher, genialer göttlicher Schachzug, um
eine Verbindung zwischen den Partnern zu knüpfen.

Gerade am Anfang einer Beziehung sind wir dann vorwiegend auf die höheren, uns beeindruckenden oder angenehmen
Aspekte des Partners fixiert, später müssen wir lernen, auch die
Unvollkommenheiten miteinzubeziehen. Mit der Bewältigung
dieses Integrationsprozesses steht und fällt die Qualität jeder
Partnerschaft, damit steht und fällt auch, ob sich Liebe auf einer
tieferen Ebene dauerhaft entwickeln kann!

Das neue Zeitalter hat das alte Partnerschaftsbild ins Wanken gebracht, alte Wertesysteme in Frage gestellt, es fordert uns auf, unser Verständnis von Partnerschaft neu zu definieren. Wenn wir eine erfüllende Partnerschaft führen wollen, hat das sehr viel mit der *inneren Eigenständigkeit* der Partner zu tun – und wir haben gelernt: die innere ist nicht unbedingt gleichzusetzen mit äußerer, materieller Eigenständigkeit. Innere Eigenständigkeit bedeutet ja nicht, dass wir alle Aspekte auf einmal, männliche und weibliche, dynamische und rezeptive, selbst ausdrücken müssen. Es meint, Vertrauen in uns selbst zu finden, in Selbstvertrauen zu leben!

Sich selbst und dem Leben zu vertrauen, sich selbst zu lieben, ist die Voraussetzung für Liebe, die nicht an Bedingungen geknüpft ist. Denn je mehr ein Mensch Rückhalt in sich selbst findet, je mehr er sich selbst Liebe zugestehen kann, desto intensiver ist er fähig, einen anderen Menschen um seiner selbst willen zu lieben! Andernfalls tendiert er immer wieder dazu, den Partner zu benutzen, um sich etwas erfüllbar zu machen, um sich selbst energetisch zu versorgen. Liebe steht im Widerspruch zu den Absicherungswünschen und den Anspruchshaltungen unseres Egos. Es ist die Rückverbundenheit zu essentieller Liebe und zum Göttlichen Selbst, die uns stärkt, uns die Kraft gibt, an uns selbst zu glauben, uns zu versorgen – ob mit oder ohne Partner! Diese Position macht uns frei, um die Einzigartigkeit, die Schönheit, das Lichtvolle eines anderen Menschen in vollem Umfang zu erfassen. Die Fähigkeit, einerseits Intimität und Nähe zuzulassen sowie andererseits die zeitweise ebenso notwendige Distanz herzustellen, nimmt zu und die Fähigkeit, eine tiefe Berührung unserer Seelen zuzulassen, intensiviert sich. Eine Partnerschaft in diesem Sinne verantwortlich zu führen, ist tatsächlich eine Entscheidung, die wir immer wieder neu treffen müssen.

Welche Form des Zusammenlebens wir wählen, spielt keine Rolle, vielleicht finden wir formell andere, flexiblere Möglichkeiten des Zusammenlebens, die dem inneren Weiterwerden besser entsprechen.

Auch dann stoßen wir sicher weiterhin auf Gegensätzliches, in manchen Bereichen sogar auf Unvereinbares, oder wir fühlen uns auch mal reichlich genervt oder übergangen vom Partner, jedoch betrachten wir Kontroversen nicht als Bedrohung unseres Eigenwertes, unserer Existenz oder als Angriff auf unsere eigenen Rechte und Möglichkeiten. Wir benutzen Kontroversen als Auslöser, um den betreffenden Umstand in uns selbst neu zu erörtern, als eine Art Transformator im Sinne unserer Selbstfindung – das jedenfalls wäre ein kluger Umgang mit Kontroversen.

Die Partnerschaft kann in eine neue Dimension des Umgangs miteinander treten, in eine neue Dimension der Liebe, wenn wir uns so oft wie möglich von Dankbarkeit und Freude erfüllen lassen, dass es den anderen gibt – dass es ihn gibt, so wie er ist!

Vom Umgang mit unserer Sexualität

Mit der sogenannten sexuellen Befreiung in den sechziger und siebziger Jahren wurden endlich die verstaubte Moral und viel Lebens-Lust-feindliche Tabus aufgebrochen oder wenigstens in Frage gestellt. Dabei sind wir in manchen Aspekten allerdings nur von einem Extrem ins andere gerutscht. In der ersten Euphorie wurde gründlich missverstanden, was freier Umgang mit Sexualität, was *Eros* eigentlich meint. Alte moralische Werte sind einfach in ihr Gegenteil verkehrt worden. Anstatt die alten angstvollen, mit Schuldgefühlen belasteten Einstellungen behutsam aufzuarbeiten, wurden sie mit einem neuen Freiheitsideal übertüncht, ohne wirkliches Verständnis dafür, was Freiheit in einem tieferen Sinne überhaupt bedeutet. Denn sexuelle Freiheit ist nicht gleichzusetzen mit Quantität, mit Wahllosigkeit oder Beliebigkeit, es handelt sich ebenso wenig um eine sportive Disziplin wie um eine x-beliebige konsumierbare Ware – jedenfalls dann nicht, wenn wir echte Erfüllung suchen, wenn wir nach etwas suchen, was uns hebt, bereichert, stärkt.

Heute spuken Medienbilder in unseren Köpfen herum, die uns suggerieren, was ein modernes, glückliches Sexualleben zu sein habe. Viel zu kritiklos haben wir solche Vor-Bilder übernommen und sie zum Maßstab der Dinge erhoben. Damit sind wir mindestens genauso weit entfernt von einem sensiblen, freien, persönlichkeitsgerechten Umgang mit unserer Sexualität wie vorher. Sobald wir in diesem äußerst empfindlichen Bereich einer fiktiven „Normalität“ glauben gerecht werden zu müssen oder uns unterschwelligen Leistungsansprüchen aussetzen, sind wir auf dem besten Wege, Phantasie, Lust, Hingabefähigkeit bereits im Keim zu ersticken – Frustration, Abstumpfung, Lustlosigkeit sind weitverbreitete Folgephänomene.

Seitdem die Medien auch diesen Bereich auflagen- und quotenorientiert vermarkten, werden wir überschüttet mit unzähligen freizügigen Bildern, Filmen, mit Pseudoerotik und Enthüllungen, leider auch häufig unter dem Deckmantel objektiver Dokumentation. Unsere Vorstellung von dem, was Eros und Sex zu sein haben, ist weitaus mehr, als uns bewusst ist, fremdbestimmt und zusätzlich von einer hohen Glückserwartung geprägt.

Wir unterwerfen uns allzu leichtfertig den kollektiven Zwängen eines Zeitgeistes, wenn wir mediale Vorbilder als Richtwert für unser eigenes Leben akzeptieren oder wenn wir glauben, wir müssten einer aufoktroyierten Normalität hinterherlaufen, um uns ‚richtig‘ oder up to date fühlen zu können. Solange uns diese Zusammenhänge gar nicht bewusst sind, kann sich das, was unserem ureigenen Ausdruck entspräche, nur schwerlich auf natürliche Art und Weise entfalten.

Besonders schade ist das bei Jugendlichen, sie greifen oftmals ihrer Entwicklung vor, weil sie infiziert werden von den Einflüssen ‚zeitgeistiger' Publikationen. Viele Jugendliche glauben ihr Erwachsensein und ihren ‚Marktwert' anhand ihrer sexuellen Erfahrungen unter Beweis stellen zu können. Es ist heute nicht leichter für junge Menschen, der Dynamik ihres eigenen Reifungsprozesses zu vertrauen und zu unterscheiden zwischen dem eigenen Wollen und den direkten und indirekten von außen an sie herangetragenen Vorgaben.

In der Vergangenheit war es schwierig, zur Sexualität zu stehen, sie wurde verleugnet, schamhaft verborgen, als ungeistig oder sündhaft eingestuft. Heute unterliegen wir mehr der Gefahr, das Inhaltliche mit äußerer Aktion zu verwechseln und unsere sexuelle Glückssuche auf die körperliche Aktivität oder medial eingetrichterte Bilder zu verkürzen.

Eigentlich sehnen wir uns zutiefst nach sinnlich-geistiger Liebe, wir alle tragen diese Verschmelzungssehnsüchte in uns, tun uns aber gleichzeitig schwer mit ungeschützter Nähe, vor allem mit innerer Öffnung und Hingabe. Wir wollen Eros – und Eros schließt immer Liebe und Lust am Leben mit ein –, gehen in unseren Beziehungen in Wirklichkeit aber nicht – meist, ohne es zu wollen – über den pragmatischen oder instinktiven Aspekt hinaus. Zwar träumen wir von Erotik und Zauber, von ekstatischem Erleben – das alles bleibt jedoch Illusion, solange wir den Eros auf den Sexus reduzieren, solange wir nicht erkennen, dass wirkliche Erfüllung den *ganzen* Menschen mit Körper, Geist und Herz verlangt. Wenn wir unsere Körperlichkeit vom übrigen Selbst isolieren, begnügen wir uns zwangsläufig mit der bescheidensten Möglichkeit! Das ist zunächst weder gut noch schlecht, eher eine Frage der Wahrnehmung und der Möglichkeiten, die wir für uns in Anspruch nehmen.

Unsere sexuell-erotische Erlebnis- und Ausdrucksfähigkeit, das Geben- und Empfangenkönnen, ist aufs engste gekoppelt an die individuelle Persönlichkeitsstruktur und an eine gute Beziehung zu uns selbst. Wenn wir unsere tiefen Sehnsüchte leben wollen, müssen wir über das Funktionale, Äußerliche hinausgehen, wir müssen uns trauen, uns für uns selbst und für den anderen aufzuschließen – und das heißt auch, unser Herz miteinzubeziehen.

Für die Qualität und Intensität unseres Erlebens – und das gilt für alle zwischenmenschlichen Interaktionen – ist ausschlaggebend, inwieweit wir bereit und fähig sind, unser Herz einzubringen. Liebe ist das Schönste, was wir einbringen können! Tiefgreifende Erfüllung ist überhaupt erst auf dieser Basis für uns erfahrbar. Besonders beim Thema Sexualität gilt das natürlich – also für eine von Liebe getragene Sexualität.

Ansonsten gibt es für eine erfüllende Sexualität weder Rezepte noch allgemeingültige Maßstäbe. Selbstverständlich gibt es auch keine Normen bezüglich des Lebensalters, der Quantität, der Form oder des Geschlechts.

Auch Lebensphasen ohne Sexualität sind absolut ok. Der Maßstab ist das, was gerade zu uns passt, zu unseren Lebensumständen, zu unserer Befindlichkeit, was sich gut und richtig im Moment anfühlt, am besten, was uns mit Freude erfüllt. Konventionalität macht eng, setzt unter Druck, untergräbt unsere Phantasie und unsere individuellen Ausdrucksmöglichkeiten. Wahllosigkeit, sexuelles Konsumverhalten stumpfen dagegen ab, machen unsere Empfindungen taub. In diesem sensiblen Bereich ist es doch wichtig und wunderbar, uns zu erlauben, zu dem zu stehen, was uns im Herzen berührt und was uns beflügelt! Auch, um im richtigen Augenblick *Ja* oder gegebenenfalls *Nein* sagen zu können. Wir müssen tatsächlich lernen, behutsam und liebevoll mit uns selbst umzugehen, unseren eigenen Befindlichkeiten, auch inneren Vorbehalten zuzuhören, ihnen zu trauen. Nur so lässt sich herausfinden, was uns hebt oder was dagegen Fadheit, Leere und Überdruss in uns hinterlässt – oder wo es unter dem

Deckmantel der Liebe eigentlich um etwas ganz anderes geht, nämlich um Macht, Anspruch, Abhängigkeit, oder oft eben um die Betäubung der inneren Leere, Bedürftigkeit, Einsamkeit oder einfach um eine Illusion, der wir an der Oberfläche nachjagen!

Das Gespür für den passenden Zeitpunkt spielt da mit hinein, ein Gespür dafür, wo Nähe angebracht ist und wo Distanz, ebenso für das, was uns weit macht und was ein nachhaltiges Wohlgefühl in uns auslöst. Im Übrigen ist die Bejahung und Annahme der eigenen Körperlichkeit natürlich für jedes sexuell-erotische Erleben in gleicher Weise von Bedeutung wie authentisches Verhalten und Phantasie.

Eigentlich trifft das auf alle Lebensbereiche zu: innere Impulse und äußeres Verhalten müssen übereinstimmen, es erfüllt und öffnet uns am ehesten das, was authentisch, unter dem Vorzeichen der Liebe geschieht. Denn Liebe ist die zentralste menschliche Empfindung, sie beeinflusst alles andere Erleben, sie hebt die menschlichen Erfahrungen auf eine andere Qualitätsebene.

Es ist keine Frage der Moral oder des Fortschritts, ob wir unsere Sexualität auf das Körperlich-Funktionale beschränken oder ob wir Liebe, in welcher Form auch immer, als Grundlage wählen, es ist eine Frage des qualitativen Anspruchs, nach dem wir unser Leben beabsichtigen zu gestalten – auf welcher Basis wir mit uns selbst umzugehen vermögen. Und es ist gleichzeitig eine Frage des Respekts vor dieser intimsten, innigsten Möglichkeit der menschlichen Begegnung. Wir müssen auch wissen, dass jeder sexuelle Kontakt energetische Verbindungen schafft und tiefe Spuren auch in unseren feinstofflichen Energiekörpern hinterlässt. Auch hier tragen wir die Verantwortung für das, was wir erzeugen, selbst.

Liebe – und die setzt Selbstliebe und Selbstachtung voraus – befreit. Erst dann, wenn wir die Sexualität in den Dienst der Liebe stellen – und Liebe kann sich auf vielfältige und ungewöhnliche Art und Weise ausdrücken, sie lässt sich eben nicht an den Begierden des Egos festmachen, nicht an Bildern, die wir in den Medien präsentiert bekommen, auch nicht an unserem Bestreben nach Absicherung und Dauer, schon lange nicht an bestimmten Erwartungen an einen Partner –, kann erotischer Zauber entstehen! Eigentlich noch viel mehr, es kann uns mit der Magie des Seins verbinden, mit machtvoller Schöpfungsenergie, indem wir uns direkt an hohe energetische Schöpfungsbereiche ankoppeln – das wäre dann allerdings noch einmal ein weiterführendes Thema.

Was uns wesentlich berühren soll, erfordert ein geöffnetes Herz, erfordert, dass wir bereit sind, Liebe zu und in uns selbst zuzulassen, sie durch uns fließen zu lassen. Alles andere bleibt bestenfalls seicht, bleibt oberflächlicher Reiz! Auch gut – sofern wir uns damit zufriedengeben wollen. Es ist ja eine persönliche Entscheidung, eine Wahl, die wir für uns treffen dürfen!

Auf jeden Fall ist sexuelles Erleben auf der Grundlage der Selbstachtung und Selbstliebe eine wunderbare, wenn nicht eine der wunderbarsten unter den vielen Möglichkeiten, durch die wir Liebe auszudrücken vermögen.

DAS JETZT

Das Jetzt ist der wichtigste
Augenblick in unserem Leben

Wenn alles, was ist – aus einem multidimensionalen Realitätsverständnis heraus – immer und gleichzeitig existent ist, ist die Einteilung der Zeit in Vergangenheit, Gegenwart und Zukunft eine Folge unserer spezifischen menschlichen Wahrnehmungsmentalität. Das lineare Zeitverständnis ist im Grunde also subjektiv, eine Eigenart des menschlichen Erlebens von Realität.

Unsere Wahrnehmungen und wie wir unser Leben *erleben*, hängt eng mit der Fokussierung unseres Bewusstseins auf bestimmte Inhalte zusammen. Dabei spielt Vergangenes und erwartetes, gewünschtes oder befürchtetes Zukünftiges meist eine weitaus gewichtigere Rolle als das, *was gerade ist* – die Gegenwart.

Alte Glaubenssysteme, automatisierte Reaktionsmuster, abgespeicherte Erfahrungen sind großenteils ins Unbewusste abgesackt – sie binden uns an Vergangenes und beeinflussen gleichzeitig, je nach Ausrichtung und Verfestigungsgrad, unsere Wahrnehmung der Gegenwart. Wir betrachten und beurteilen das Gegenwärtige quasi durch die Brille vergangener, gespeicherter Wahrnehmungen. Auch Erwartungen, die wir in die Zukunft projizieren, basieren auf alten Erfahrungsmustern, bzw. auf der Interpretation von Erfahrungen, die wir in der Vergangenheit gemacht haben.

Der Mittelpunkt der Zeit ist immer das Jetzt. Nur im Hier und Jetzt können wir Leben erleben! Gleichzeitig ist das Hier und

Jetzt die Schaltstelle, der Kraftpunkt, von dem aus wir entscheiden und mitgestalten können, von dem aus wir unser Lebensschiff zu steuern vermögen!

Mit unseren Gedanken und Gefühlen schaffen wir vom Gegenwartspunkt aus Verbindungslinien in die Zukunft und in die Vergangenheit. Durch solche Verbindungsstränge korrespondieren wir auf energetischer Ebene mit den unterschiedlichen zeitlichen Dimensionen und Erfahrungsbereichen. So gesehen bleiben sowohl die Zukunft als auch die Vergangenheit beweglich – und zwar, indem wir lernen, unseren Wahrnehmungsfokus bewusst auszurichten, sind die Zukunft und die Vergangenheit beeinflussbar!

Wir leben ununterbrochen in einem Jetzt. Die Gegenwart, das Jetzt ist ein magischer Punkt, er ist Dreh- und Angelpunkt unseres Seins. Es ist der einzige Punkt, der uns mit lebendigem Sein verbindet, von dem aus wir unsere Schöpferkraft einsetzen, durch den wir konkret etwas bewegen, durch den wir Leben konkret erfahren und beeinflussen können. Daraus müssen wir schließen, dass eine optimale Verankerung im Jetzt beinahe das Wesentlichste ist, was wir für uns tun können. Denn nur hier findet das Leben statt und von hier aus gestalten wir unser Leben!

Je besser wir uns auf das Jetzt einlassen und uns von dem inspirieren lassen, was dieser Augenblick in uns bewegen will, desto mehr leben wir aus unserer Mitte heraus und schöpfen von innen. Wir sind kraftvoll und zentriert. Wenn unsere Wahrnehmung unfokussiert ist oder wir uns unbewusst von belastenden, vergangenen Erfahrungsmustern antreiben lassen, verlieren wir die innere Anbindung. Dann sind es hauptsächlich die in der Vergangenheit erlernten Ego-Angst-Muster wie Skepsis, Sorgen machen, Gier, Misstrauen, die unsere Aufmerksamkeit beanspruchen, um nicht zu sagen, hypnotisieren und uns aus der Anwesenheit im Jetzt weglotsen, bzw. heraustreiben! In dieser Weise aktivieren wir unsere alten, ins Unbewusste abgesackten, angstbesetzten Muster aber immer wieder aufs Neue. Wir schaffen Verbindungsstränge, die aus der Vergangenheit in die Gegenwart und Zukunft hineinreichen und wieder und wieder wirksam werden. Das ist es, was uns letztendlich belastet und abhängig macht.

Was können wir also tun?

Eine unbefangene Aufmerksamkeit, eine bewusste Wachheit ist notwendig, wenn wir uns auf das Jetzt einlassen wollen.

Das ist natürlich eine fortwährende Herausforderung, denn ohne Übung kann sich unsere Aufmerksamkeit schwer längerfristig im Gegenwartspunkt halten. Ein unbefangenes Wahrnehmen der Gegenwart macht Schwierigkeiten, da unser Ego seine Wahrnehmungen sofort gewohnheitsmäßig beurteilt und kategorisiert. Es lässt sich ständig von eingeübten, eingefahrenen, kalkulierenden Gedankenmustern mitreißen und driftet immer wieder in seine ausgetretenen Bahnen ab.

Es gibt im Grunde nichts, was wichtiger ist als das Jetzt! Es gibt nichts außer dem Jetzt! *Nur dann, wenn wir uns wach, bewertungsfrei, ohne Widerstand und Ausweichmanöver im Jetzt aufhalten, haben wir eine Möglichkeit, authentisch zu sein!*

Auch die Glückserwartungen, die wir irrtümlicherweise in die Zukunft verlagern, können uns im Jetzt nicht ernsthaft zufriedenstellen – stattdessen lenken sie uns vom Glück, das in der Gegenwart für uns bereitliegt, und von all dem, was das Jetzt zu bieten hat, ab! Und das Gegenwärtige ist Leben pur! In die Zukunft verlegtes Glück löst dagegen Verlangen und Begierde in uns aus und vertreibt uns aus dem Jetzt.

Um das Jetzt in seiner zentralen Bedeutsamkeit auszuloten und auszukosten, benötigen wir etwas, was wir an dieser Stelle vielleicht gar nicht vermuten: Disziplin! Disziplin, hier gemeint als *Wachheit im Augenblick*, als ein erhöhtes Gewahrsein für momentane innere Vorgänge! Damit öffnen wir unsere Sinne für eine bewusste Aufnahme dessen, was sich tatsächlich gerade in uns rührt – und für das, was uns von außen berührt!

Das haben wir wahrscheinlich auch alle schon erlebt – wenn wir uns selbstvergessen auf etwas konzentrieren, dann verliert die Zeit ihre Bedeutung und wir können der Inspiration des Augenblicks uneingeschränkt folgen. Unser Zeitgefühl ist ausgeschaltet, weil wir eins mit inneren Impulsen und äußeren Aktivitäten und Gegebenheiten sind, mit dem also, was gerade ist, wir sind mit der Gegenwart verbunden und halten uns mit allen Sinnen in der Gegenwart auf. Die Gegenwart wird zur inspirierenden Kraftquelle!

Diesen Augenblick aufzunehmen, anzunehmen, wahrzunehmen ist die Grundlage jeder beseelten, inspirierten Aktion. Große Kunstwerke, große schöpferische Ideen kommen auf diese Weise zustande, aber auch jene wundervollen Glücksmomente, denen schlichte, ganz unscheinbare äußere Ereignisse zugrunde liegen.

Das Einverständnis mit dem Jetzt ist gleichzeitig ein Ausdruck der Liebe zum Leben, denn wir vertrauen dem schöpferischen Konzept und damit der Sinnhaftigkeit der Energie, die sich in diesem Augenblick durch uns hindurchbewegen möchte! Laut Eckhart Tolle neutralisiert sich sogar der Schmerz, wenn wir das Jetzt vollständig, also ohne Gegenwehr zulassen können. Denn erst unsere Vor-Urteile gegenüber dem Jetzt klassifizieren unsere Erfahrungen in ‚gut‘ und ‚schlecht‘, und genau mit dieser Kategorisierung erzeugen wir inneren Widerstand, der sich – bei negativer Einschätzung – gegen den einfließenden Lebensstrom stellt!

Energie als solche ist im Grunde wertneutral.

Die Jetzt-Energie zu akzeptieren bedeutet, uns vom Lauf des Lebensflusses weitertragen zu lassen. Es bedeutet auch, zu fühlen und anzunehmen, was gerade in uns ist! Dann steht den Dingen, die ins Rollen kommen wollen, kein emotionaler Widerstand im Wege. Störungen und Blockaden entstehen, wenn das Ego gegen den Strom schwimmt und dem Lebensfluss seinen Willen überstülpen will, wenn es aus seinem Mangelbewusstsein heraus agieren und manipulieren will. Im Jetzt zu sein, uns darauf einzulassen, führt uns immer auf die beste Fährte, auch wenn unser angstvoller Verstand uns anderes weismachen will.

Wir sind im Jetzt, wenn wir im Einklang mit dem sind, was sein will. Dabei ist es gleichgültig, ob wir aktiv sind, ruhen, ob wir mit etwas Gewichtigem beschäftigt sind, Entscheidungen zu treffen haben oder Müßiggang betreiben. Nur in der Gegenwart kommen wir in die Mitte unseres Wesens, weil wir an unsere Essenz angeschlossen bleiben und von hier aus tiefere Antriebsimpulse erkennen und aufgreifen können. Von hier aus strahlen wir auch Größe und Liebe aus!

Nicht im Jetzt sind wir, wenn wir dem Müssen und Sollen, der Unruhe und dem Besserwissen unseres Ego-Verstandes blindlings gehorchen. Das führt uns in jedem Fall aus unserer Mitte heraus – und: das ist der Normalfall!

Natürlich: Für uns auf Verstandesaktivitäten ausgerichtete Menschen ist es auch nicht leicht, es erscheint uns oftmals vollkommen unlogisch, ja gefährlich, uns *bewusst* auf den Gegenwartspunkt zu fokussieren, geschweige denn, ihm zu trauen! Wir müssen überhaupt erst wieder ein Gespür für das Jetzt entwickeln, für die intelligenten Impulse, die uns das Jetzt zur Verfügung stellt – und dafür, dass wir uns überhaupt gestatten dürfen, im Jetzt, in der Gegenwart anwesend zu sein! Anwesend in uns selbst! Wenn wir im Jetzt sind, sind wir bewusst! *Wenn wir im Jetzt sind, sind wir immer richtig*!

Denn entgegen den landläufigen Vermutungen des Egos macht weder die ängstliche Bezugnahme auf Vergangenes frei, noch sind es die Ziele in der Ferne! Das Jetzt ist der einzige Standort, von dem aus es möglich ist, Leben wahrzunehmen, nach innen zu hören, vielleicht sogar, mit unserer inneren Quelle der Liebe zu kontaktieren. Indem wir ins Jetzt einsteigen, haben wir die

Chance, solchen Impulsen Einlass zu gewähren, die sich auch für die großen Lebenszusammenhänge als optimal, wenigstens als passend erweisen – und zwar ganz unabhängig davon, ob diese Impulse unseren gängigen Vorstellungen von Vernunft und Logik entsprechen oder nicht.

Wir entscheiden uns für das Wesentliche und im Sinne einer höheren, weiseren Logik, die weit über den Verstand, das Kontrollverhalten des an ewigem Mangel leidenden Egos hinausgeht!

LIEBE DICH SELBST –
SO LIEBST DU
DEINEN NÄCHSTEN

Selbst-Liebe ist die Voraussetzung
für Nächstenliebe

Horchen wir doch jetzt gleich einmal unvoreingenommen in uns hinein und stellen uns die Frage: Sind wir tatsächlich bereit und fähig, uns selbst zu lieben oder wenigstens: uns so anzunehmen, wie wir sind, in positiven wie in negativen Aspekten – oder knüpfen wir unsere Bereitschaft, uns selbst anzunehmen, an bestimmte Bedingungen, an die Beurteilungen, Vorstellungen oder Erwartungen, die unsere Umwelt an uns richtet oder: die wir an uns selbst richten?

Folgende Fragen sollten wir uns selbst stellen: Begegnen wir uns selbst mit Wärme und Verständnis? Vor allem auch dann, wenn wir unseren eigenen Erwartungen und Vorstellungen nicht entsprechen können? Wie sieht es überhaupt mit den Erwartungen und Vorstellungen uns selbst gegenüber aus? Inwieweit sind wir uns *überhaupt* bewusst, welche Erwartungen wir an uns haben und was sie unterschwellig mit uns machen?

Können wir Geborgenheit in uns selbst herstellen und fühlen? Mögen wir unsere äußere Erscheinung, unseren Körper? Einschließlich seiner Mängel – oder setzen wir ihn unserer ständigen Kritik und Nichtachtung aus? Kennen wir überhaupt unsere eigenen Stärken, unsere Vorzüge? Gönnen wir uns jederzeit das Beste? Achten wir unsere Grenzen? Genießen wir unsere Erfolge? Wie stehen wir zu unseren Irrtümern, können wir unseren eigenen Schwachstellen mit Humor begegnen und uns unsere Unvollkommenheiten und Verfehlungen nachsehen – und vergeben? Lieben wir uns einfach darum, weil wir sind – oder sind wir nur bereit, uns dann Liebe zuzugestehen, wenn wir eigenen oder gesellschaftlichen Ansprüchen genügen können? Vor allem: stehen wir zu dem, was wir fühlen, zu unseren Gefühlen? Zu guten Gefühlen wie Freude – und zu negativen Gefühlen wie Angst, Wut etc.?

Bei ehrlicher Beantwortung wird sich kaum einer finden, der von sich behaupten kann, sich selbst uneingeschränkt anzunehmen, geschweige denn zu lieben. Im Gegenteil, wir sind uns in der Regel kaum bewusst, wie wenig Anerkennung wir uns selbst zugestehen und in wie vielen Aspekten wir uns dagegen ablehnen, verurteilen, uns sogar an bestimmten Punkten im Verborgenen hassen oder wie wir bestimmte, negativ beurteilte Aspekte vorsorglich zu leugnen versuchen – und sie stattdessen auf andere projizieren.

Wie aber soll es dann möglich sein, unseren Nächsten zu lieben, wenn wir noch nicht einmal fähig sind, uns selbst aufrichtig zu achten, zu beachten, uns Liebe zuzugestehen! Wenn wir kaum erkennen, wie wenig Liebe wir uns selbst zugestehen? Und: wie sollen wir die Irrtümer unseres Nächsten verzeihen, wenn wir uns selbst nicht verzeihen können!

Unser Selbst ist der Kern- und Bezugspunkt unseres Seins. Was wir nach außen abgeben wollen, muss hier, in der Beziehung zu uns selbst entwickelt werden. Denn es stehen uns immer nur solche Wahrnehmungsschemata zur Verfügung, die wir uns selbst gegenüber anzuwenden in der Lage sind!

So ist die Haltung, die wir uns selbst gegenüber einnehmen, maßgebend für die Haltung, die wir einem anderen gegenüber einnehmen. Wie wir uns selbst wahrnehmen und unsere Wahrnehmungen interpretieren, schafft die Atmosphäre, die unser Denken und Handeln prägt.

Es wird klar, dass wir mit unserem Nächsten sowie mit allem Lebendigen, die Natur, die Umwelt eingeschlossen, nur in einer Weise umzugehen fähig sind, in der wir mit uns selbst umzugehen vermögen. Ohne Selbst-Liebe ist aufrichtige Nächstenliebe – und hier ist Nächstenliebe im weitesten Sinne gemeint – gar nicht denkbar. Es ist einfach nicht möglich, den zweiten Schritt vor dem ersten zu tun.

Solange wir an den Unwertgefühlen und an der Urteilssucht des Egos sich selbst gegenüber hängen, vor allem, dies selbst kaum bewusst registrieren, bleibt nicht nur Selbstliebe, sondern infolgedessen auch Nächstenliebe eine Utopie, eine fromme Absichtsbekundung, ein leeres, floskelhaftes Versprechen, das wir so nicht einzulösen vermögen. Schlimmer noch, wir wissen oft nicht einmal, woran wir Selbstliebe erkennen und woran wir sie eigentlich festmachen können. Leider muss man feststellen, dass Begriffe wie Mitgefühl, Selbstliebe, Selbstwert, Nächstenliebe in der breiten Öffentlichkeit ungemein oberflächlich verstanden und interpretiert werden – oft nur im Kontext der Bedürftigkeitserfüllung – und der tiefere Bezug nicht einmal ansatzweise hergestellt wird.

Unwertgefühle sind willkürliche Selbst-Abwertungen – letztlich sind sie eine Folge unserer Trennungsängste, der Angst vor dem Getrenntsein vom göttlichen Ganzen! Nur indem wir uns bewusst rückverbinden, indem wir unser Einssein mit dem göttlichen Ganzen in Betracht ziehen, kann auch mehr und mehr erfahrbar werden, was hinter den Unwertgefühlen und Selbstverurteilungen unseres sich vom Ganzen isoliert fühlenden Egos in uns wohnt. Das ist Liebe – universelle Liebe ist die Basis allen Lebens.

Wir dürfen uns selbst anerkennen, mit Liebe rückverbinden – einfach darum, weil wir sind, und nicht nur dann, wenn wir glauben, irgendwelchen Kriterien (die an der Lebensoberfläche durchaus Sinn machen können) zu genügen.

Die innere Befindlichkeit der meisten Menschen sieht derzeit jedoch noch ganz anders aus. Meistens gewähren wir uns – wenn überhaupt – nur Anerkennung und Liebe für etwas, was oder wie wir gerne *wären,* womit wir uns schmücken oder was wir vor anderen gerne darstellen *würden.* Uns anzuerkennen oder uns zu erlauben, uns so wahrzunehmen, wie wir tatsächlich sind, mit inneren und äußeren „Defiziten", mit dem, was wir bei ehrlicher Betrachtung von uns zu Gesicht bekommen, ist kein geläufiges Verhaltensmuster. Das haben wir schlichtweg nicht gelernt. Innere Schatten und Schlacken, innere und äußere Begrenzungen, eigene alltägliche Schummeleien lassen sich aber nur im Lichte des Selbsterkennens, des Selbstanerkennens und der Selbstliebe lösen.

Selbstliebe kann gedeihen, wenn wir verstehen, dass wir nicht darum bangen müssen, dass das Leben uns aufs Abstellgleis geschoben hat oder uns irgendwie von den tollen Dingen des Lebens auszugrenzen beabsichtigt, dass wir nicht gut genug, nicht wert oder irgendwie falsch sind so, wie wir sind. Eine entscheidende Erkenntnis ist, dass Unwertgefühle (die sind natürlich immer an Unwertgedanken gekoppelt) irreführende Streiche sind, die wir unserem Ego glauben. Das, was das Ego uns als Mangel vorgaukelt, basiert auf einer ausschließenden Ich-Identifikation und einem Weltbild der Vereinzelung und dementsprechenden Ängsten vor Machtlosigkeit und Ausgeschlossensein. Indem wir uns immer wieder mit dem Gedanken vertraut machen, dass wir vom Allganzen getragen und versorgt werden, über die Bewertungen anderer, das alltägliche Lebensgeschehen und die Anforderungen des Lebens hinaus, dass wir richtig und gewollt und mit wunderbaren gestalterischen Kräften ausgestattet sind, kann die innere Anbindung an das Allganze wachsen – und damit die Liebe in und zu uns selbst!

Auch die Schranken zwischen uns und einem anderen können sich öffnen, je mehr wir uns als gleichwertigen und gleichberechtigten Anteil des Allganzen wahrnehmen. *Wenn wir also Liebe*

*in und für uns selbst aufbauen, dienen wir der Liebe als solcher,
wir dienen dem Ganzen, uns und dem anderen, uns und unserem
Nächsten.*

In unserem Kulturkreis lernen wir schon frühzeitig, den Begriff
‚Nächstenliebe' misszuverstehen, ihn geradezu einseitig zu glo-
rifizieren und propagieren. Dagegen erscheint uns Selbstliebe
verwerflich und unsozial – wir verwechseln Selbstliebe mit
Egoismus!

Dieses Missverständnis impliziert ein permanentes unter-
schwelliges schlechtes Gewissen und weitere Schuldgefühle! So
nagen einerseits hartnäckige Zweifel bezüglich unseres Eigenwertes an uns, andererseits fühlen wir uns genötigt, Nächstenliebe
öffentlich zu bekunden, die aber ohne den inneren Rückhalt der
Selbstliebe nicht echt und daher weder nährend noch wirklich
verbindend ist.

Die Krux an der Sache ist eben, dass wir diesen Zusammenhang kaum sehen und verstehen! Unser Ego erkennt sich in seinem Mangelbewusstsein nicht, schon lange nicht in den eigenen
alltäglichen Geschehnissen, Handlungen, Gedanken etc. Es weiß
nicht, wie spärlich es sich Anerkennung zugesteht. Und genau
hier muss der Hebel angesetzt werden – in der Bewusstheit uns
selbst gegenüber!

In unserer Gesellschaft wird Nächstenliebe gerne öffentlich
bekundet, besonders gerne verbal – allzu oft eine aufgesetzte
Show, die alleine dem eigenen Ego schmeichelt. Wenn Nächstenliebe zu hohlen Worthülsen verkümmert und nicht vom Herzen gestützt ist, lassen wir uns lediglich vom schuldbewussten
Verstand des Egos leiten, der darauf setzt, mit schönen Worten
punkten zu können.

So wird auch der Glaube an Verzicht und Selbstaufopferung gerne
in Zusammenhang mit Nächstenliebe gebracht und eine damit
verbundene Hoffnung auf die Erhöhung des Selbstwertes impli-

ziert – wieder ein Zeugnis eigener Unwertgefühle. „Gutsein" im Sinne des Opferns bedeutet: sich selbst das „Gute" vorzuenthalten oder sich selbst nichts „Gutes" gönnen zu dürfen!

Verzicht und Opfer – sofern wir es als das empfinden (nicht gemeint ist ein aus tiefer Erkenntnis und Freude geleisteter Verzicht) – beruhen nicht auf Selbstliebe und sind erst recht kein Zeugnis wahrer Nächstenliebe! Diese Vorstellung der Aufopferung als eine Art Selbsterhöhung widerspricht dem Grundprinzip Liebe, denn Liebe schließt als notwendige Basis immer Fülle und Versorgung des *eigenen* Selbst, also Selbst-Achtung und Selbst-Liebe mit ein. Es heißt ja nicht: Liebe deinen Nächsten und dich selbst *nicht*, es heißt auch nicht: Liebe deinen Nächsten mehr als dich selbst, sondern vielmehr ist gemeint: *Liebe deinen Nächsten in gleicher Weise wie dich selbst.*

Solange wir die Notwendigkeit von Nächstenliebe moralisch höher ansiedeln als die der Selbstliebe, gehen wir dem irrtümlichen Glauben des Egos auf den Leim, dass Liebe außerhalb des Selbst beginnt, dass Liebe etwas ist, was von anderen gemacht wird und von außen auf uns zukommt. Anstatt die Fähigkeit zu lieben in uns selbst anzulegen, wird dann von anderen erwartet, dass sie Liebe, Versorgung, Heilung, Fülle usw. zu uns bringen sollen. Doch Wirklichkeiten entstehen, indem wir die Dinge *von innen heraus* erschaffen und sie auf diesem Wege im Außen sichtbar werden lassen – dies ist die Reihenfolge! Wir können nicht im Außen etwas herstellen, was wir in uns selbst nicht entwickelt haben.

Reales Erleben ist die Rückwirkung dessen, was in uns selbst wirkt! So beruht jede einseitige Erwartung, Liebe, Zuwendung, Versorgung durch andere Menschen zu gewährleisten, auf der Nichtkenntnis dieses Prinzips.

Man muss es so sagen: Nächstenliebe, in Form der gesellschaftlich vielzitierten Toleranz – insbesondere die demonstrativen medialen Betroffenheits-Statements „wichtiger Personen" – ist allzu oft unecht und beruht auf Mogelei! Nächstenliebe wie

Toleranz bleiben eine Farce, solange wir übersehen, dass in uns selbst die Keimzelle für Liebe ist und wir inwendig beginnen müssen. Wie gesagt, die allermeisten Menschen übersehen diesen Faktor, sie missverstehen diesen Ansatzpunkt geflissentlich. Nur von der Position dieser inwendigen Läuterung aus ist es möglich, das Klima und das soziale Verständnis untereinander, auch zwischen den Völkern, Religionen und Rassen, wirksam zu verbessern. Jeder ist aufgefordert, bei sich selbst zu beginnen, um zunächst zu lernen, Liebe in sich selbst zuzulassen. Und das ist tatsächlich höchste Lebenskunst, da sind wir alle im Mangel und haben reichlich Nachholbedarf.

Im Klagen steckenzubleiben, in Erwartungs- und Anspruchshaltungen zu verharren, die „armes-Opfer-Haltung" zu pflegen, um uns von außen mit Zuwendung zu versorgen, bringt uns da nicht im geringsten vorwärts! Das ist ein gigantisches, folgenschweres, kollektives Missverständnis! Egal ob es sich um die Erwartungshaltung gegenüber anderen Menschen, Ehepartnern, dem Staat, den Politikern der Länder und Völker oder sonst jemandem handelt, so operieren wir an der falschen Stelle. Zuwendung und Liebe sind Verwandte, sie müssen in uns selbst gepflegt, in uns selbst vermutet und erlebt werden. Wie wollen wir ehrliches Mitgefühl und Liebe für andere empfinden, etwas von Herzen weitergeben oder abgeben, wenn wir selbst im Mangel- und Unwertbewusstsein verhaftet sind, ja, wenn wir diesen Missstand in uns selbst kaum wahrnehmen? *Denn der Mangel an Selbstliebe lässt uns aus unlauteren Motiven handeln, er lässt uns egoistisch und selbstsüchtig, berechnend, neidisch, missgünstig und hart werden, dementsprechend lässt er uns Nächstenliebe vortäuschen und/oder er lässt uns ins Floskelhafte verfallen. Er lässt uns an Egolösungen glauben.*

Dass mit Liebe und Nächstenliebe nicht Friede, Freude, Eierkuchen gemeint ist, haben wir bereits besprochen. Innere Gradlinigkeit und konsequentes Handeln mag mitunter nach außen hin hart erscheinen – und kann doch auf Liebe beruhen!

Solange wir gar nicht genau wissen, wie es sich anfühlt, Liebe in uns selbst zuzulassen, hoffen wir weiter darauf, durch die Liebe anderer die fehlende Selbst-Liebe ersetzen zu können. Wir fühlen uns von einer unbestimmten Hoffnung auf Geborgenheit und Wärme umhergetrieben; das, was wir ersehnen, versuchen wir dann offen oder verdeckt, bewusst oder unbewusst anderen abzunötigen – oder vorzuhalten. Liebe ist aber nichts, was sich reglementieren oder worüber sich verhandeln lässt! Was wir von anderen einfordern, aus der Angst heraus, selbst zu kurz zu kommen, ist letztendlich ein Merkmal dafür, dass wir an dieser Stelle versäumt haben, uns für die Liebe in und zu uns selbst zu öffnen.

Aber: das schließt nicht aus, an der richtigen Stelle, zur richtigen Zeit, berechtigte Ansprüche energisch geltend zu machen, das kann durchaus ein Zeichen der Selbstliebe sein.

Wir kommen nicht über das Außen nach innen. Wir müssen uns dem inneren Lebensquell öffnen, wir müssen uns zutrauen, uns von innen zu speisen! Erst dann, wenn wir unser Selbst von innen mit Liebe durchtränken, strahlen wir Liebe aus. Und das Beste ist: so kann sich dann auch Liebe auf andere übertragen – natürlich, sofern sich auch der andere nicht verschließt, sofern auch er aufnahmebereit ist!

Das uralte Dilemma ist ja, dass wir nach wie vor die Welt verbessern wollen, indem wir anderen Menschen, dem Staat, den Behörden, den Verwandten, die Zuständigkeit für Verbesserung, also für mehr Liebe, Hilfe, Verständnis überantworten. Für den Mangel an Liebe in der Welt macht unser aller Ego nur zu gerne die Mängel anderer verantwortlich. Wir müssen uns selbst mit einbeziehen, wir müssen bereit sein, die Beziehung zu uns selbst und zum Leben zu prüfen, ehrlich zu prüfen, das ist die Ausgangsposition, wenn wir nachhaltig im Außen etwas verbessern wollen. Übrigens, auch das schließt nicht aus: Missstände im Außen zu erkennen und sie gegebenenfalls deutlich zu benennen, im privaten Lebensbereich bis hin zu den höchsten Ebenen globaler Drahtzieher und übler Schurken. Auch das sind wir uns im Sinne der Selbstliebe schuldig. Den Unterschied macht: nicht im Benennen oder in Beschuldigungen hängen zu bleiben.

Nächstenliebe ist viel mehr als ein bloßes Solidaritätsbekenntnis. Allmählich bemerken wir, dass es so auch gar nicht funktioniert. Wir können nicht die Lebensumstände anderer, schon lange nicht die ganzer Länder und Völker, allein durch schöne Worte und durch Taten, die nicht wirklich in Einklang mit Selbstliebe stehen, sanieren. Es bedarf der Liebe in uns selbst und zu uns selbst, wenigstens der Selbstachtung, als verbindende Essenz, wenn wir uns anderen im Geist allumfassender Liebe zuwenden wollen, wenn wir ernsthaft den Anspruch haben, transformatorische Prozesse für alle Beteiligten in Gang zu setzen, Heilungsprozesse, die über die Scheinmoral des Egos und über Ego-Eitelkeiten hinausgehen sollen. Und da leiden wir kollektiv Mangel, der uns in einem Maße, das uns allerhöchstens ansatzweise bewusst ist, zu unsäglichen Schuldgefühlen, zu ideologischen Banalitäten und zu Fremdbestimmtheit verleitet.

Die Grenzen untereinander überwinden wir, indem wir uns nach innen aufschließen, um uns der Quelle der Liebe anzuschließen. Hier wird die Verbundenheit, die Gemeinsamkeit alles Lebendigen spürbar, erfahrbar; das ist es, was Nächstenliebe meint. Echt empfundene Nächstenliebe beruht nicht auf sentimentalisiertem Mitgefühl, nicht auf theoretischen moralischen Bekenntnissen oder schönen Worten, auch nicht auf moralischer oder politischer Correctness, sondern sie ist ein Resultat der Fähigkeit zu gefühlter Selbst-Liebe, anders ausgedrückt, sie beruht auf menschlicher Reife.

Selbstliebe ist die Quintessenz der Heilung und die erste Voraussetzung für Nächstenliebe. Liebe zu lernen, das ist die zentrale Herausforderung unserer Zeit!

Selbst-Liebe und Egoismus

Jede Form von Selbstsucht und ausgelebtem Egoismus beruht auf der Unfähigkeit, sich selbst zu lieben! Klar sein sollte aber erst mal: als menschliche Wesen besitzen wir alle ein mehr oder weniger ichbezogenes, selbstsüchtiges Ego!

Ein gemeinhin als Egoist bezeichneter Mensch ist aber mehr als das, er ist sozusagen der Prototyp für die Unfähigkeit oder Unwilligkeit, Mangel und Angst in sich selbst zu reflektieren und zu bearbeiten. Er ist zutiefst von Unwürdigkeits- und Mangelgefühlen durchsetzt, er verurteilt sich selbst, er mag sich nicht wirklich und glaubt deshalb, dass auch andere ihm weder fair begegnen noch ihn lieben könnten. Der Egoist ist überzeugt, dass andere oder das Leben ihm die gleiche Skepsis, das gleiche Misstrauen entgegenbringen, das er sich selbst gegenüber hegt. Er hadert mit sich und dem Lebensumfeld. Er fühlt sich permanent vernachlässigt und ist geneigt, sich mehr herauszunehmen als andere, seine innere Bedürftigkeit will permanent gestillt, seine Mangelbefindlichkeit ausgeglichen werden.

Ihm fehlt Urvertrauen, das Vertrauen, es wert zu sein, vom Leben versorgt zu werden, also auch das Vertrauen, sein Wertgefühl sowie sein schöpferisches Potential aus Freude und eigener Kraft entfalten zu können. Er meint, nichts wirklich zu verdienen, nichts Erfüllendes und Zufriedenstellendes aus sich selbst heraus bewirken zu können, er sieht sich gezwungen, seine Interessen durch Schlitzohrigkeit, durch Tricks oder durch Forderungen und auf Kosten anderer sicherstellen zu müssen.

Der Egoist fühlt sich vom Lebensfluss isoliert, irgendwie vom Leben im Stich gelassen, vom Leben nicht ausreichend bedacht. Die einzige Möglichkeit, seine Defizite zu beheben, sieht er darin, andere Menschen nach seinem Willen zu zwingen, anderen etwas zu entziehen, abzuerkennen oder ihnen etwas aufzuoktroyieren.

Um sich selbst mit Beachtung, Zuwendung, materiellem Gut zu versorgen, sieht er sich genötigt, anderen etwas vorzuenthalten, besonders gern weist er ihnen Schuld bezüglich des selbst empfundenen Mangels zu – und macht es an äußeren Faktoren fest! Der Egoist erwartet, setzt herab, er fordert, er setzt unter Druck, um das zu bekommen, wonach er sich sehnt. Er agiert dabei nicht unbedingt offensichtlich offensiv und fordernd, sondern bei entsprechender Veranlagung sehr subtil, in einer nach außen hin defensiven, mitunter sogar äußerlich freundlichen, freundschaftlichen Haltung. Besonders gerne präsentiert er sich als sozial engagiert – in Worten! Nicht selten glaubt er sogar, er sei tatsächlich ein mitfühlender Zeitgenosse. Meistens erkennt er seinen Egoismus selbst gar nicht, denn er kann sich in seinem Mangelbewusstsein nicht sehen und trägt eine Saubermannfassade vor sich selbst und nach außen! Er erkennt nicht, dass die Ursache seiner Leiden und seiner Wahrnehmungen auf einem tiefwurzelnden Misstrauen sich selbst gegenüber beruht. Es ist ihm nicht möglich, sich selbst wirklich liebevoll zu betrachten und zu begegnen. Darum ist es ihm auch nicht möglich – ohne Berechnung und ohne Rückerwartung – abzugeben, er gönnt anderen nichts, weil er das, was andere haben, als eigenen Verlust oder als Misserfolg sieht.

Der Egoist glaubt, Liebe und Selbst-Vertrauen bedeuten, dass andere nach seiner Pfeife tanzen, indem sie seine Bedingungen anerkennen und seine Erwartungshaltungen erfüllen. Im krassen Gegensatz zu seinen Worten fällt es ihm in der Praxis schwer, sich liebevoll auf andere einzustellen – und wenn er sich anderen zuwendet, ist er berechnend! Er ist nicht fähig, sich flexibel und freudig auf die Vielseitigkeit und Farbigkeit des Lebens einzulassen. Seine durch Erwartungshaltungen geprägte und auf Vorteilsnahme ausgerichtete Struktur macht seine Wahrnehmungen starr, eingleisig und stumpf.

Ach, – bevor wir es wieder vergessen: wir dürfen uns gerne an unsere eigene Nase fassen! Natürlich tragen wir alle egoistische Tendenzen in uns. Egoisten sind wir dort, wo wir uns vom angstvollen Ego leiten, besser gesagt, verleiten lassen! Das ist unsere menschliche Prägung – und erst mal normal. Das Ego ist ichbezogen und eigennützig. Darüber hinauszuwachsen heißt: es bei sich selbst zu erkennen! Auszusteigen, sich der Liebe zu erinnern, statt sich vom Ego treiben zu lassen.

Das Ego agiert einfach aus seiner tief sitzenden Trennungsangst heraus und oftmals versteht das Ego diese Ängste durch eine geschickte Logik zu tarnen – ganz besonders trickreich ist es bei der Verschleierung seiner Angstmotive vor sich selbst! Das Ego will uns weismachen, es sei gefährlich, zu lieben und zu trauen, es glaubt, misstrauen, kontrollieren, festhalten oder beschwichtigen zu müssen, um zu dem zu kommen, was es sich wünscht. Dazu kommt, es stellt seinen *eigenen* Wert in Relation zu *äußeren* Wertigkeiten.

Wenn wir der Egoherrschaft den Garaus machen wollen, wenn wir den Egoismus überwinden, na, sagen wir lieber, mildern wollen, heißt der erste Schritt: den Egoisten in uns selbst zu erkennen! Das Ego liebevoll zu überführen! Es heißt, unsere Selbstanteile in ihrer Gegensätzlichkeit und Vielschichtigkeit zu akzeptieren, ohne sie permanent zu klassifizieren, in erwünscht und unerwünscht, wert oder unwert. Die Kunst ist, uns zu lieben, so, wie wir mit Egoanteilen sind, einfach darum, weil wir existieren, weil wir einmalige, faszinierende, facettenreiche, lebendige Wesen sind. Wir sind Aspekte der Schöpfung, egal welche Seite derzeit in uns anklingt. Damit ziehen wir dem Ego den Giftzahn.

Ja, wir brauchen schon eine gehörige Portion Mut, um nach innen zu sehen, uns in all unseren menschlichen Aspekten, in unserer Ambivalenz, unseren Licht- und Schattenbereichen anzuschauen, zu verstehen! Gerade die schwierigen Bereiche müssen wir vor uns selbst offenlegen und ihnen Verständnis entgegenbringen. Wenn wir lernen wollen, uns selbst zu lieben, wenigstens uns anzunehmen, müssen wir begreifen, dass wir nichts erfüllen müssen, dass es keine Gründe braucht, um uns der Liebe wert fühlen zu dürfen – auch unser Ego ist göttlich! Selbstverständlich heißt das nicht, ab sofort alles mit künstlichem Wohlwollen oder etwa mit positivem Denken zu übertünchen. So banal ist es leider nicht. Wir müssen uns gestatten, dass immer auch die gegenpolige Tendenz in uns angelegt ist: sich hilflos, erfolglos, schüchtern, hässlich, intrigant, neidisch, lustlos zu fühlen, weist nur darauf hin, dass wir uns in einer Gegenbewegung befinden, denn als Menschen bewegen wir uns derzeit zwischen den Polen hin und her, und das bedeutet, solange wir diesem Prinzip unterliegen, sind wir fehlerhaft, verwundbar. Es ist unmöglich, an einem Pol (dem positiven) zu klammern und den anderen (den negativen) zu negieren, auch der Gegenpol will akzeptiert sein, sonst läuft er uns so lange „nach", bis er die notwendige Anerkennung erhält. Erst mit dieser Anerkennung räumen wir den Weg frei, um eine reifere Perspektive einzunehmen, uns an höhere Selbstanteile und unser Göttliches Selbst, das in der Einheit verankert ist, anzubinden. Selbstanerkennung räumt den Weg für essentielle Liebe frei!

Wenn wir uns annehmen können, wie wir sind, wird es überflüssig, uns in schön gefärbte Selbstbilder hineinzuzwängen. Nur wenn wir uns Schwäche gestatten, sind wir stark! Stark sind wir nicht, wenn wir uns eine künstliche Fassade zulegen und sie angestrengt aufrechterhalten, um Unverletzlichkeit, Macht, Profil oder Erfolg nach außen hin zu demonstrieren. Glatte, aufgesetzte Fassaden sind Barrieren, die wir uns selbst in den Weg stellen. Stark sind wir, wenn wir – vor allem vor uns selbst – nichts verbergen müssen.

Selbst-Liebe ist die beste und wichtigste Voraussetzung für Eigen-Macht und Entwicklung, für die Umsetzung unserer Visionen – denn sie befreit uns von unterschwelligem Widerstand, Groll und den Vorbehalten uns selbst gegenüber.

Je mehr Anerkennung – noch schöner: Liebe – wir uns also zugestehen, desto stabiler sind wir! Dies ist auch die solide Aktionsbasis, von der aus wir uns nicht mehr so leicht entmutigen lassen, wir können Misserfolge und Rückschläge verarbeiten, sie greifen uns in unserem Selbstverständnis viel weniger an. Wir werden beweglicher, einsichtiger und änderungsbereiter, wir können uns selbst bewertungsfreier betrachten und eine Beobachterposition uns selbst gegenüber einnehmen. Von dieser Position aus ist es viel leichter zu erkennen, was in unserem Leben einer Änderung oder Einstellungskorrektur bedarf oder welche Entscheidung zu unserem Wohl dient und welche nicht.

Sich selbst zu lieben, bedeutet immer auch, an Rückgrat zu gewinnen! Wir fühlen uns nicht mehr gedrängt, *Ja* zu sagen, wenn wir *Nein* meinen und umgekehrt, wir können Nähe zulassen und Distanz halten, denn wir lernen, zu dem zu stehen, was in uns vorgeht. So trauen wir uns auch viel eher zu, Unpopuläres nach außen hin zu vertreten.

Wenn wir uns selbst als das anzunehmen bereit sind, was wir sind, brauchen wir weniger Kompromisse einzugehen! Nur dort, wo wir uns nicht annehmen können, unterliegen wir den zwanghaften Automatismen, den Verlockungen und Täuschungen unseres Egos. Selbst-Liebe führt uns immer auf die richtige Fährte, Selbst-Liebe macht weit und großherzig anderen gegenüber, sie impliziert Lebensfreude und Lebensbejahung. Und: Selbst-Liebe ist Voraussetzung für jede ehrliche, erfüllende Beziehung, denn sie löst uns aus Abhängigkeiten und Unterordnung!

Mit Selbst-Liebe können wir uns mit dem nötigen Abstand, also auch mit mehr Humor betrachten. Wir kommen in den Genuss, über uns selbst lachen zu können, denn wir sehen unseren Wert weniger in Frage gestellt, wir gestatten uns Fehlleistungen, müssen sie nicht vor uns selbst leugnen! Oder wir definieren sie gar nicht mehr als Fehlleistung. Sich selbst zu lieben, geht konform mit einem gesunden Selbstwertgefühl.

Selbst-Liebe hat also immer auch etwas mit dem aufrichtigen Bedürfnis nach Selbsterkenntnis zu tun, denn nur, wenn wir in der Lage sind, unsere eigenen Beweggründe nachzuvollziehen, wenn wir bereit sind, liebevolles Verständnis dafür aufzubringen, was in uns vorgeht, lernen wir Toleranz. Und diese Toleranzfähigkeit uns selbst gegenüber ist wiederum die Voraussetzung für die Toleranzfähigkeit, die wir der Welt entgegenbringen.

Selbst-Liebe ist keine abrufbereite Größe und kein zufälliges Privileg, wir müssen Selbstliebe entwickeln, und dies ist ein Prozess, ein Lernprozess, der nur mit einer Überwindung unserer Trägheit einhergeht, mit Wachsamkeit uns selbst gegenüber, er will aktiv unterstützt werden.

So ist der bewusste Entschluss, uns selbst Anerkennung und Liebe zuzugestehen, ein entscheidender Einschnitt auf unserem Lebensweg. Es wird Bereiche geben, wo uns dies leicht fällt. Es gilt aber vor allem auch solche Bereiche aufzuspüren, die wir sorgfältig ausblenden, die wir wie innere Fremdkörper behandeln, weil wir sie negativ bewerten, weil sie schmerzlich sind und wir sie daher nicht ansehen und nicht zulassen wollen. Es ist unmöglich, etwas zu ändern, was wir angstvoll vor uns verschlossen halten – übrigens hat das immer etwas mit emotionalen Ladungen zu tun, vor denen wir uns herumdrücken wollen. Erst wenn wir den wunden Punkt finden, wenn wir unsere eigenen emotionalen Ladungen und destruktiven Glaubenssätze bewusst wahrnehmen und offenlegen, kann der Strom von Annahme und Wärme, von Licht und Liebe gezielt auf diese Bereiche gerichtet werden. Wir spüren dann förmlich, wie sich die Spannungen zu lösen beginnen. Mit Übung können wir den Liebesstrom anwachsen lassen und intensivieren, nach oben gibt es keine Grenze. Vor allem, wir können unsere Kreativität und unsere lichtvollen Kräfte sehr viel effektiver freisetzen.

Auch dort, wo es uns nicht gleich gelingt, Liebe zuzulassen, wo wir den alten Egoismus in uns registrieren, sollten wir uns dies – so liebevoll wie möglich – nachsehen. Auch das ist Selbstliebe! Es lässt sich nichts erzwingen. Zu einem späteren Zeitpunkt wird sich unsere Bereitschaft, uns selbst mit Liebe zu versorgen, auszahlen.

Mit der Fähigkeit, uns selbst, mit unserem Ego, zu lieben, wächst unsere Authentizität, es wächst unsere Ausstrahlungskraft, unsere Wahrhaftigkeit und unsere Schöpferkraft. Wenn wir uns lieben für das, was wir sind, befreien wir uns von disharmonischen, eingefahrenen Mustern und Ohnmachtsstrukturen. Harmonie in diesem Sinne ist Akzeptanz der Schöpfung, so, wie sie ist – nicht zu verwechseln mit Fatalismus oder einem oberflächlichen Harmonieverständnis, durch das wir dem, was in uns ist, nur ausweichen wollen – denn das beruht ja gerade auf angstvoller Ignoranz, auf Nichtakzeptanz dessen, was ist.

Die beste Investition, die wir in das Leben einbringen können, ist zu lernen, uns selbst zu lieben – so viel wie möglich, so intensiv wie möglich.

Kriterien des Heilwerdens

Wir leben in einer Zeit des weltweiten Umbruchs. Was uns wert erschien und woran unsere modernen Zivilisationen geglaubt haben, moderne Dogmen wie Wachstum, Machbarkeit, Funktionalität, Berechenbarkeit, Globalisierung sind brüchig geworden, die vertrauten Wertesysteme sind akut reformbedürftig. Wenn wir als Spezies auf diesem Planeten überleben wollen, müssen wir uns neu orientieren bzw. rückerinnern oder: uns unserer Allverbundenheit bewusst werden.

Wie jeder bedeutende Wandlungsprozess ist das eine auf-
rüttelnde Phase, dies bezeugt der derzeitige Zustand der Erde.
Disharmonisches tritt deutlicher zutage, es wird offensichtlicher,
Schmerzliches bricht vermehrt auf, das Dunkle wird aufgewirbelt,
es muss an die Oberfläche. Dieser Vorgang ist notwendig, es muss
ans Licht, um sich verabschieden zu können und den Weg für
neue Paradigmen freizumachen.

Solange wir allerdings nur an äußeren Symptomen herum-
doktern, erschweren wir Heilung auf persönlicher und globaler
Ebene.

*Mangelnde Ein-Sicht, Bequemlichkeit, das Fehlen von Respekt
vor der Natur, Wissenschaftsgläubigkeit als Gottersatz, Ignoranz
des Prinzips universelle Liebe zieht Leiden hinter sich her.*

Wir sitzen jedoch in unseren gewohnten Glaubensstrukturen
und Glaubensgewohnheiten, die auf Mangel beruhen, noch derart
fest, dass vielen die Schlichtheit dieser Aussage allzu weltfremd
vorkommt, noch schwieriger erscheint es, Liebe und Ein-Sicht
in die Lebenspraxis konsequent einzubeziehen!

Täglich wächst die Anzahl der Menschen, die sich Wandlung und
Heilung auf die Fahnen geschrieben haben. Das sind Menschen,
die sich den Anforderungen der Zeit stellen, die aufwachen und
die Gängelung und Beeinflussung durch zerstörerische Kräfte
von Eliten aufdecken und durchbrechen, Menschen, die nach
Alternativen suchen – und sie beginnen sie umzusetzen. Menschen, die verstehen, dass die alten Denkmodelle ausgedient und
uns an den Abgrund geführt haben – die sich auf das wunderbare
Abenteuer eingelassen haben, bei sich selbst zu beginnen. Menschen, die erkennen, dass dieser Weg nur über innere Ein-Sicht
und eine liebevolle Beziehung zu uns selbst und zur Schöpfung
führen kann. Irrtümer sind auch bei ihnen nicht ausgeschlossen
– weiterhin dürfen wir ja über Irrtümer lernen!

Wenn wir uns für diesen Weg entscheiden, brauchen wir allerdings ein gehöriges Maß an Neugier, auch an Neugier auf uns

selbst, an Freude auf Selbsterkenntnis und Selbstenttarnung. Was ist spannender, als uns selbst zu begegnen, was ist faszinierender, als neue Lebens- und Denkmodelle und Visionen zu entwickeln und die eigene schillernde Vielschichtigkeit offenzulegen? Dazu gehört die Anbindung an höhere, bisher verschlossene Wesensanteile.

Und dazu gehört auch, uns aufrichtig betrachten zu wollen, uns auf diesen Prozess des Nach-innen-Wendens, unsere Emotionen, Verhaltensmuster und Glaubenssätze, die uns unweigerlich von dort entgegenkommen, einzulassen. Besonders alte, weggeschlossene Emotionen wollen gefühlt werden, nur so können sie weiterfließen, ohne Schaden anzurichten. Der Energiefluss stagniert, sobald wir emotionale Energie, die wir negativ bewerten, wie Unmut, Wut, Hass, Selbsthass vor uns selbst zu verstecken versuchen. Liebe ist nur dort möglich, wo wir im Fluss bleiben, wo wir offen sind. Je weiter wir uns zu öffnen vermögen, desto liebesfähiger sind wir – doch zunächst auch umso verletzlicher!

Eigentlich verschließen wir uns ja nur darum, weil wir nicht verletzt und mit Schmerzlichem konfrontiert werden wollen. Das Dumme ist, damit schließen wir immer auch Liebe aus! Aber auch die Angst davor, andere könnten uns ohne Maske sehen, sie könnten uns in unserem ganzen Schlamassel aus Verunsicherung, Missgunst, Gier, Schuld und unserer Furcht vor Demütigung und Verletzung erkennen, tut ihr Übriges! Um Unsicherheit, Schmerzliches und Verletzlichkeit nicht spüren zu müssen, errichten wir Mauern nach innen und außen! Im Grunde stellen wir uns so selbst eine Falle und sperren uns von der Liebe ab.

Wir dürfen uns als das zeigen, was wir sind, wir müssen anderen weder gefallen noch die Positionen anderer als Angriff auf unseren Selbstwert verstehen. Wir brauchen auch keine Mauer nach außen und innen errichten, wir dürfen uns leisten, transparent zu sein, wenigstens uns selbst gegenüber. Unser göttlicher Wesenskern ist unverletzbar, das, was sich verletzen lässt, ist: unser Ego!

Selbsterrichtete Grenzen durchbrechen wir, wenn wir aufgeschlossen genug sind, unsere Trägheit aufzugeben, um mit Neuem zu experimentieren, uns mit Neuem zu konfrontieren. Damit ist nicht bodenloser Leichtsinn gemeint, auch keine willkürlichen Kehrtwendungen, kein hohler Aktivismus, sondern eine gesunde Risikobereitschaft. All das jedoch, was unser ernsthaftes Interesse und unsere Neugier weckt, alles, wonach es uns drängt, es auszuprobieren, sind Hinweise, denen wir folgen dürfen. Sie führen uns zu den Bereichen unseres Selbst, die darauf warten, erschlossen zu werden.

Was uns Freude und echte Befriedigung bereitet, ist immer auch die richtige Spur, es ist in jedem Fall etwas, was uns uns selbst näher bringt. Es ist sogar unsere vorrangige Aufgabe, unser Wesen zu befreien, spontaner dem zu trauen und dem zu folgen, was uns inspiriert, was uns begeistert und was Wohlgefühl in uns auslöst. Alles, was wir intuitiv ablehnen, was uns zutiefst widerstrebt, bringt uns nicht wirklich weiter, auch dann nicht, wenn es sich um etwas handelt, was sich bei anderen hundertfach bewährt hat. Was für andere das Richtige ist, muss für uns noch lange nicht passend sein.

Eine spezielle gesunde Ernährungsweise hat beispielsweise mit Sicherheit nur dann eine aufbauend heilsame Wirkung, wenn wir uns aus tatsächlicher Überzeugung und mit Lust und Freude darauf einlassen können. Sofern wir glauben, uns zu einer bestimmten Kost zwingen zu müssen, ist unser Handlungsimpuls Angst – heil werden wir aber nur, wenn unseren Handlungsimpulsen Liebe zugrunde liegt. Dies gilt natürlich nicht nur für Ernährungsfragen, sondern ebenso für Heilungsmethoden und spirituelle Praktiken, für Bildung oder sportliche Aktivitäten. Auch im Sport sollte Freude am Spielerischen und an der Bewegung die Antriebskraft sein. Quälen wir uns herum, nur weil wir ständig von der Notwendigkeit hören, Sport treiben zu müssen, um gesund oder jung zu bleiben, ist dies kein Motiv im Sinne der

Liebe, also auch nicht im Sinne der Heilung. Wir können dieses Prinzip gar nicht wichtig genug nehmen! Es lässt sich auf alle Lebensbereiche übertragen. Wir müssen uns zu nichts genötigt fühlen, nichts einfach übernehmen, was für andere vielleicht gut und heilsam sein mag. Es geht darum, uns für das zu entscheiden, was wir aus Liebe für uns selbst tun können. Aber Achtung, aus Liebe – nicht etwa aus Bequemlichkeit! Da müssen wir schon genau hinsehen, welcher inneren Stimme wir da folgen!

Es gibt für jeden etwas Geeignetes, für jeden können sich neue Möglichkeiten auftun, wir müssen nur den Mut finden, in uns selbst hineinzuhorchen, uns auf unsere Eingebung zu verlassen. Das, was wir tun, sollte in erster Linie durch eigene Einsichten, am besten, durch eigene Begeisterung angestoßen werden – nicht durch die Einsichten anderer. Allerdings – mitunter können uns die Kenntnisse und Einsichten anderer doch wichtige Denkanstöße vermitteln oder neue interessante Perspektiven eröffnen!

Uns selbst zu stärken, auch das ist Heilung!

Wir stärken uns, indem wir unsere eigenen Anliegen ernst nehmen und für unser Wohlbefinden Sorge tragen, vor allem jedoch, indem wir unsere zahlreichen Selbstverurteilungen und Selbsteinschränkungen erkennen und bereit sind, sie aufzugeben. Wir stärken uns, indem wir uns Zeit für uns selbst nehmen, aber auch – und dies ist ein ebenso wichtiger Faktor –, indem wir uns fordern und herausfordern, indem wir lernen, uns etwas zuzutrauen, Ziele zu verfolgen, uns darauf einzulassen und sie dann in aller Konsequenz anzugehen.

Das Leben spiegelt uns das, was wir in das Leben hineininterpretieren. Darum ist es sinnvoll zu klären, was wir eigentlich vom Leben wollen, welche Einstellungen wir dem Leben entgegenhalten möchten. Wenn wir Schönheit wollen, müssen wir uns, wo und wann immer es möglich ist, für die Schönheit des Lebens öffnen. Es ist sehr aufschlussreich, uns selbst dabei zu beobachten, was wir eigentlich in anderen Menschen und in unserem

Umfeld wahrzunehmen bereit sind. Ist es eher das Fehlerhafte, Ungesunde oder das Schöne, Wunderbare? Schönheit zu erfassen, ist Ausdruck unserer Liebe zum Leben – allerdings, ohne das Negative, das wir dort draußen sehen, zu ignorieren oder es herunterzuspielen!

Sofern wir es uns jedoch zur Gewohnheit machen, unsere Aufmerksamkeit immer wieder auf entsprechend hohe Qualitäten auszurichten, schaffen wir in unserem Leben Raum für Gutes, Schönes, Heiliges. Überall, in jedem Lebensbereich gibt es Wunderbares zu entdecken, ganz besonders natürlich in der Natur, in der Musik und Kunst. Überhaupt sensibilisiert die Beschäftigung mit Musik, Tanz, mit Kunst, aber auch mit Meditation unsere Wahrnehmungsfähigkeit, sie verhilft zu einer Verfeinerung unserer Sinne, sie fördert unser Gespür für Echtheit und Qualität, sie bringt uns in Kontakt mit den feineren, höheren Aspekten unseres Selbst. Wir kennen es alle: Wenn wir uns länger in der Natur aufhalten, können wir uns positiv aufladen.

Wir werden heil, indem wir Liebe zulassen.

Jedes Leben folgt einer eigenen Entfaltungsdynamik. Oftmals sind wir ungeduldig und ungehalten mit uns selbst, wenn wir unsere Erkenntnisse oder Visionen nicht unmittelbar umsetzen können. Das Neue braucht mal mehr, mal weniger Zeit, um sich zu etablieren – das müssen wir dem, was in uns heranreift, zugestehen.

Entwicklung heißt, neugierig, offen und wandlungsbereit zu sein – Entwicklung hört nicht auf! Es muss nicht unbedingt leidvoll und mühselig sein, entscheidend ist, dass wir frühzeitig wahrnehmen, wenn uns etwas Unbehagen bereitet und dass wir die Ursache des Unbehagens – das ist immer eine Form der Angst – betrachten und sie dann fortschicken! Genau hier ist Selbstannahme und Selbstliebe nötig. Jeder Entwicklungsschritt will bewusst durchlebt und erfasst sein. Auch durch Rückschritte sollten wir uns nicht entmutigen lassen, indem wir sie als Misserfolge deuten, denn wenn wir es genau nehmen, gibt es keine Rückschritte – es gibt nur Erfahrung in den unterschiedlichsten Facetten.

Liebe ist der wirksamste Zauber

Wenn wir Liebe aussenden, bedienen wir uns eines Zaubers, wenn wir Liebe transportieren, lösen wir Liebe beim Empfänger aus. Liebe wirkt direkt, sie überträgt sich unmittelbar. Wenn wir Liebe ausstrahlen, vermögen wir andere Menschen auf wundersame Weise zu berühren.

Indem wir uns selbst mit Liebe versorgen, heilen wir. Indem wir Liebe an andere weitergeben, stärken wir sie! Wir heben unsere Beziehungen auf eine neue Ebene der Kommunikation, die auf Achtung voreinander, auf Frieden und auf Wahrhaftigkeit beruht – sofern der andere bereit ist, Liebe anzunehmen.

Wenn wir Liebe zulassen können, verströmen wir Lebenslust und Lebensfreude, wir stecken unser Umfeld gleichfalls an. Durch Liebe setzen wir heilende Kräfte in Bewegung, Liebe ist die schöpferischste, aufbauendste Energie – vorausgesetzt, sie ist nicht durch Erwartungen und Bedingungen verfälscht. Uns der Liebe anzuschließen, kann auch durchaus heißen, für andere unbequem zu sein oder gegen den Strom des Mainstream zu schwimmen.

Es ist an der Zeit, neu zu überdenken, was Liebe in einem umfassenderen, tieferen Sinne meint. Wir müssen uns endlich verabschieden von den romantisierenden, verklärenden Vorstellungen, die auf dem Glauben an einen schicksalhaften Zufall beruhen, der Glück und Liebe je nach Laune verteilt. Liebe fällt uns nicht zufällig in den Schoß, wir selbst tragen Mitverantwortung, uns für die Liebe inwendig zu öffnen! Dabei ist Liebe weder statisch noch berechenbar. Sie ist aus menschlicher Sicht kein endgültiger Zustand, noch bietet sie endgültige Sicherheit. Liebe ist auch nicht einforderbar. Sie beschränkt sich schon gar nicht auf unsere Partnerschaften. *Liebe ist der ureigene Ausdruck des lebendigen Seins.*

Es erfordert einen hohen menschlichen Reifegrad, um Liebe in reinerer Form zu erfahren. Jeder will Liebe, die wenigsten sind sich der unendlichen Macht der Liebe in sich selbst bewusst. Liebe schöpfen wir aus der Verbindung mit unserem göttlichen Wesenskern – oder unserem Göttlichen Selbst. Hierhin müssen wir uns wenden, um im Herzen freizusetzen, was aus unserem innersten Zentrum heraus wirkt.

Wir müssen verstehen, dass wir für uns selbst zuständig sind, wir müssen erwachsen werden, wir müssen uns endlich von unseren einseitigen Erwartungshaltungen trennen, durch andere mit Liebe versorgt werden zu wollen. Wir müssen stattdessen darauf vertrauen, dass uns Liebe zusteht!

Das Göttliche in uns hält Liebe im Überfluss für uns bereit – wir sind an der Reihe, wir müssen lernen, diese Liebe einzulassen, ihr zu trauen, sie anzunehmen und sie auszustrahlen. Die göttliche Quelle ist unerschöpflich, unendlich – unabhängig von unserer derzeitigen konkreten Lebenssituation.

Liebe ist keine Emotion, sie ist konzentrierteste Energie, sie entspricht unserer essentiellen Verbundenheit in der Einheit.

So ist sie besonders in Momenten für uns erfahrbar, wo wir polarisierende Positionen verlassen, das Klammern an einseitigen punktuellen Aspekten aufgeben, also dann, wenn wir unsere Angst als Illusion entlarven, wenn das Einende sichtbar wird. Wir betrachten das polare Geschehen dann weniger verbissen, es verliert für uns seinen absoluten Status, seine unflexible Statik, gleichzeitig relativiert sich auch unsere starre Raum-Zeit-

Fixierung, wir werden durchlässiger für die Vieldimensionalität unseres Seins.

Das Loslassen selbst befreit – es ist lediglich die Angst vor dem Loslassen, die uns davon abhält, uns von alten, verbrauchten Strukturen zu verabschieden!

Wenn wir den vielzitierten Sprung auf die neue Bewusstseins-oktave vollziehen wollen, heißt es, Liebe für möglich zu halten, uns regelmäßig mit den hohen Aspekten des Seins, die Liebe für uns verkörpern, nenne es Engel, Quelle, Gott, Natur o.ä. zu verbinden, sie zu uns einzuladen! Wir müssen täglich aufs neue darauf ausgerichtet sein, uns auf die göttliche Präsenz in uns ein-zustimmen, der Anwesenheit des Göttlichen in uns selbst nachzu-spüren, sie zu erfühlen, auf die Göttliche Weisheit und Führung zu bauen, ihr zu vertrauen. Auf diese Weise vermählen wir das Göttliche nach und nach mit der materiellen Ebene unseres Seins.

Je intensiver wir mit den Ebenen unseres Göttlichen Selbst kooperieren, desto konzentrierter und überwältigender kann die Liebesenergie sich zeigen. Unser Grundlebensgefühl wird eks-tatischer, und unsere wunderbarsten Visionen können lebendig werden.

Es ist die Herausforderung unserer Zeit, offenzulegen, dass es Liebe ist, woraus wir gemacht sind.

Liebe besitzt die stärkste, unmittelbarste Verwandlungskraft.

Liebe ist der größte, wirksamste Zauber. ❖

Zur Autorin:

Almut Cordes lebt in dem kleinen Künstlerdorf Fischerhude bei Bremen. Sie ist Autorin mehrerer Bücher, Hochschuldozentin und bundesweit als Seminarleiterin tätig.

Stefan von Jankovich ist Autor mehrerer vielbesprochener Bücher, die von der Erfahrung des eigenen klinischen Todes nach einem Verkehrsunfall berichten. Jährlich hält er über 200 Vorträge in mehreren europäischen Ländern. Werke von ihm sind in acht Sprachen erschienen.

„Schulplanet Erde" fasst Stefan von Jankovichs Lebensphilosophie zusammen. Ein engagierter Aufruf zum Umdenken und zur aktiven Bewahrung unseres Planeten.

2 Bände. Bd. I „Der Mensch in der Schöpfung", 276 S.,
ISBN 978-3-920780-63-4
Bd. II „Der Mensch im Alltag" 307 S., ISBN 978-3-920780-67-2

Eric Butterworth • **Im Strom des Lebens**

„Positiv zu denken heißt, das Denken mit dem Strom des Lebens zu synchronisieren."

Das Leben ist eine alles Lebendige durchziehende Grundströmung – von der kleinsten Flechte bis hin zur entferntesten Galaxie. Und es ist *von Grund auf gut* – wir selbst sind es, die sich ihm häufig in den Weg stellen und den Fluss des Guten blockieren! Ein überraschender neuer Blick auf unsere Welt, der dazu beitragen kann, Stress und Ängste abzubauen. Eric Butterworth, namhafter Autor auf dem Gebiet der spirituellen Literatur, macht deutlich, dass es unsere ganz persönliche Sicht der Dinge ist, die unser Leben bestimmt – dass das äußere Erscheinungsbild unserer Existenz eine subjektive Realität ist, die wir uns selbst durch unsere Wahrnehmung schaffen.

Im Strom des Lebens zeigt, wie Positives Denken konkret im eigenen Leben umgesetzt werden kann. Aber es vermittelt noch mehr. Es ist ein Buch, das Vertrauen geben kann – Vertrauen zum Leben und zum Göttlichen in ihm.

174 Seiten, kt., ISBN 978-3-920780-56-6